シリーズ統合的認知 第2巻

横澤一彦［監修］

感覚融合認知

Transmodal perception

多感覚統合による理解

横澤一彦
藤崎和香
金谷翔子

勁草書房

A

B

C

図4-8 Velasco et al.（2013）のウイスキーテイスティングで使われた3つの部屋。A：グラッシー（grassy），B：スィート（sweet），C：ウッディ（woody）ルーム

A

B

C

図4-9 Spence et al.（2014）で使われたワインイベントの照明条件。Aが白い照明，Bが赤い照明，Cが緑の照明下でワインのテイスティングを行う様子を表している。

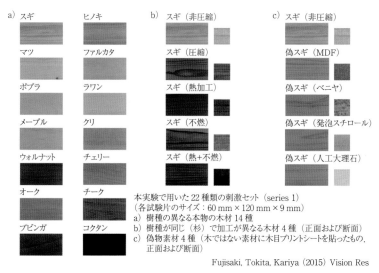

本実験で用いた22種類の刺激セット（series 1）
（各試験片のサイズ：60 mm × 120 mm × 9 mm）
a) 樹種の異なる本物の木材 14 種
b) 樹種が同じ（杉）で加工が異なる木材 4 種（正面および断面）
c) 偽物素材 4 種（木ではない素材に木目プリントシートを貼ったもの，正面および断面）

Fujisaki, Tokita, Kariya（2015）Vision Res

図 4-16 本物（無垢），加工品，偽物を含む 22 種類の試験片（視覚刺激）
（Fujisaki et al., 2015 に基づき作成）

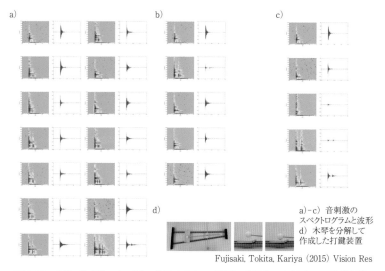

a)-c）音刺激のスペクトログラムと波形
d）木琴を分解して作成した打鍵装置

Fujisaki, Tokita, Kariya（2015）Vision Res

図 4-17 本物（無垢），加工品，偽物を含む 22 種類の試験片から録音した聴覚刺激
（Fujisaki et al., 2015 に基づき作成）

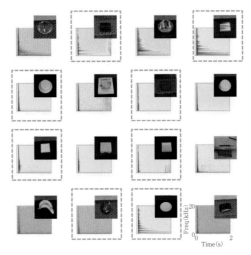

図4-20　様々な素材を叩いて作成した聴覚刺激のスペクトログラム。16種の音のうち
　　　　実際に実験で使用した8種（ガラス，陶器，金属，石，木，野菜（パプリカ），
　　　　プラスティック，紙を叩いた音）を点線で囲んでいる。（Fujisaki et al., 2014
　　　　に基づき作成）

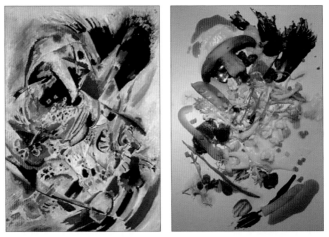

図5-20　カンディンスキーの絵画（左）とカンディンスキーの絵画風サラダ（右）Mi-
　　　　chel, Velasco, Gatti, & Spence（2014）

シリーズ統合的認知

　五感と呼ばれる知覚情報処理過程によって，われわれは周囲環境もしくは外的世界についての豊富で詳細な特徴情報を得ることができる。このような，独立した各感覚器官による特徴抽出を踏まえて，様々な特徴や感覚を結び付ける過程がわれわれの行動にとって最も重要である。このシリーズでは，このような統合処理までの認知過程を総称して，「統合的認知」と呼ぶことにする。この統合的認知に至る過程が，単純な行動に限らず，思考や感情の形成にとっても重要であることは間違いないが，そもそも「認知」とは統合的なものであると考えるならば，わざわざ「統合的」という限定を加えることに，違和感を感じる方がいるに違いない。これは，認知過程を解明するために，旧来の脳科学や神経生理学で取組まれている要素還元的な脳機能の理解には限界があり，認知心理学的もしくは認知科学的なアプローチによって，人間の行動を統合的に理解することの必要性を強調しなければならないと感じていることによる（横澤，2010，2014）。たとえば，統合失調症における「統合」が，思考や感情がまとまることを指し示し，それらがまとまりにくくなる精神機能の多様な分裂，すなわち連合機能の緩みを統合失調症と呼ぶならば，統合的認知における「統合」と共通した位置づけとなる。統合失調症における明確な病因は確定されておらず，発病メカニズムが不明なのは，統合的認知という基本的な認知メカニズムが明らかでない状況と無縁ではないだろう。

　もちろん，要素還元的な脳機能の解明の重要性を否定しているわけではない。ただ，たとえば線分抽出に特化した受容野を持つ神経細胞が，線分抽出という特徴抽出過程において機能しているかどうかを知るためには，個別の神経細胞を取り出して分析するだけでは不十分であることは明白であろう。また，脳機能計測によって，特定の部位の賦活が捉えられたとしても，それがそのときの外的な刺激だけで誘発される可能性は必ずしも高くない。常に他の部位の賦活との関係も考慮しなければならず，その部位の機能を特定することは一般に難

しいはずである。要素還元的な脳機能の理解だけが強調されれば，このような認知に関する実験データの基本的な捉え方さえ，忘れがちになることを指摘しておく。

　一方，わざわざ新たに「統合的認知」と呼ぶのであれば，これまで認知機能の解明を目指してきた，旧来の認知心理学もしくは認知科学的なアプローチと差別化を図らなければならないだろう。ただし，現状では明確な差別化ができているとは言いがたい。そもそも，認知心理学もしくは認知科学的なアプローチは，典型的な脳科学や神経生理学におけるアプローチに比べれば，いわゆるメタプロセスに相当する認知過程の解明を担ってきたはずであり，そのようなメタプロセスの解明に用いられてきた洗練された科学的実験手法は，「統合的認知」を扱う上でも必要不可欠である。すなわち，フェヒナー（Fechner）以降に，精神物理学，実験心理学，さらに認知心理学の中で確立されてきた手法は，人間の行動を科学的に分析する際には今後共欠かすことができない。まずは，このような手法を否定している訳ではなく，「統合的認知」においても前提となっていることを忘れてはならない。

　その上で，統合的認知に取り組む意義を示す必要があるだろう。そこでまず，認知心理学における典型的なアプローチを例にして説明を試みたい（横澤，2014）。ある機能なり，現象なりに，AとBという2つの要因が関与しているかどうかを実験によって調べる場合に，AとBという要因以外のアーティファクトを統制した実験計画によって得られた実験データが，統計的に主効果と交互作用が有意であるかどうかを検定する。もし2つの主効果がそれぞれ有意であれば，図1（a）のようなそれぞれのボックス，交互作用が有意であれば，図1（a）の矢印で示すような関係で表すことができる。すなわち，ボックスは，AもしくはBという要因に関わる処理過程の存在，矢印は，2つの要因同士が影響し合っていることを示している（交互作用だけでは，矢印の向きは分からないので，ここでは模式的に因果関係を示しているに過ぎない）。このとき，検定で使用する統計的な有意水準は，多くの場合，被験者の分散によって設定される。すなわち，個人差による変動を差し引いた平均像のモデルの妥当性に関する検定であり，すべての被験者に当てはまるモデルであることを保証しているわけではない。このようなボックスモデルでも，脳科学や神経生理学における多く

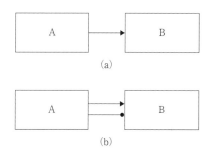

図1　2つの処理と接続関係（横澤，2014を改変）

の先端的な研究を先導してきたことは明らかである。すなわち，図1（a）のボックスや矢印が，神経細胞やシナプス結合に置き換えられることが分かれば，脳の中の実体としての存在証明ができたことになるからである。極言すれば，行動との対応関係を示す認知心理学的実験データの存在があってはじめて，脳科学や神経生理学の研究は科学的になりうる場合が少なくない。

　これに比較して説明することで，「統合的認知」のアプローチとして強調したい点を明らかにできると考えている。図1（b）のように，2つの要因に関わる処理過程の間には，実は2種類の結合があると仮定してみる。両結合は逆作用を持ち，一般的な記法に従って，矢印は興奮性結合，丸印は抑制性結合を表しているとする。もし抑制性結合が弱ければ，現象として把握できるのは興奮性結合の存在であり，図1（b）は図1（a）と区別がつかないことになる。一方，興奮性結合と抑制性結合が拮抗していれば，お互いの作用が打ち消し合い，現象として矢印や丸印の存在，すなわち交互作用を確認することが難しくなり，AとBという両要因の独立性だけが確認されることになる。すなわち，交互作用の有無は，各要因に関わる処理過程間の接続関係の有無を証明している訳ではなく，興奮性結合と抑制性結合とのバランスの個人差を反映しているのに過ぎないかもしれないのである。これは，統計的検定結果を安易に拡大解釈することの危険性を指摘したい訳ではなく，単純な図式を前提とする典型的な認知心理学的アプローチでは見逃されやすい，隠れた接続関係や個人差にも着目することの重要性を，統合的認知では強調したいのである。

　図1（b）から，ニューラルネットワーク研究（Rumelhart et al., 1987）との整合性を感じる方もいるに違いない。PDP といわれる並列分散処理アプローチの基本は，図1（b）の関係を階層的な並列モデルで説明しようとしたが，残念ながら脳科学や神経生理学を先導した研究は多くないと思われる。もし，ランダムに接続されたネットワークが，興奮性結合と抑制性結合の加重を学習することにより，目的とする情報処理が実現できることを証明したとしても，それは偶然の産物として局所解を得たに過ぎず，そこから脳科学や神経生理学全体を先導するような予測を生み出すことができるわけではなかったからなのかもしれない。統合的認知では，ランダムに接続されたネットワークから解を模索するのではなく，これまで進化の過程で蓄積された構造を基盤にしながら，明示的ではない要因や接続関係も考慮した総合的な理解を目指すことになる。たとえば，個人差に影響を及ぼす発達過程や文化なども考慮に入れた議論が必要になってくる。

　もう1つ，統合的認知の特徴に加えなければならないが，それは「行動」の定義が変わりつつある現状を反映している。たとえば，自分の体をできるだけ動かさないように，静止状態を保っていることを想像してほしい。このような体中微動だにしない状態は，一般には行動が観察できない状態ということになるだろう。もちろん，その場合でも基礎代謝があり，呼吸をし，心臓の鼓動で血液の循環が行われている。基礎代謝は一般には行動に含めないので，これまでの定義では観察できる行動がないことになる。しかし，脳機能計測の発展により微動だにしない体でも，脳活動という「行動」が精密に観察できるようになった。fMRI などの脳機能計測は，基本的には体が微動だにしないように拘束することが前提で，脳活動が測定されている。注意や意識などの内部プロセスが認知心理学の主要なテーマになりつつあるのは，このような最先端実験機器の開発による「行動」の定義の変容と無関係ではない。もちろん，例えば注意という行動を旧来の定義でも観察することは可能である。しかし，脳内の活動という内部プロセスを含めて考えれば，外に現れる行動だけを扱っているだけでは分からない真実が明らかになるかもしれない。歴史的にみれば，行動主義心理学に比べて，内的過程も扱うことに認知心理学の特徴があったので，この点で違和感を感じる方も少なくないかもしれない。しかしながら，認知心理

表1　典型的な認知心理学と統合的認知の心理学の比較

	典型的な認知心理学	統合的認知の心理学
行動の定義と位置付け	統制された外的行動の観察による内的過程の推定	観察された内部処理過程を含めた「行動」
各処理過程の結合関係の同定	検定によって，結合の有無を判断	結合が前提で，バランスの変動として理解
個人差の取扱い	個人差を基準に，要因内の差異を検定	個人差を生じさせる要因が，研究目的の1つ

学において扱われてきた行動の大半は，正答率と反応時間という外的行動であったわけで，これに脳活動も行動に含めると考えれば，ある種のパラダイムシフトが生じるはずである。すでに，先端的な認知心理学研究は，脳機能計測の結果をうまく融合させて進められており，「統合的認知」においても，それを追認しているに過ぎない。ただし，上述したように，先端的な脳機能計測は，要素還元的な分析に陥り易いことをあらためて指摘しておきたい。

　以上をまとめると，表1のように表すことができる。

　まず，行動の定義と位置付けについて，典型的な認知心理学においては統制された外的行動の観察による内的過程の推定をしてきたが，統合的認知の心理学では，客観的に観察された内部処理過程を含む「行動」としての理解を試みる。このとき，神経生理学や脳科学との連携が必須であるが，要素還元的な理解ではなく，脳情報処理過程全体としての理解を目指す。次に，各情報処理過程の結合関係を同定するにあたり，典型的な認知心理学においては，検定によって，結合の有無を判断してきたが，統合的認知の心理学では結合が前提で，相反する結合のバランスが実験条件や個人差による変動を生じさせると理解する。また，個人差の取扱いについて，典型的な認知心理学においては，個人差を基準に，要因内の差異を検定してきたが，統合的認知の心理学では個人差を生じさせる要因が，研究目的の一つとなる。

　そこで，いくつかの研究課題に分けて，統合的認知に関する研究を整理したい。具体的には，注意（Attention），オブジェクト認知（Object perception），

身体と空間の表象 (Representation of body and space)，感覚融合認知 (Trans-modal perception)，美感 (Aesthetics)，共感覚 (Synesthesia) というテーマである。このような分け方をすること自体，要素還元的な研究だというご批判もあると思う。しかし，それぞれのテーマの詳細を知っていただければ，そのような批判には当たらないことを理解していただけると思う。

「注意」とは，視覚でいえば色彩や動きなど，様々な特徴の選択と統合に関わる機能を指している。1980年に特徴統合理論 (Treisman & Gelade, 1980) が発表されてから，視覚的注意の機能は特徴を統合することにあるという側面が取り上げられ，ここ30年間で最も研究が進んだ認知心理学における研究テーマであろう。すでに多様な現象が発見され，脳内の様々な部位の関与が明らかになっており，脳内にただ1つの注意の座が存在するわけではなかった。また，注意という機能は，視覚に限らず，他の感覚でも存在する。いずれにしても，統合的認知の基本機能が注意ということになろう。

「オブジェクト認知」とは，日常物体，顔，文字などのオブジェクト (Object) の認知過程と，そのようなオブジェクトが配置された情景 (Scene) の認知過程を指している。ここで扱われるオブジェクトとは，脳内の情報処理単位を意味する。Marr (1982) は，計算論的なアプローチにより，オブジェクトの統合的理解に取り組んだ。階層的な処理過程によって，段階をおって構成要素を組み立てることを仮定しているので，構造記述仮説とも呼ばれたが，まさに統合的認知そのものを想定していたといえる。ただし，構成要素の単なる集合体がオブジェクトではないし，オブジェクトの単なる集合体が情景ではない。オブジェクトに関しても，情景に関しても，脳内の表象について議論が続けられている。

「身体と空間の表象」とは，自分の身体や外的世界を把握し，行動へと統合するための表象を指している。自己受容感覚により，目をつぶっていても，自分の身体の位置は把握できる。しかしながら，ゲームに没頭し，登場人物と自分が一体化しているときに，目をつぶっていたときに感じたのと同じ位置に自分の身体を感じているだろうか？　また，自分を取り巻く空間を理解するときにはいくつかの軸を手がかりにしているはずである。重力を感じることができれば上下軸，自分の顔などの前面が分かれば前後軸も手がかりになるに違いな

い。身体と空間の表象は行動の基本であり，当たり前と思うかもしれないが，これらに関する研究が本格的に取り上げられたのは，比較的最近である。

「感覚融合認知」とは，視聴覚や視触覚などの多感覚統合による理解過程を指している。五感それぞれの感覚受容器（すなわち視覚なら目，聴覚なら耳）から得られた情報は，脳内の初期段階でも独立して処理されていることが知られている。しかし，最後までまったく独立な処理ではお互いの時空間的な同期が取れず，的確な行動につながるような解に結びつかないだろう。また，それぞれの感覚受容器の利点を活かし，弱点を補うことで，それぞれが不完全な情報でも，妥当な結論を導く必要がある。一般的には，マルチモーダル認知，クロスモーダル認知などと呼ばれ，感覚間の相互作用の研究を指すことが多いかもしれないが，各感覚から切り離され，感覚融合された表象が行動の基本単位となっている可能性までを視野に入れるべきだろうと思う。

「美感」とは，知覚情報を元に，生活環境や文化との統合で生まれる美醜感覚形成過程である。自然や異性ばかりではなく，絵画や建築物などの人工物に対する美感について，誰しも興味は尽きないだろう。フェヒナー以降，実験美学の研究が進められてきたが，最近になって，認知心理学と再融合された研究テーマとして，美感科学（Aesthetic science）を標榜する研究が現れてきた（Shimamura & Palmer, 2012）。美を科学的に扱えるのかという点で根本的な疑問を持たれる方も少なくないと思うが，五感を通して得られた情報が，環境や文化などに関わる経験として脳内に蓄積された情報と干渉し，統合されることで美感が紡ぎだされているとすれば，まさに統合的認知において重要な研究テーマとなる。

「共感覚」とは，実在しないにも関わらず，脳が紡ぎだす多様な感覚統合過程である。すなわち，1つの感覚器官の刺激によって，別の感覚もしくは特徴を知覚する現象であり，ごく一部の人だけが経験できる現象である（Cytowic & Eagleman, 2009）。音を聞いたり，数字を見たりすると，色を感じるなど，様々なタイプの共感覚が存在するが，その特性や生起メカニズムが科学的に検討され始めたのは比較的最近であり，脳における構造的な近接部位での漏洩など，様々な仮説が検討されてきた。ただ，共感覚は脳内の処理過程で生じる現象として特殊ではなく，共感覚者と非共感覚者という二分法的な見方をするべ

きではないかもしれない。

　統合的認知は上述の 6 研究テーマに限られることを主張している訳ではなく，今後新たな研究テーマも生まれ，それぞれが拡大，発展していくだろう。今回，6 研究テーマを取り上げたのは，極言すれば自分自身の現時点での学術的な興味を整理したに過ぎない。2008 年以降，いずれの研究テーマにも取組んでおり，その頭文字をとって AORTAS プロジェクトと名付けている。AORTAS という命名には，各研究テーマの解明が「大動脈（aortas)」となって，「心」の科学的理解に至るという研究目標が込められている。最終的に，統合的認知という学問大系が構築されるとすれば，いずれもその端緒として位置づけられるかもしれない。各研究テーマには膨大な研究データが日々蓄積される一方，あまりにもたくさんの研究課題が残されていることにたじろいでしまう。それでも，各研究テーマにおいていずれも最先端で活躍されている研究者に著者として加わっていただき，6 研究テーマの学術書を個別に出版することになったことはよろこびにたえない。シリーズとしてまとまりを持たせながら，各分野に興味を持つ認知心理学や認知科学専攻の大学院生や研究者のための必携の手引書として利用されることを願っている。

横澤一彦

引用文献

Cytowic, R. E., & Eagleman, D. M. (2009). *Wednesday Is Indigo Blue*: *Discovering the Brain of Synesthesia*. The MIT Press（サイトウィック，R. E. イーグルマン，D. M. 山下篤子（訳）(2010). 脳のなかの万華鏡：「共感覚」のめくるめく世界　河出書房新社)

Marr, D. (1982). *Vision*: *A Computational Investigation into the Human Representation and Processing of Visual Information*. W. H. Freeman and Campany（マー，D. 乾敏郎・安藤宏志（訳）(1987). ビジョン：視覚の計算理論と脳内表現　産業図書)

Rumelhart, D. E., McClelland, J. L., & the PDP Research Group (1987). *Parallel Distributed Processing - Vol. 1*. MIT Press（ラメルハート，D.E.，マクレランド，J.L.，PDP リサーチグループ　甘利俊一（監訳）(1988). PDP モデル：認知科学とニューロン回路網の探索　産業図書)

Shimamura, A., & Palmer, S. E. (2012). *Aesthetic science*: *Connecting Minds, Brains, and Experience*. Oxford University Press.

Treisman, A. M., & Gelade, G. (1980). A feature-integration theory of attention. *Cognitive Psychology*, **12**, **1**, 97-136.

横澤一彦 (2010). 視覚科学　勁草書房.

横澤一彦 (2014). 統合的認知　認知科学, **21**, **3**, 295-303.

はじめに

　人間に限らず，生物が複数の感覚系を持つことは，生存において，多くの潜在的な利益をもたらすことは容易に推定できる。たとえば，各感覚モダリティ（様相）が外的環境の異なる側面を感知できるため，経験できる範囲や種類が広がるだけでなく，異なる感覚モダリティが同じオブジェクトや事象に共に対応できることになる（Spence & Driver, 2004）。すなわち，異なる感覚器官は異なる物理的刺激に反応するため，複数の種類の感覚器官をもつことは，多様な情報を外界から得ることにつながり，生存に有利なのである。ここでは，ある事象（イベント）から得られた複数の感覚情報が脳内で融合して，再構成され，理解に至るまでの過程を，感覚融合認知と呼ぶ。感覚融合認知は造語であるが，文字通り，複数の感覚情報が融合した事象認知を指す。

　ただ，感覚融合認知は特別な事象の認知ではなく，日常的でありふれた一瞬のうちに生じる事象の認知に過ぎない。我々は，日常的な事象の多くが，そもそも複数の感覚が融合した結果であることに気を留めることはほとんどない。ところが，1つの事象は複数の感覚に分かれて感覚器官に取り込まれ，それらの単純な加算として処理されるのではなく，感覚間の相互作用により新たな解釈を生み出すことで，1つの融合した認知に至っているのである。

　具体的な事例で説明してみたい。ある1つの事象を経験して，「犬が吠えた」という認知に至ったとしよう。この事象は，聴覚認知という単一の感覚モダリティで認知されたように思われるかもしれないが，日常的な状況では，犬という存在が視覚的に確認された上で，その口元から鳴き声が聴覚的に聞こえたという状況である可能性が高い。そうだとすれば，感覚融合認知に基づいて「犬が吠えた」という認知に至ったことになる。すなわち，「犬の声が聞こえた」だけならば聴覚認知，「犬の顔が見えた」だけならば視覚認知かもしれないが，「犬が吠えた」は視覚情報と聴覚情報が融合した感覚融合認知の結果を表現し

ていると考えることができる。さらに言えば，「犬が吠えた」とは，「たった今，目の前で犬が吠えた」という状況が正確な事象説明だとすれば，特定の事象を認知するためには，時空間情報も含めた理解が多くの場合必要となる。

　感覚融合認知では，日常的でありふれた一瞬の事象の認知を扱うことになるが，認知心理学とか知覚心理学で扱ってきた認知は，歴史的には個別の感覚モダリティを取り出して，それぞれの処理過程を解明する試みであった。典型的な視覚研究では，実験環境を統制するために，実験参加者を暗室に閉じ込め，聴覚モダリティなど他の感覚情報が変動しないように注意しながら，実験参加者に与えたい視覚刺激だけを呈示し，実験参加者の反応を分析してきた。視覚研究に限らず，聴覚研究であっても同様である。他の感覚の手がかりが交絡するのをできるだけ避けるために，他の感覚の手がかりを最小限に抑えながら，研究対象とする感覚モダリティの手がかりだけを操作する実験に取り組むことで，それぞれの感覚モダリティの処理過程を明らかにすることができた。このような研究の積み重ねによって，個々の感覚情報処理の過程についての理解が着実に進んだので，このような研究アプローチは大きな成功を収めたと言えるだろう。ところが，どの感覚モダリティも，他の感覚から完全に分離して理解することはできないということが徐々に明らかになってきた。そもそも，すべての体験は多感覚的であるという主張もある（Velasco & Obrist, 2020）。このことは，従来の研究アプローチの妥当性を覆すものであり，知覚の多感覚的な側面を理解することなしに，知覚意識などの説明が十分にはできないことがわかってきた（O'Callaghan, 2019）。その結果，個別の感覚モダリティを取り扱うのではなく，感覚モダリティ間の相互作用，すなわち積極的に感覚情報を交絡させる現象に関心が高まったわけだが，それは比較的最近，1980年代になってからなのである（Stein, 2012）。

　ここまで，「感覚融合認知」が，複数の「感覚」情報が「融合」した「事象」認知であると説明してきたが，「感覚」，「融合」，「事象」というそれぞれに対して，その定義を以下で説明する。

❖感覚とは

　あらかじめ断っておくと，深淵な問題を含むので，「感覚」とは何かについ

てここで厳密に定義するつもりはない。あくまで，「感覚融合認知」における「感覚」について取り上げるのは，融合認知とは何かを明確にする前段階での必要性に迫られているためである。すなわち，複数の感覚情報が融合した事象認知である感覚融合認知において，感覚情報が単一か複数であるかは，そもそも「感覚」を定義しない限り，決めることができないからである。ここでは，独立した感覚器官で得られた感覚情報を「感覚」と定義し，それらが複数存在する処理過程を「感覚融合認知」として取り扱うことにしたい。

　「五感」という区分は日常的によく使われ，視覚，聴覚，触覚，嗅覚，味覚という5つの独立した感覚モダリティに分けられることは，多くの方が受け入れている。なぜならば，目から入った情報は「見える」という感覚を生み出し，耳から入った情報は「聞こえる」という感覚を生み出すからかもしれない。しかしながら，実は感覚モダリティがこれらの5つであることは研究者によって意見が分かれるところである（Sathian & Ramachandran, 2020）。特に触覚は，単に触れられている感覚である触覚に加え，温覚，冷覚，痛覚などに分けることも可能である。さらに，運動感覚や位置感覚を含む自己受容感覚，平衡感覚，内臓感覚も感覚モダリティに含めることも一般的になっている。

　さて，分かりやすく言えば，いわゆる五感は，視覚は目，聴覚は耳，触覚は皮膚，嗅覚は鼻，味覚は舌という独立した感覚器官が存在し，それらで得られる感覚情報は独立した感覚情報として扱うことで，感覚情報が複数存在する状況を定義することができる。

　すなわち，五感は5という数量に拘った区別ではなく，それぞれを独立した感覚器官に基づく感覚と捉えるとすると，それを構成する感覚モダリティ間の相互作用に関する研究は，「マルチモーダル認知」とか，「クロスモーダル認知」と呼ばれる研究分野として見なされている。このような感覚モダリティ間の相互作用に関する研究においては，研究分野によって「多感覚」，「マルチモーダル（multimodal）」，「クロスモーダル（crossmodal）」，「ヘテロモーダル（heteromodal）」，「ポリモーダル（polymodal）」，「スーパーモーダル（supermodal）」など，いくつもの用語が使われており，混乱し，問題をわかりにくくしてしまう可能性も生じている（Stein, 2012; 田中 , 2022）。そもそも厳密に定義し分けることは難しく，モダリティに制限されない「多感覚」は少し広い概念を表すが，

それ以外はいずれもほぼ同義で用いられることもあるので，ここでは区別せず，「マルチモーダル認知」とか，「クロスモーダル認知」などと呼ばれる研究分野をすべて包含する概念として「感覚融合認知」という造語を提案していることになる。

　改めて，「感覚融合認知」は，「マルチモーダル認知」とか，「クロスモーダル認知」と呼ばれるモダリティ間の融合認知を包含するとともに，五感という別々のモダリティ間の融合認知だけではなく，モダリティ内の融合認知研究を取り上げる点に特徴がある。たとえば，両眼は別々の感覚器官であり，両耳も別々の感覚器官であるので，同一モダリティであっても，両眼間，両耳間の融合認知も感覚融合認知として取り扱うことになる。両眼視や両耳聴による事象認知や空間認知は，視覚や聴覚という単一モダリティ内の感覚情報の相互作用であっても，感覚融合認知として扱う必要がある。モダリティ間とモダリティ内の相互作用において，本質的に違いがあるのかどうかは感覚融合認知の研究テーマの１つであろう。

　一方，「感覚融合認知」と見なさない処理もある。視覚情報処理において，網膜に射影された外界情報は，特化された機能を持つ視神経細胞によって，色，明るさ，動きなどに分類されて処理されている。たとえば，色情報は，視覚系において特定の処理経路を経て，V4 など大脳腹側視覚経路の高次領野に伝えられることにより，色覚が成立すると考えられるので，脳情報処理において特定の処理経路を経るものの，明るさや動きなどの視覚情報が色とは別の感覚器官で得られている感覚情報とは見なさない。もちろん，感覚融合認知を広く定義すれば，色，明るさ，動きなどの視覚情報を統合する特徴統合理論を代表とする注意過程（注意巻参照）や，ジオン理論を代表とする図形要素の統合によるオブジェクト認知過程（オブジェクト認知巻参照）などの脳内のほとんどの処理過程も，感覚融合認知に含めることは可能だろうが，本書で取り上げる感覚融合認知は，別々の感覚器官から得られた情報の融合過程を取り上げることにするので，色，明るさ，動きなどの視覚情報の統合過程を感覚融合認知に含めないことにした。

❖ 融合とは

　感覚融合とは，感覚間相互作用により，複数の感覚情報が統合され，1つの事象としてまとまって理解される過程である。多くの場合，複数の感覚情報が融合された結果，そもそも複数の感覚情報に基づいたかどうかは顧みられないことになる。前述したように，「犬が吠えた」という認知は，多くの場合感覚融合認知であるが，視覚情報との感覚間相互作用により，複数の感覚情報が統合された結果であることを気づく必要もなく，犬の声に対する聴覚という単一の感覚モダリティでの認知だと解釈しても何も矛盾はない。別の例でも説明してみたい。我々はジュースの味の違いを味覚で味わっているように感じているが，目をつぶり，鼻をつまんで飲んでみると，どのような果物のジュースかを言い当てることさえとても難しいことに驚く。これは，ジュースを飲むという日常的にありふれた事象認知ではあるが，味覚，嗅覚，視覚の感覚融合認知の結果であることに気づくことはめったになく，味覚という単一の感覚モダリティでの認知だと解釈しても何も矛盾はない。したがって，改めて「感覚融合認知」とは日常的なありふれた一瞬のうちに生じる事象認知であり，「感覚間相互作用」，「多感覚統合」などと呼ばれる研究分野をすべて包含する概念として「感覚融合認知」という造語を提案していることになる。

　融合するための重要な要因は，1つの事象ならば，複数の感覚を生起させている情報源の空間の一致と，時間の同期が伴うことは明らかである。ただし，1つの事象に基づく複数の感覚情報が，完全に空間的に一致しているわけでもなく，完全に時間的な同期が取れているわけでもない。空間的に完全に一致していなくても，時間的に完全な同期が取れなくても，それぞれ融合できる許容範囲に収まっていれば，感覚融合認知に至ることになる。具体的な例で許容範囲について考えてみたい。たとえば，雷という事象は稲光と雷鳴が構成されていて，稲光は主に視覚認知に基づき，雷鳴は主に聴覚認知に基づいている。稲光と雷鳴の情報源は空間的に一致しているが，光の進む速度と音の進む速度の違いにより，感覚入力の段階で時間的な同期が取れているわけではない。視覚的に確認できる雷の発生源くらいまでの距離ならば，稲光が視覚情報として到達するまでの時間はほぼゼロとみなすことができるが，聴覚的に確認できる雷の発生源からの距離は，1秒の時間遅れごとに約340mとなるので，稲光のあ

と10秒後にゴロゴロと雷鳴が聞こえたとすると，距離にして3400 m離れていることになる。また，稲光の後3秒と経たないうちに雷鳴が聞こえると，約1 km以内のところに雷の発生源があると算出できる。3秒の時間差があれば，約1キロ離れていると推定した上で，稲光と雷鳴を融合して解釈し，1つの事象としてまとまって理解されているが，これは光の進む速度と音の進む速度の違いに関する知識に基づいて解釈しているのであって，稲光と雷鳴が切り離されて知覚されるならば，雷に対する認知が一瞬のうちに生じた事象とはいえないので，基本的に感覚融合認知に含めない。すなわち，感覚融合認知とは，一瞬のうちに生じる事象の認知であると説明したが，それは複数の感覚情報が，少なくとも主観的には時間的に同期していることが前提である。

✣事象とは

　感覚融合認知が，一瞬のうちに生じた事象において生起した複数の感覚が融合して，脳内で再構成され理解に至るまでの過程であるとするとき，事象とは，脳内での認知もしくは表象の単位となるような外界の出来事ということになる。オブジェクト認知（オブジェクト認知巻参照）におけるオブジェクトも，脳内での認知の単位に相当するが，実はオブジェクトと事象を厳密に定義し分けることは難しく，認知もしくは表象の単位としてほぼ同義で用いられることもある。「吠えた犬」をオブジェクト認知することと，「犬が吠えた」事象を感覚融合認知することは，外界に存在する同一の対象を脳内で理解したことにおいて，差別化することは難しいし，区別する必要もないかもしれない。

　外界の事象と，脳内で再構成された感覚融合認知の結果は一致するとは限らず，一致しない場合には，いわゆる錯覚と呼ばれる現象が生じていることになる。腹話術効果やマガーク効果は，典型的な錯覚現象と考えられている。たとえば，第2章で取り上げるマガーク効果は，「バ」という声と「ガ」という口の動きが結合して「ダ」という感覚融合認知になる場合には，聴覚情報の弁別結果としては錯覚となるが，「ダ」という感覚融合認知が，間違った結論を導き出しているとは必ずしも言えないだろう。腹話術効果において，口元が動かない腹話術師による発話が，口元が動いている人間の発声と感覚融合認知したとするときも，間違った結論を導き出しているとは必ずしも言えないだろう。

いずれも，ある感覚モダリティでの結論が，別の感覚感覚モダリティでの結論を変えてしまうという驚くべき現象ではあるが，日常的なありふれた一瞬の事象において，融合した表象の方が正しい結論を導き出している可能性が高いのである。すなわち，感覚融合認知は，外界の事象に対して，錯覚を最小化しているかもしれないのである。したがって，事象の情報源に戻って，錯覚と決めつけるのは，感覚融合認知の重要性を正しく理解できていないことにつながることに注意しなければならない。感覚融合認知によって，脳はある事象に対して，各感覚モダリティに基づく感覚情報の単純加算ではない結論を得ることができるということは明らかである。脳はこのような感覚融合認知によって，外界の事象を検知・識別する能力を高めることができるので，この過程の存在が明らかに生存価値を持ち，種の進化と拡散において重要な役割を果たしてきたのは間違いないだろう（Stein, 2012）。

　ただし，そもそも独立した感覚器官で処理されるときに，1つの事象としてまとめるときには，いわゆる結び付け問題が生じる。結び付け問題は，広義には脳内で並行に行われる様々な感覚情報をどのように統合するかの問題である。1つの事象から得られた複数の感覚情報は，1つの脳内表象に再構成できればよいが，複数の事象が同時に生じているとき，それぞれの事象から得られた複数の感覚情報が，どのような組み合わせで統合し，再構成されるのかという難問をどのように解いているのかという点も，感覚融合認知における研究課題の1つである。

❖本書の構成

　感覚融合認知が，比較的広範な分野を包含することを明らかにした。前述のように，感覚融合認知とほぼ同義と考えられる多感覚処理に関する研究について，すでに分厚いハンドブックが出版されており，知覚認知，注意などの現象研究ばかりではなく，生理学的な脳基盤や説明モデル，発達や進化，発達障害やリハビリなど，多様な領域に大別された研究群が紹介されてから，10年以上が経過している（Stein, 2012）。本書では，このようなハンドブックのように，すべての領域についてさらなる展開を含め紹介することはできないし，感覚融合認知に関わる研究のあらゆる側面をカバーしないことを明確に選択したこと

になる。その代わりに，感覚モダリティに共通する融合手がかりの存在を明らかにすることと，行動実験に基づいて議論されてきた感覚融合認知の原理とメカニズムを典型的な感覚融合現象を元に解説するということの両者に明確に焦点を当てることを目指した。その際，感覚融合認知という用語の使用に拘らず，クロスモーダル認知でも，多感覚処理でも，言及している現象に最適な用語を自由に使うことにしている。本書は 5 章立てになっているが，以下では，各章ごとに簡単な内容紹介をしておきたい。感覚モダリティ固有の情報ではなく，感覚モダリティに共通して存在するのは，時間，空間，質感のような情報であるが，いずれも感覚融合認知において非常に重要な手がかりになる。そこで，時間に関して第 1 章で，空間に関して主に第 2 章と第 3 章で，質感に関して主に第 4 章で取り上げている。そして，同一感覚モダリティ内の融合認知を第 5 章で取り上げている。

　まず，第 1 章では，感覚融合認知における時間的な同時性・同期性に着目し，最も基本的な問題である異なる感覚モダリティ間の同時性知覚に関わる現象を取り上げている。時間知覚について考える際には，事象時間，脳時間，主観時間の 3 つの時間を区別する必要性を指摘する。事象時間とは事象が発生した時間，脳時間とはその事象によって引き起こされる脳活動のタイムコース，主観時間とは，事象のタイミングに関して実際に観察者が知覚した内容である。各モダリティの事象時間が発生源において同時でも，脳時間，主観時間がずれることは起こり得ることは明白だろう。脳時間も感覚モダリティによって異なる可能性があり，主観時間は，事象時間や脳時間のずれがそのままは反映されるわけでもないことを強調している。同時性判断課題，時間順序判断課題，同期・非同期弁別課題，時間バインディング（時間対応付け）課題などによって主観時間が求められるが，主観的な同時性が固定的なものではなく，さまざまな要因の影響を受けて変化することにも言及している。なお，異なる感覚モダリティ間の同時性判断には，呈示密度や一度に比較できる数の限界があることにも留意しなければならない。最後に，特定の感覚モダリティが常に優位となるのではなく，信頼性の高いモダリティに重みを置いた，柔軟で最適な統合が行われていると考えられるようになってきたことに触れている。

　次に，第 2 章の前半では，視聴覚の空間的な感覚融合認知に関する代表的な

知覚現象である腹話術効果（Ventriloquism）を中心に取り上げている。たとえば，モニタとスピーカーの関係など，日常的に，視覚情報と聴覚情報が「別々の場所で生じている」という事実に，我々がほとんど気付かない事例を挙げ，その特性を明らかにするために，腹話術という現象が色々な状況において利用されてきたことを明らかにしている。そもそも腹話術効果が本当に「知覚」現象と呼べるか否かについての検討から，様々な現象と，その基盤となる神経メカニズムについて，膨大な数の先行研究によって検討されていることを知ることができる。腹話術効果のボトムアップ要因とトップダウン要因に分けて，問題の所在を整理し，解明されてきた神経メカニズムについても言及している。腹話術効果は，空間的に静止した対象に対する聴覚的な音源定位に与える視覚の影響とみなすことができるが，対象の運動は，多感覚的な処理によって知覚される典型的な感覚情報の一つと考えられるので，第2章の後半では，運動情報の知覚における多感覚処理のうち，主に視覚と聴覚が関与する現象を取り上げている。すなわち，聴覚運動知覚に対する視覚の影響，視覚運動知覚に対する聴覚の影響などを取り上げ，それらの神経メカニズムにも言及している。

　引き続き，第3章では視覚，聴覚，触覚に関する多感覚的な処理と，注意との関係について論じている。注意に関する研究の圧倒的多数が，視覚または聴覚といった単一感覚モダリティ内の情報選択をテーマとしていることを指摘した上で，多感覚的な注意の働きを理解するには，単一感覚モダリティの処理を前提とした注意研究とは異なった視点からの検討が必要であることを強調している。感覚モダリティを超えた空間的注意の存在，感覚モダリティ間における空間表現の対応付けなどを取り上げ，多感覚的な空間的注意の神経メカニズムに言及している。注意を向けていないはずの情報による干渉に関わる代表的な現象であるフランカ効果や，標的刺激と妨害刺激が異なる感覚モダリティの刺激である場合の照合課題に基づくクロスモーダル一致性効果が，視覚，聴覚，触覚の間で生じることを明らかにしている。第3章の後半では，感覚モダリティを超えるような場合に，注意機能の代表的な説明モデルである特徴統合理論の適用が比較的困難であることを明らかにし，視覚系の特徴を前提とした特徴統合理論の延長上で議論を行うことの限界を指摘すると共に，多感覚情報統合に注意が必要か否かという根本的な問題についても検討している。

　さらに第4章では，質感知覚を取り上げている。「質感」という日本語を訳す適切な英語が見つからないが，たとえば典型的な質感知覚である素材カテゴリー知覚が，一見シンプルなようで実は複雑であることを指摘する。低次質感知覚とは，低次の知覚情報処理によって得られるもので，高次質感認知とは，高級感，繊細さ，本物感など，選好や価値判断をも含む概念である。質感は視覚，聴覚，触覚など，単独の感覚モダリティだけでなく，複数の感覚モダリティの情報を統合することによっても得られ，多感覚的，適応的，能動的なプロセスの結果としても生じることに言及している。多感覚的な質感知覚への視覚の影響，聴覚の影響を取り上げ，さらに3つ以上のモダリティの質感知覚として木の質感知覚を取り上げている。数ある素材のなかから木を選んだ理由は，身近な素材で，バリエーションが豊富にあり，視覚，聴覚，触覚の情報を多く含む素材であるためであるが，様々な素材を使った研究のさらなる発展にもつながることが期待できると感じてもらえるに違いない。最後に，多感覚質感情報統合のロジックを取り上げ，たとえば材質のカテゴリー知覚と，材質の特性知覚では，統合のルールが異なっていることなどを踏まえて，改めて質感知覚の奥深さを感じさせてくれる。

　最後に第5章では，五感の中の複数の感覚モダリティが関わる現象を扱う研究が行われる前から，感覚モダリティ内の融合認知研究が行われてきたことを明らかにしている。感覚モダリティ内の融合認知とは，複数の独立した感覚器官が存在する視覚と聴覚において，主に両眼視と両耳聴の研究成果を指している。典型的な現象である立体視とステレオ聴は，我々が外界の3次元空間情報を一瞬にして解釈できるメカニズムを支えていることになる。第5章の後半では，前半で取り上げた感覚モダリティ内の感覚融合認知と，他章で取り上げている2ないし3つの感覚モダリティ間の感覚融合認知だけではなく，五感全体の感覚融合認知を取り上げている。五感すべての感覚融合認知として当然ながら，嗅覚と味覚を含むことになるので，主に食体験における現象を取り上げている。感覚モダリティ内融合認知と感覚モダリティ間融合認知の現象としての共通点として，最終的な解がそれぞれの感覚モダリティでの結論を無視し，感覚モダリティでの結論と異なる結論を出すことも厭わないし，経験上あり得ない結論を出すことも容認してしまう一方，1つの事象だという前提を崩さな

いという制約条件があることを指摘し，感覚融合認知が成立する現象は，秩序ある外界を瞬時に理解するために，高度な制約条件を駆使しなければ，成り立たないと主張している。

　本書では，多感覚統合の神経メカニズムについて散発的に言及しており，必ずしも十分多くを取り上げているとはいえないが，多感覚統合の神経メカニズム研究を踏まえて，空間法則，時間法則，逆効力の法則の三つの法則が提案されている（岩宮，2014）。三つの法則のうち，空間法則とは空間の一致，時間法則とは時間同期であり，すでに説明した通りであるが，逆効力の法則とは，たとえば聴覚刺激と視覚刺激それぞれの効果が弱いときに，最も強く両者の統合が生じる現象を指している。単一のモダリティで呈示したときに刺激強度が弱く，神経細胞に弱い反応しか生じさせないような聴覚刺激と視覚刺激でも，それらを組み合わせると，上丘の多感覚細胞は非常に強く反応するという。このような多感覚細胞が，個別の感覚刺激が弱いときほど効率よく情報を統合し，その刺激の存在を強調していることになる。このような逆効力の法則と呼ばれる法則を含め，改めて単なる刺激の加算ではない感覚融合認知に関する現象の面白さを是非とも感じて欲しいと思う。

目　次

第1章　同時性知覚と時間的相互作用

1.1　感覚モダリティ間の同時性知覚 ……………………………………………

　私たちは毎日の生活において，「感覚系」と「運動系」の活動を通じて，周囲の環境を捉え，そして状況に応じた適切な行動を生成している。

　視覚，聴覚，嗅覚，味覚，触覚，温度感覚，自己受容感覚（運動感覚・位置感覚）などのことを感覚モダリティと呼び，視覚と聴覚のように感覚間をまたぐ場合はクロスモダリティ（cross-modality），もしくはマルチモダリティ（multi-modality）のように呼ぶ。

　私たちが日常生活において経験するできごとの多くは，複数の感覚にまたがった，マルチモーダルなものである（図1-1）。たとえばテニスをするとき，私たちは相手がサーブをする様子を視覚的に捉えながら，ラケットが風を切る音やボールが当たった音，ボールがコートにバウンドする音などを聴覚的に捉え，そしてレシーブするのに必要な行動を瞬時に生成して飛んできたボールをラケットで打ち返し，その衝撃の強さやボールの重さ，ラケットの振動，ボールを芯でとらえられていたかどうかなどを触覚や身体感覚などで感じる。そしてその結果として自分が打ち返したボールが相手側のコートにどのように入り，それに対して相手がどんな反応をするかを予測し，その結果の感覚フィードバックを視覚からも聴覚からも受けて，自分自身の次の行動を生成する。つまり「テニスをする」という行為は，多くの感覚の情報が合わさって，さらに感覚系と運動系が適切に協調されることで成り立っている。

　テニスなどのスポーツに限ったことではなく，たとえば毎朝起きて自分でコーヒーを淹れて飲むといった何気ない日常のひとこまにおいても，私たちはコーヒーが抽出されているときの香りや音，コーヒーカップに注がれるコーヒーの色，コーヒーカップから立ち込める香りや湯気，ぬくもり，コーヒーカップ

図1-1　日常生活で経験するできごとの多くは，複数感覚にまたがったマルチモーダルなものである。左：テニスをしている例。右：コーヒーを抽出している例（写真出典：PhotoAC）

の手触りや持ち上げた時の重さ，口元に運んだ時の熱や香り，コーヒーカップが唇に触れた時の硬さやコーヒーカップのふちの厚み，口の中に広がる苦みや鼻に抜ける風味などを感じている。一杯のコーヒーから得られる多感覚的な刺激によって，朝，寝起きでぼーっとした状態から，だんだんシャキッと目が覚めてくるという方も多いのではないだろうか。このように私たちは多くの感覚から得られる情報を統合してあたりまえのように日常生活を送っているのである。

　そもそも私たちの日常生活においては，単独の感覚モダリティだけで行っていることを探す方が難しいだろう。現に今，この本の原稿を大学の研究室で書いている筆者は，ディスプレイに表示される文章を眺めながらキーボードを打ち，そのキーボードを打った感触を触覚で感じながら，自分のタイピングの打鍵音を聴いている。そして窓の外からは大学の校舎の中庭に集う学生のみなさんの楽しそうな声が聞こえ，だんだん空が暗くなってきて雨が降りそうな様子も見える。さし入れにいただいたお菓子を口にすれば，優しい甘さやバターの香りが広がる。

　日常生活に限らず，実験室で知覚実験を行う場合であっても同様である。たとえばそれが視知覚に関する実験であったとしても，実験参加者の方々は視覚

だけを使って，他の感覚を完全に遮断して実験に参加しているわけではない。たとえば実験者のインストラクションを聞くときには聴覚を使っているし，ディスプレイに表示される何らかの視覚刺激に対してボタンを押して反応するときには触覚や自己受容感覚を使っている。同様に，聴知覚に関する実験であったとしても，実験参加者の方は聴覚だけを使うわけではなく，聴こえてきた音に対して何らかの反応を行うためにコンピュータディスプレイを見るときには視覚を使っているし，知覚結果をフィードバックするためにマウスでクリックしたりボタンを押したりするときには触覚や自己受容感覚を使っている。このように，私たちはあたりまえのように複数感覚の情報を利用し，統合して日々を生きているのである。

　しかしながら私たちの脳においては，たとえば目から入った情報は視覚系，耳から入った情報は聴覚系，手や指から入った情報は触覚系によってというように，いったんばらばらに処理される。ばらばらに処理された情報は，そのままばらばらに知覚されるわけではなくて，私たちが何かを知覚するときには統合されたものとして知覚される。では入力段階でいったんばらばらになった異なる感覚モダリティ由来の情報を統合して，感覚モダリティ間で一体感のある知覚世界を成立させている脳のメカニズムとはいったいどのようなものなのだろうか。

　視覚，聴覚，触覚といったそれぞれの感覚モダリティが運ぶ情報には2つの種類がある。1つは，各モダリティに固有の情報，すなわち視覚なら視覚，聴覚なら聴覚でしか伝達できない情報である。もう1つは，空間，時間，質感のように，さまざまな感覚モダリティに共通して存在する情報である。

　各モダリティに固有の情報とは次のようなものである。たとえば「色」は視覚でしか伝えられない。もちろん「赤というのはこういう色である」とか，「このパレットにはいろいろな絵の具が出されている」，「白い砂浜の向こうに，見渡す限り青い海が広がっている」，「このバナナはあともう少しで熟して黄色くなりそうだ」というような説明は他の感覚（たとえば音声（聴覚）や点字（触覚）など）でもできるが，実際にその色を見てどんな色かを「感じる」ことは視覚にしかできない。またたとえば「音の高さ」は聴覚でしか伝えられない。「譜面にこういったメロディが書かれている」とか，「ピアノの鍵盤のこことこ

こを押さえている」,「ヴォーカリストの方が超高音のホイッスルボイスで歌っている」,「このスピーカーシステムではベースギターの低い音が良く鳴っている」というような説明は他の感覚(たとえば映像(視覚)など)でもできるが,実際にどんな風にその音が聴こえるのかを「感じる」ということは聴覚にしかできない。そしてたとえば「肌ざわり」は触覚でしか伝えられない。「このフェイスタオルは柔らかくてふわふわした肌触りだ」,「この熊野筆のチークブラシ(化粧筆)はなめらかな肌あたりだ」,「このTシャツはさらっとした肌触りだ」,「このブランケットは繊細な細い毛で作られていて極上の触り心地だ」というような説明は,文字(視覚)や音声(聴覚)でも伝えられるが,その「肌ざわり」が実際にどのように「感じられる」のかは,実際にその肌ざわりを触覚で経験してみない限りわからない。

　このような感覚固有の情報の他に,空間,時間,質感のように,さまざまな感覚モダリティに共通して存在する情報がある。

　たとえば「ここ」という空間位置を示すためには,視覚的に指差ししても良いし,声で呼んでも良いし,顔や腕,脚,つま先のような身体の部位であれば触っても良い。また時間的な構造,たとえば「三々七拍子」や「一本締め(三,三,三,一の拍子)」,もしくは「サルサ」や「ボサノバ」,「ヒップホップ」といったダンスのリズム構造のような情報を伝えたいときには,ライトを使って光をフラッシュさせて伝えることもできるし,手や靴を鳴らして,もしくは声に出して音で伝えることもできるし,相手の肩など身体をトントンと叩いて触覚的に伝えることもできる。質感についても,たとえばざらざら,すべすべ,つるつる,ふわふわといった物体表面の質感は,視覚で見ても判るし,触っても判る。また,ある物体が固いとか,柔らかいとか,中が空洞であるといった情報は,叩いてみて音で判断することもできるし,触ってみて触覚で判断することもできる。このように視覚,聴覚,触覚といった複数のモダリティに共通して存在する情報(時間,空間,質感)は,異なる感覚モダリティ間を結ぶ際の,非常に重要な手がかりになる。

　このように感覚モダリティに共通して存在する情報のうち,本章では「時間的な同時性・同期性」に焦点を当てて解説する。時間的な同時性・同期性は,異なる感覚モダリティに由来する情報を関連付けるための非常に重要な手がか

りとなる。これは，たとえば「ドアをノックしたらコンコンと音が鳴る」というように，同じイベントから得られた各感覚情報は通常，同じタイミングを共有すると考えられるからである。では，私たちの脳はどのようにして感覚モダリティ間の同時性・同期性を判断しているのだろうか。

1.2 事象時間, 脳時間, 主観時間 ……………………………………………

　私たち人間の時間知覚について考える際には，事象時間（event time），脳時間（brain time）と主観時間（subjective time）の3つの時間を区別する必要がある（e.g., Dennett & Kinsbourne, 1992; Johnston & Nishida, 2001）。

　事象時間とは，外界で事象が発生した時間のことである。脳時間とは，その事象によって引き起こされる脳活動のタイムコースのことである。そして主観時間とは，事象のタイミングに関して実際に観察者が知覚した内容である（図1-2）。

　この事象時間，脳時間，主観時間の違いを視聴覚の場合を例にとって考えてみる。事象時間というのは外界で事象が起きた時間である。たとえば携帯電話を床に落として割ってしまったとき，「携帯電話を落として画面が割れた」という事象が外界で発生した時間が事象時間である（図1-3）。

　しかしながら視聴覚の事象時間が「発生源」において同時だったとしても，その信号が目や耳に届くまでの間に，視聴覚の時間関係というのは距離に応じてずれてしまうことに留意する必要がある。これは外の世界では音の方が光よりも遅れて伝わるためである（光は毎秒約30万km進み，音は約340m進む）。光と音の距離に応じた時間ずれの極端な例では，花火や遠くの落雷などが挙げられる。花火や遠くの落雷では，光だけが最初に見えて，そのあとしばらく経ってから音が聴こえる（図1-4）。

　次に脳時間を考えてみる。脳の中でも時間はずれる。それは神経伝達や脳内情報処理の過程で視聴覚信号間に時間のずれが生じるためである。脳内では外界とは逆に，聴覚の方が視覚よりも信号の伝達や情報処理に要する時間が短いと一般に考えられている（Spence & Squire, 2003; King, 2005）。その要因の1つは，蝸牛の基底膜での音波の神経変換のプロセスが，網膜での光の神経変換の

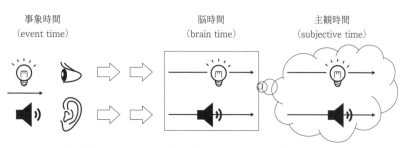

事象時間　　　　　　　　　　脳時間　　　　　　　　　主観時間
（event time）　　　　　　　　（brain time）　　　　　　（subjective time）

図 1-2　事象時間（event time），脳時間（brain time），主観時間（subjective time）

図 1-3　「携帯電話を落として画面が割れた」という事象の例。携帯電話を落として画
面が割れたという光景と携帯電話を落としたという音の発生時刻は事象時間に
おいては同時である（写真出典：PhotoAC）

プロセスよりも速いことにある。音波の神経変換プロセスは，基底膜振動によ
って基底膜上に並んだ内有毛細胞の毛（ステレオシリア）が揺れてイオンチャ
ネルの蓋が開閉し，それによって細胞内への K^+（カリウムイオン）の流入がさ
れたり止まったりして内有毛細胞の細胞内電位が変動し，細胞内電位が高くな
ると脱分極して聴神経が発火する，といったような機械的な変換プロセスであ
る。それに対して対して網膜での光の変換プロセスは，光が網膜上の視細胞
（錐体細胞，桿体細胞）外節にある光受容蛋白質（視物質）に受容され，一連の
化学変化を経て細胞膜のイオンチャネルに作用し，さらに水平細胞，双極細胞，
アマクリン細胞，神経節細胞での処理を経て視神経へ伝わるといったような化

図1-4 花火や遠くの落雷では光が先に見えてその後で音が聴こえる。左：花火の例。
右：落雷の例（写真出典：PhotoAC）

学的な変換プロセスである。音波と光の神経変換プロセスのこのような違いは，
刺激がまったく同じタイミングで網膜と基底膜に呈示されたとしても，処理の
初期段階から時間のずれが生じることを意味する。

さらに，脳内の神経伝達と処理時間は，刺激の強さ，視覚刺激が呈示される
網膜上の位置，視覚刺激の空間周波数などの要因によっても変化すると言われ
ている（Kopinska & Harris, 2004；Tappe et al., 1994）。つまり私たちの脳の中で
は，単純に予測できないさまざまなずれが発生してしまうことになる。

最後に主観時間を考えてみる。主観時間は，実際に私たちが感じる時間であ
り，「同時である」とか「どちらが先」といった観察者の知覚内容である。言
い換えると，実際にその人がどう知覚したかということである。図1-3の「携
帯電話を落として画面が割れた」という例に戻ると，その人が「携帯電話を落
として画面が割れた瞬間に，携帯電話を落とした光景が見えて，それと同時に
落とした音が聴こえた」と感じたのであれば，主観時間において，視聴覚イベ
ントは同時であったということになる。

主観時間は脳内の時間のずれをそのまま反映したものであると誤解されるこ
とが多いが，私たちが実際に知覚する主観時間は，外の世界の時間ずれや脳内
の時間ずれをそのまま反映したものではない（Fujisaki et al., 2004；Stone et al.,
2001；Sugita & Suzuki, 2003；Vroomen, 2004）。前述したように，視聴覚刺激の間

には，外界や脳内で発生する，単純に予測できない時間のずれがある。主観時間は，そのようなさまざまな困難や制約とある種の折り合いを付けながら，「発生源」での時間関係（事象時間）を「可能な限り正確に解釈しようと私たちの脳が試みた結果」を反映したものと考えられる。実際，主観時間は，これから述べるように，さまざまな要因の影響を受けてさまざまに変化する。

1.3　主観時間に影響する諸要因 ………………………………………………………

　光がピカッと光ったときに音がピッとなるようなシンプルな刺激を考えてみる。たとえば黒背景のディスプレイ上に白い円が呈示されて，ヘッドフォンから 1000 Hz の純音が，短時間（10-20 ms 程度）呈示されるような場合である（図 1-5）。

　白い円が光ったときと 1000 Hz の純音が鳴ったときの主観的同時点を測定する場合には，まずさまざまな時間のずれを持つ光刺激と音刺激のペアを実験参加者に呈示して，それらが同時であるかどうかを答えてもらう（同時性判断。図 1-5 参照）。ディスプレイに円が描かれるタイミングとヘッドフォンから音が出力されるタイミングを実験的にシステマティックに操作し，光が大きく先行する場合，音が大きく先行する場合，光が少しだけ先行する場合，音が少しだけ先行する場合，光と音のタイミングが物理的に同時の場合など，多くの時間ずれの試行を設けて，ランダムな順番で実験参加者に呈示する。そして各試行についてディスプレイに描かれた円とヘッドフォンから呈示された音が同時か否かを答えてもらい，それを所定の回数繰り返すのである。そして横軸に光と音の時間ずれ（物理的なずれ）をとり，縦軸に実験参加者が同時と答えた割合をプロットすることにより，どの程度の視聴覚の時間ずれを同時であると回答したかを示す「同時性の時間窓（simultaneity window）」を描くことができる。この「同時性の時間窓」の中心のことを，主観的同時点（point of subjective simultaneity; PSS）と呼ぶ（同時性判断の測定方法についてのより詳しい説明は，第 1 章第 4 節の図 1-12 を参照）。

　同時性判断（simultaneity judgment; SJ）ではなく，時間順序判断（temporal order judgment; TOJ）によって主観的同時点を求める場合もある。時間順序判

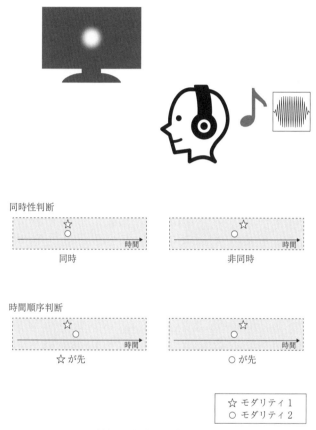

図 1-5 同時性判断と時間順序判断の実験イメージ

断とは，同時か否かではなく，たとえばディスプレイに描かれた白い円と，ヘッドフォンから呈示された 1000 Hz の純音のどちらが先だったかを実験参加者に答えてもらうというようなものである（図 1-5）。その場合は横軸に光と音の時間のずれ（物理的なずれ）をとり，縦軸に実験参加者が「光が先（もしくは音が先）」と答えた割合をプロットすることにより，心理測定関数を描くことができる。そして「音が先」と答えた割合と「光が先」と答えた割合が等しくなる点が主観的同時点となる（時間順序判断の測定方法についてのより詳しい説明は，

第1章第4節の図1-13を参照）。

　主観的な同時性は固定的なものではなく，さまざまな要因の影響を受けて変化する。たとえば，prior entry effect が挙げられる。これは注意を向けた刺激が，注意を向けていない刺激よりも先であるように観察者に知覚されるという現象のことである。この現象は，異種感覚モダリティ間（クロスモーダル；cross-modal）でも同一感覚モダリティ内（ユニモーダル；unimodal）でも生じると言われている（Spence et al., 2001; Zampini et al., 2005）。つまり主観的な同時性は，ある程度注意の影響を受けて変化する。

　刺激の時間的な構造も主観的な同時性判断に影響を与える要因の一つである。そもそも，異なる時間構造を持つ2つの刺激の時間的タイミングを比較すること自体が，本質的に難しい問題である。たとえば，視覚の研究において，連続的に動く刺激と短いフラッシュ刺激が与えられると，フラッシュが遅れて知覚されるフラッシュ・ラグ効果（flash-lag effect）と呼ばれる現象が報告されている（e.g., Nijhawan, 1994, 2002; Whitney & Murakami, 1998; Baldo et al., 2002）。このフラッシュ・ラグ効果は視覚刺激同士の場合だけでなく，聴覚や視覚などの異種感覚モダリティ間でも同様の現象が発生することを Alais & Burr（2003）などが報告している。Alais & Burr（2003）は，1 kHz から 4 kHz まで対数軸上で線形に上昇するスイープ音（視覚の連続的に運動する刺激のアナロジーとして用いたもの）を1秒間片耳に呈示し，その途中でもう片方の耳に，40 ms，2 kHz のトーンバースト（視覚のフラッシュのアナロジーとして用いたもの）を呈示して，周波数上を動いているスイープ音と，止まっているトーンバーストのピッチ（主観的な音の高さ）が一致するかどうかを実験参加者に評定させた。その結果，動いているスイープ音よりも止まっているトーンバーストの方が遅れて知覚され，動いているスイープ音と止まっているトーンバーストが同じ高さのピッチであると感じるためには，上向きのスイープの場合で約4半音，下向きのスイープの場合で約3半音の調整が必要であったとのことである。

　また，色と運動の非同期錯視（color-motion asynchrony illusion）と呼ばれる，上方向に連続的に動く緑のパターンと下方向に連続的に動く赤いパターンを250 ms ごとに交替させると，どの色と運動が対応しているのかが判らなくなるという錯視がある（Moutoussis & Zeki, 1997; Nishida & Johnston, 2002）。この，

色と運動の非同期錯視は運動変化を色変化よりも 100 ms 程度先行させると2つの属性を対応付けることができるようになる。この色と運動の非同期錯視についても，同様の現象が異種モダリティ（視聴覚）間でも発生するという報告がある（Arrighi et al., 2005）。

　刺激の因果関係も主観的な同時性に影響を与える要因の一つである。たとえば，ハンマーでペグを打った結果として音が出る場合，ハンマーがペグに当たる前に音が鳴る可能性は低い（ハンマーがペグに当たる前に静電気の「バチッ」という音がするといったこともあるので，可能性はゼロではないが）。このように，視覚的なイベントと聴覚的なイベントの因果関係がはっきりとしている場合には，私たちの脳は，刺激の因果関係を考慮に入れてして主観的な同時性を調整するようである。Dixon & Spitz（1980）はハンマーでペグを打つビデオと，連続的な視聴覚スピーチのビデオの刺激を用いて実験を行っている。ビデオの映像と音の時間を少しずつずらしていき，時間のずれを検知した時点で報告するように実験参加者に求めた。その結果，映像が先行する場合よりも音が先行する場合の方がずれに気づきやすく，また，ハンマーでペグを打つビデオの方が連続的な視聴覚スピーチのビデオよりもずれに気づきやすかったと報告している。映像が先行する場合よりも音が先行する場合の方がずれに気づきやすかった理由として，彼らは刺激の因果性を挙げている（ハンマーがペグに当たった結果として音がする）。またハンマーでペグを打つビデオよりも連続的な視聴覚スピーチのほうがずれに気づきにくかったのは，ハンマーのビデオではハンマーがペグを打った瞬間，というように視覚と聴覚で比較する箇所が自明であるが，連続的なスピーチのビデオでは，連続的な視覚信号（口の動き）のどこと聴覚信号（音声）のどこを対応付けるべきかが自明ではなく，判断が非常に難しかったためではないかと考えられる。

　一方で，van Eijk, Kohlrausch, Juola, & van de Par（2007）は，「音がしてから視覚イベントが発生する」というような因果性をもつ刺激，具体的には「ニュートンのゆりかごおもちゃ（Newtons Cradle Toy）」と呼ばれる振り子のおもちゃを模倣した刺激を使用して実験を行っている。「ニュートンのゆりかごおもちゃ」では，図 1-6 に示すように，同じサイズの複数の金属球が，同じ線上に並ぶように紐で吊るされている。そして，一方の端を引っ張って離すと，金

図1-6　ニュートンのゆりかごおもちゃ。このおもちゃでは，球がぶつかって音が鳴っ
てから反対側の球が動きだす。（写真出典：Pixabay）

属のボールがもう一方の静止したボールに当たって音が鳴り，もう一方の端の
ボールが大きく揺れる。van Eijk ら（2007）は，このように聴覚イベントが発
生してから視覚イベントが発生する（音が鳴ってから反対側のボールが揺れ始め
る）という状況を作ると，主観的同時点が「音が先，光が後」の方向にシフト
すると報告している。つまり，聴覚イベントが発生してから視覚イベントが発
生するという構造の刺激を用いた場合には，音が先行するずれのほうが気づき
にくくなるわけで，これはすなわち Dixon & Spitz（1980）のように，音が先
行するずれの方が気づきやすいということが常に起きるとは限らないというこ
とである。これは「ニュートンのゆりかごおもちゃ」の例が特殊というわけで
はなく，日常生活においても，聴覚イベントが発生してから視覚イベントが発
生する例は他にもたくさんある。たとえば図 1-7 のように「照明のスイッチを
消す音がしてから電気が消える」，「生卵を割る音がしてから卵の中身が出てく
る」などが挙げられるだろう。他にも「ボーリングの玉がピンにあたる音がし
てから，ピンがはじけ飛ぶ」，「野球のバットにボールが当たる音がしてから，
ボールが外野に飛んでいく」，「水面に石を投げ入れる音がしてから水面の水が
跳ねる」，「ビリヤードのキューで球をついた音がしてから球が動き出す」，「ア
クセルを踏む音がしてから車が加速する」なども挙げられるだろう。

図1-7 日常生活における聴覚イベントが発生してから視覚イベントが発生する例。
左：照明のスイッチを消す音がしてから電気が消える。右：生卵を割る音がし
てから卵の中身が出てくる（写真出典：PhotoAC）

視聴覚イベントの発生源から自分までの距離も，主観的同時点に影響を与え
る要因の一つである。距離による視聴覚信号の時間ずれについては，信頼でき
る距離の手がかりが得られる場合には，ある程度の距離までは音の時間遅延を
勘案した補正が行われる場合があることがいくつかの研究によって報告されて
いる（Engel & Dougherty, 1971; Sugita & Suzuki, 2003; Kopinsuka & Harris, 2004;
Alais & Carlile, 2005）。

Engel & Dougherty（1971）は，長い廊下の端に実験参加者に座ってもらっ
て，離れた場所からフラッシュとクリック音を呈示して，そのフラッシュとク
リック音が「単独のイベントであると判断できるか否か」を答えてもらうとい
う実験を行った。その結果，実験参加者が距離による音の遅延を考慮に入れた
補正を行うことができたと報告している。

Sugita & Suzuki（2003）も観察者に発光ダイオード（LED）が光と音の両方
の発生源であると考えるように教示して，視覚刺激（LED）の距離を変化させ，
聴覚刺激（頭部伝達関数を畳みこんだ白色雑音）をヘッドフォンから呈示して実
験参加者に光と音の時間順序判断を行ってもらい，主観的同時点が距離に応じ
て音速を勘案するように補正されたと報告している。また Kopinska & Harris
（2004）は視聴覚刺激の距離，および刺激が呈示される網膜上の位置や刺激の強

度（実験観察者に光の強度を弱める眼鏡を着用してもらって実験を実施）などの要
因を操作して実験参加者に時間順序判断課題を行ってもらった。その結果，距
離によって生じた物理時間のずれだけではなく，網膜上の位置や光の強度を変
えたりしたことによって生じた神経潜時（脳時間）の違いに起因すると考えら
れる時間ずれについても，ある程度は補正が可能なのではないかという報告を
している（図 1-8）。

　Alais & Carlile（2005）は無響室で，直接音と反響音（シドニーオペラハウス
で測定したインパルス応答関数を畳み込んだホワイトノイズ）を聴覚刺激として呈
示し，固定された視覚刺激との時間順序判断を実験観察者に行ってもらうとい
う興味深い実験を行っている。その実験の結果，シドニーオペラハウスのイン
パルス応答関数を使って仮想的にシミュレートされた反響音の距離に応じて主
観的な同時点がシフトしたと報告している。ただし直接音のみを呈示した場合
や，「聴覚刺激の刺激開始部分に注目して，かつできるだけ早く反応する」，と
いう課題にした場合には，距離による補正は生じなかったとも報告している。

　一方で異なる結果，つまり距離による補正が生じないという報告をしている
研究もある（Stone et al., 2001; Lewald & Guski, 2004; Arnold et al., 2005）。Lewald
& Guski（2004）は屋外で，LED から発せられる光のパルスとスピーカーから
発せられる周期的な音について実験参加者に光と音のどちらが先だったかの時
間順序判断を求める実験を行ったが，距離による補正は生じなかったと報告し
ている。また，Stone ら（2001）は，実験参加者に距離の手がかりを感じても
らいやすくするために，部屋を少し明るくして，スタンダードなサイズの飲み
物の缶を机に置いて，ディスプレイに取り付けた LED とヘッドフォンから呈
示されるトーン（250 Hz の矩形波）について同時か否かの判断を実験参加者に
求めたが，距離による補正は生じなかったとしている。Arnold ら（2005）もディ
スプレイに呈示した視覚刺激と，スピーカーとヘッドフォンの両方の条件で
呈示した聴覚刺激を用いて，間接的に同時性を測定して（「通過・反発錯覚」を
用いて，実験観察者が「反発」と答えた割合を調べることによって間接的に同時性を
測定），また直接的にも時間順序判断を行ったが，信頼できる距離による補正
の証拠は得られなかったと報告している。ただし著者のうちのひとりが視覚と
聴覚の刺激が同じ発生源から生じたと「イメージ」して，直接的な時間順序判

図 1-8 Kopinska & Harris（2004）の実験風景。1-32 m まで距離を変化させるために廊下で実験を行っている。実験参加者はコンピュータ呈示される視覚刺激とコンピュータのスピーカーから呈示される聴覚刺激について「音と光のどちらが先か」の判断を行っている

断を行った場合には，距離の補正ができたとのことである。

　このように，距離の補正が起きると報告している研究と起きないと報告している研究があり，距離の手がかりが得られた場合に，常に補正がなされるとは限らないようである。このことは，距離の手がかりが与えられていても補正することが強制的なものではなく，そのときどきでその方略を適用するかどうかを選択できるという，距離を補正するシステムの柔軟性を示唆しているのかもしれない。

　順応に伴う適応的再調整（recalibration）も主観的同時点に影響を与える。

Fujisaki, Shimojo, Kashino, & Nishida（2004）は視聴覚の一定の時間ずれに順応した後では，そのずれを小さくする方向に視聴覚の主観的同時点がシフトすること，また，同時であると判断される領域（同時性の時間窓）が順応した時間ずれの方向に拡張することを示した（図1-9，図1-10，図1-11）。実験参加者は図1-9（a）のように，映像（リング）と音（トーンピップ）の一定の視聴覚のずれに順応したあと，さまざまな時間ずれについて同時性判断を行った。その結果，図1-9（b）のように順応した時間ずれの方向に主観的同時点がシフトすることが示された（図1-9（b）はそれぞれ，音が235 ms先，ずれなし，光が235 ms先に順応した際の主観的同時点と，順応せずにテストのみを行った場合の主観的同時点を表している）。また同時性判断の分布（時間窓，図1-9（c））を見ると，順応した方向に分布全体がシフトするのではなく，順応した時間ずれの方向にのみ同時性判断の時間窓が拡張することが示された。図1-9（c）は，音が235 ms先行した条件に順応した結果広がった時間窓の領域を薄いグレーで，光が235 ms先行した条件に順応した結果広がった時間窓の領域を濃いグレーで塗り分けている。グラフから，順応しなかった側には変化が生じておらず，順応した側にのみ一方向に拡張していることがうかがえる。つまり分布全体としてはシフトではなく，拡張といった方が正確であり，分布の中心を表す主観的同時点（PSS）も，分布が順応した方向へ広がったことによって，順応した方向にシフトしたことがわかる。

　さらに，Fujisaki et al.（2004）は，実験参加者に直接「同時性」を訊かずに「通過・反発の錯覚（stream/bounce illusion）」（Sekuler et al., 1997）を用いて間接的に視聴覚の同時性を測定した場合にも同様の結果が得られたことを報告している（図1-10）。通過・反発の錯覚とは，通過と反発のどちらの解釈も可能な多義的な刺激であり，通常は全く同じディスクを用いて作成する。視覚だけでは2つのディスクがだんだん近づいてきて，中央ですれ違う（通過）もしくはぶつかる（反発）という2通りの見え（解釈）が可能だが，2つのディスクが近接したタイミングで音を鳴らすと，「反発」の見えが増えるというものである。Fujisaki et al.（2004）の実験では，図1-10（a）のように，順応時にはディスクを白と黒に塗りわけ，強制的に「反発」が見えるようにした状態で，一定の時間ずれを持つ音を呈示した。そして，テスト時には，両方とも黒のディ

(a)

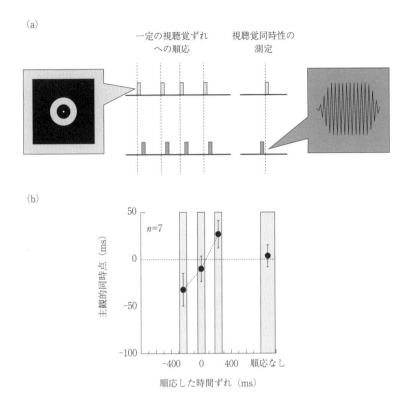

(b)

(c)

図 1-9　Fujisaki et al.（2004）の視聴覚時間ずれに対する順応実験。(b)（c）の横軸は，音が映像より先行する場合をマイナスで，映像が音より先行する場合をプラスで表している（Fujisaki et al., 2004 に基づき作成）

(a)

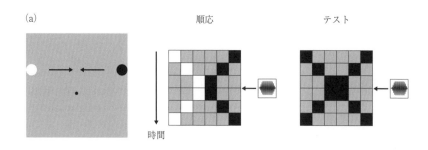

(b)

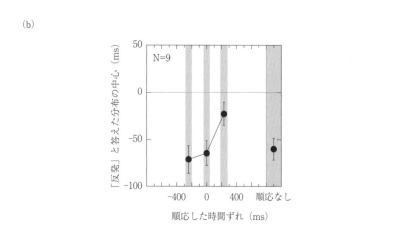

(c)

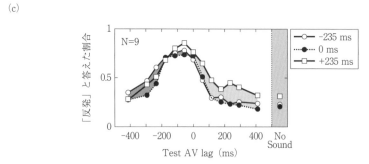

図 1-10　Fujisaki et al.（2004）の「通過・反発錯覚」を用いた順応実験。(b)（c）の
　　　　横軸は音が映像より先行する場合をマイナスで，映像が音より先行する場合
　　　　をプラスで表している（Fujisaki et al., 2004 に基づき作成）

スクを刺激として用いて，さまざまな視聴覚の時間ずれでテストをして，実験
参加者が「反発」に見えた割合を調べた。その結果，最初のリングとトーンピ
ップを用いた実験と，きわめてよく似た実験結果が得られた。すなわち順応し
た時間ずれの方向に，「反発」と答えた分布の中心がシフトし（図1-10（b）），
また「反発」と答えた分布が，順応した方向に拡張することが示された（図
1-10（c））。このことは，最初にリングとトーンピップを用いて行った実験で得
られた順応効果が単なる認知的なバイアスではなく，知覚的な効果であったこ
とを担保するものである。通過・反発錯覚を用いた実験の場合，実験参加者に
は直接「同時性」を訊いておらず，「反発」か「通過」しか訊いていないため，
もし実験参加者に認知的なバイアス（「反発」と答えやすくなるといったような）
が生じていたとしても，それは，同時性時間窓の縦軸方向（時間窓の高さ）に
関係するだけで，グラフの横軸方向には影響を及ぼさないためである。

　さらに，Fujisaki et al.（2004）は，順応効果が情報処理のどのレベルで起き
ているのかについての示唆を得るため，図1-11のように，リング刺激で順応
して通過・反発刺激でテストしたり，その逆を行ったり，ボールが壁（wall）
に当たって跳ね返るような刺激に順応した後でリング刺激や通過・反発刺激で
テストしたり，順応時とテスト時で音を呈示する耳を入れ替えたり，というよ
うに，順応効果が転移するかどうかを調べる実験を行った。その結果順応時と
テスト時で刺激を入れ替えても，呈示耳を入れ替えても，順応効果が生じる
（ある視聴覚刺激のずれに順応した効果が別の視聴覚刺激にも転移する）ことが分か
った。このことは，順応が生じているレベルが，低次の知覚情報処理プロセス
ではなく，やや高次（ミッドレベル）の知覚情報処理プロセスで起きているこ
とを示唆している。

　Fujisaki らはこの視聴覚の一定の時間ずれに順応したあとで主観的同時点が
シフトし，かつ同時性の時間窓が順応した時間ずれの方向に拡張する現象のこ
とを「視聴覚同時性判断の適応的再調整」（recalibration of audiovisual simulta-
neity）と呼んだが，他の研究者らによって，単に「時間ずれ順応」（lag adapta-
tion）と呼ばれることもある。なお Vroomen et al.（2004）も同様の実験を行い，
ほぼ同様の結果を報告している。

　その後，多くの研究者が，この時間ずれ順応による主観的同時点の適応的再

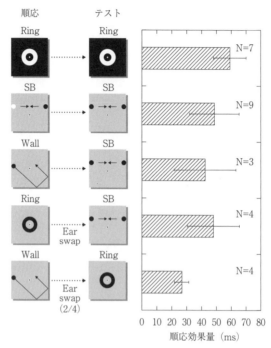

図 1-11　Fujisaki et al.（2004）の順応時とテスト時で刺激や呈示耳を入れ替えた実験
（Fujisaki et al., 2004 に基づき作成）

調整が，さまざまな刺激条件下で生じるかどうかを調べている。たとえば，Vata-
kis et al.（2007）は，リング刺激や純音刺激のように人工的な刺激ではなく，音
声のようにより自然な刺激を用いた場合にも，順応によって主観的同時点のシ
フトが見られると報告している。

　ある感覚モダリティ間（たとえば視覚と聴覚）の時間ずれ順応が，他の感覚
モダリティ間（たとえば視覚と触覚や聴覚と触覚）に転移するかという問題につ
いてもいくつかの研究が行われてきているが，現時点では一致した結果は得ら
れていないようである。たとえば Hanson et al.（2008）は視聴覚，視触覚，聴
触覚の組み合わせを調べ，どの組み合わせであっても主観的同時点がシフトし
たと報告している。一方で，Harrar & Harris（2005）は視覚－聴覚のペアに

順応したあとで視覚−触覚でテストを行ったけれども，順応効果の転移はみられなかったと報告している。ここに挙げた研究以外にも時間ずれ順応についてはたくさんの研究が現在進行形で行われており，今後多くの新しい知見が得られることが期待される。

　時間ずれ順応では，主観的同時点は順応した時間ずれを小さくする方向に変化するが，Miyazaki et al.（2006）は，両手に与えられる触覚刺激の時間順序を判断する際に，順応の時間ずれを短縮する方向ではなく，むしろ逆の方向に変化が起こる現象を報告した。Miyazaki et al.（2006）はこの現象をベイズ較正（Bayesian calibration）と名付け，人間の脳には時間ずれ順応（lag adaptation）とベイズ較正の2つのメカニズムが存在しているのではないかと議論している。また，Yamamoto et al.（2012）は周波数の異なる2種類の音と1種類の光を用いて時間順序判断を行い，その際に時間ずれ順応をキャンセルする刺激操作を行うと，視聴覚の場合でもベイズ較正によって予測される方向にシフトが生じると報告している。

1.4　主観時間の観察方法

　主観時間（subjective time）は観察者の体験にのみ存在し，客観的に観察することができない。では主観時間について観察するためにはどうすればよいのだろうか。ここでは，同時性判断（simultaneity judgment），時間順序判断（temporal order judgement），同期・非同期弁別（in-phase/out-of-phase discrimination），および時間バインディング（時間対応付け；temporal binding）の4つの心理物理学的測定方法について簡単に解説する。

　同時性判断は，さまざまな時間のずれを持つ刺激のペアを呈示して，観察者に同時か同時でないかの判断を求めるという，最も単純かつ簡易な主観的同時性の測定方法である。たとえば視覚刺激としてフラッシュを，音刺激としてクリック音を呈示したと考えてみる。フラッシュとクリック音が充分に離れているときには，観察者はたとえば100回の試行があったとすると，そのうち100回とも「同時でない」と答える。したがって「同時」と回答した率は0となる。逆にフラッシュとクリック音が時間的に極めて近接しているときには，観察者

は 100 回中 100 回とも,「同時である」と答える。すなわち「同時」と回答した率は 1 になる。そしてフラッシュとクリック音の時間のずれがその間にあるとき,観察者の反応は 100 回の試行のうちあるときは「同時である」と答え,あるときは「同時でない」と答えるというようになる。全試行の半分で「同時である」と答えた場合,「同時」と回答した率は 0.5 となる。このように「同時」と回答した率は,時間のずれが大きくなるにしたがって,だんだん 1 から 0 へと近づいていく。

　実際の実験では,様々な時間のずれを持つ刺激のペアをランダムな順番で呈示して,各刺激ペアについて同時か同時でないかの判断を求める。このようにして得られたデータを,横軸を刺激の時間のずれ,縦軸を同時と答えた割合としてプロットすると,図 1-12 のような同時性の時間窓を描くことができる。同時性判断課題においてはこのようにして得られた同時性の時間窓の中心を主観的同時点と呼ぶ。

　同時性判断では直接的に観察者の同時性知覚を訊くことができる。また,時間窓全体の形状が判る。一方で観察者の判断の基準値(基準;criterion)によって,時間窓の幅が変わってしまうという危惧がある。刺激のペアが同時であるか同時でないかを自信をもって答えられないときに,もし観察者が「同時か同時でないかを判断できないときはすべて"同時でない"と答える」というストラテジーを取った場合は,測定で得られる時間窓は狭くなり,逆に「同時か同時でないかを判断できないときはすべて"同時"と答える」というストラテジーをとった場合は,測定で得られる時間窓は広くなる。このような問題に対処するためには,あらかじめ観察者に途中で基準を変えないように教示したり,ほかの測定法と組み合わせて検討を行ったりするなどの工夫が必要である。

　時間順序判断(TOJ)は,さまざまな時間のずれをもつ刺激のペアを呈示して,刺激Aと刺激Bのどちらが先かの判断を求める方法である。同時性判断と異なるのは「同時か同時でないか」ではなく「Aが先か,Bが先か」というように刺激の順序を答える点である。同時性判断のときと同じように,視覚刺激としてフラッシュを,音刺激としてクリック音を呈示したとして考えてみる。フラッシュに対してクリック音が充分に先行しているときは,観察者はたとえば 100 回の試行があったとすると,そのうち 100 回とも「音が先(光が後)」と

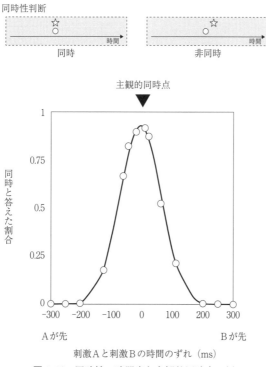

図 1-12　同時性の時間窓と主観的同時点の例

答える。したがって「光が先」回答率は 0 になる。逆にフラッシュがクリック
音に対して充分に先行しているときは，観察者は 100 回中 100 回とも「光が先
（音が後）」と答える。したがって「光が先」回答率は 1 になる。フラッシュと
クリック音の時間のずれがとても小さいとき，観察者の反応は 100 回の試行の
うちあるときは「音が先」，あるときは「光が先」と答えるようになる。した
がって「光が先」と回答した率は，時間のずれが小さくなるにつれて，0.5 に
近づくことになる。このようにして得られたデータについて，横軸に刺激の時
間のずれ，縦軸に光が先と答えた割合をプロットすると，図 1-13 のように，
時間順序判断の心理測定関数を描くことができる。時間順序判断課題において
は，このようにして得られた時間順序判断の心理測定関数の「音が先」回答率

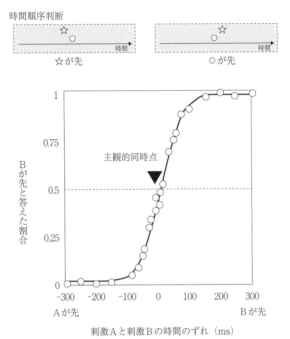

図 1-13　時間順序判断の心理測定関数と主観的同時点の例

と「光が先」回答率とが等しくなる点を，主観的同時点と呼ぶ。

　時間順序判断では，同時か否かを観察者に直接訊かずに主観的同時点の推定ができる。しかし観察者の基準の変化によって，心理測定関数の横位置が変わってしまう。たとえば，観察者が「音が先か，光が先かを判断できないときは常に "音が先" と答える」という方略をとった場合と，「音が先か，光が先かを判断できないときは常に "光が先" と答える」という方略をとった場合とでは，心理測定関数の横位置が異なってしまう。

　感覚モダリティをまたがった時間順序判断の場合，同時性の時間窓が広いため，同時に知覚されてしまう領域でもこのような2件法で「音が先」か「光が先」かを強制的に答えなければならないとすると，上述のような「光が先か音が先かがわからないときに，実験参加者が回答を光と音のどちら側に倒すかに

よって，心理物理関数の位置がずれる」という問題が生じる（van de Par et al., 2002）。ただしこのように観察者の基準によって心理測定関数の位置が変わってしまった場合でも，心理測定関数の傾きが変わるわけではないので，情報が全く得られなくなってしまうというわけではない。時間順序判断を用いる場合も，同時性判断を用いる場合と同様に，このような特性があることに留意しておく必要があるだろう。

これまで述べてきた同時性判断課題や時間順序判断課題は，簡便で直感的にわかりやすい測定方法であるという点でメリットがある一方で，どちらも観察者の基準の変化による反応バイアスの影響の問題から逃れられないというデメリットがある。このような反応バイアスの影響は，「物理的に同期した刺激」と「物理的に同期していない刺激」の弁別課題にすると回避することができる（e.g., Fujisaki & Nishida, 2005）。

同期・非同期弁別課題（in-phase/out-of-phase discrimination task）においては，観察者は物理的に同期した刺激ペアと，物理的に同期していない刺激ペアとの弁別課題を行う。例として，1 Hz（1秒間に1回のレート）で光が呈示されるフラッシュ刺激列と，同様に1 Hzで音が呈示されるクリック刺激列を考えてみる。物理的に同期した視聴覚刺激ペアでは，光も音も同じタイミングで刺激が出現する。物理的に同期していないペアでは，光と音は異なるタイミング，たとえば180°逆位相（1 Hzの場合は500 msのずれ）で呈示される。実験の各試行で観察者は，呈示された刺激ペアが物理的に同期しているか同期していないかを答え，正解か不正解かのフィードバックを得る。毎回フィードバックを得ることによって，仮に観察者自身の主観的同時点が物理的同時点とずれていた場合でも，弁別課題の遂行が可能になる。

上記の例では，各試行で物理的に同期もしくは非同期のどちらか片方の刺激が呈示されているが，本来は，実験時間が長くなってしまうという問題があるものの，各試行において同期刺激と非同期刺激を両方呈示してどちらの刺激が同期していたかを選択してもらう二肢強制選択の方式をとったほうが良い。

繰り返し呈示の時間周波数が充分に低いときには，観察者はほぼ完ぺきに同期刺激と非同期刺激を弁別できるが（正答率がほぼ100%となる），時間周波数を高くしていくと，正答率が徐々に下がり始め，ある程度以上高くなると弁別

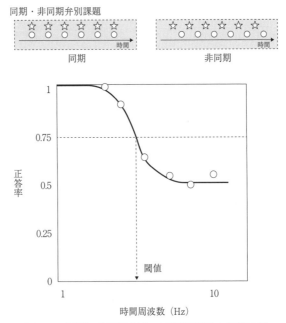

図 1-14　同期・非同期弁別の心理測定関数と閾値の例

できなくなり，正答率はチャンスレベル（50%）になる。横軸に時間周波数，縦軸に正答率をプロットすると，図1-14のような同期・非同期弁別の心理測定関数を描くことができる。典型的には，正答率が75%になる時間周波数がこの場合の閾値となる。

　同期・非同期弁別課題は，同時性判断や時間順序判断とは異なり，観察者の判断基準の変化による影響を受けない手法であることが最大のメリットである。同期・非同期弁別課題では，観察者が「同期か非同期かを判断できないときは常に同期と答える」という方略をとった場合でも「同期か非同期かを判断できないときは常に非同期と答える」という方略をとった場合でも，どちらも同じ正答率（チャンスレベル）となり，結果に影響しないためである。したがって同期知覚の精度を厳密に測るという目的に適している。ただしこの課題はあくまで物理的な同期と非同期の弁別であり，観察者の主観的な同時性知覚を問う

ているのではないということに注意が必要である。たとえば視聴覚信号の物理的な同時呈示が観察者にとっての主観的同時点ではない場合，観察者にとってこの課題は（主観的には）同期と非同期の弁別ではなく，小さなずれと大きなずれの弁別課題になってしまうことになる。

　時間バインディング課題（temporal binding task）においては，観察者は，たとえば視覚刺激として赤と緑の交替刺激，聴覚刺激として高い音と低い音の交替刺激が同期して呈示された場合に，赤と高い音が同期していたか，それとも緑と高い音が同期していたかを答える。すなわち同期していた刺激属性の組み合わせの内容を答える（時間がずれていたかを問うのではなく，視覚刺激がどの刺激内容のときに（例：赤 or 緑），聴覚刺激がどの刺激内容であったか（例：高い音，低い音）という「時間と内容の対応付け（binding）」を問うている）。刺激の繰り返し呈示の時間周波数が十分に低いときには，観察者は赤のときに高い音，緑のときに低い音が呈示されていたというように，ほぼ完ぺきに時間バインディングを答えることができる（正答率がほぼ100% となる）。しかし周波数を高くしていくと，正答率が徐々に下がり始め，ある程度以上周波数が高くなると正答率はチャンスレベル（50%）になる。横軸に繰り返し呈示の時間周波数，縦軸に正答率をプロットすると，図1-15 のようにバインディングの時間限界の心理測定関数を得ることができる。典型的には，正答率が75% になる時間周波数が閾値となる。

　同期・非同期弁別課題と時間バインディング課題の大きな違いは，同期・非同期弁別課題では刺激の出現した「時間」だけを比較すればよいのに対して，時間バインディング課題は，「時間」だけでなく「内容」も判断して，「時間」と「内容」を統合しなければならないということである。たとえば視聴覚刺激を用いた場合，同期・非同期弁別では，視覚刺激と聴覚刺激が合っているかずれているかを判断するだけで良く，それぞれの視覚刺激，聴覚刺激が何であるかという内容の判断までは求められていない。一方で時間バインディング課題では，赤と高い音が同期していたか，それとも緑と高い音が同期していたかというように「内容」と「時間」の両方の判断が求められており，さらにそれらを統合しなければ，課題を遂行することができない。なお，同時性判断と時間順序判断の比較にも，この議論は当てはまり，同時性判断は「同時か否か」の

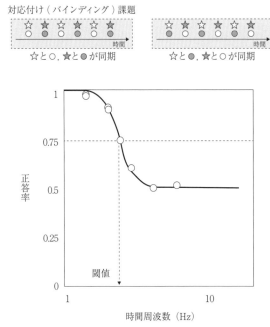

図 1-15　時間バインディング課題の心理測定関数と閾値の例

「時間」の判断をすればよいが，時間順序判断は「どちらが先」だったかという「時間」と「内容」の両方の判断が必要という点が異なる。

　なお，これまでの異種感覚モダリティ研究においては，同期・非同期弁別課題が用いられることが多く，一方で視覚研究においては時間バインディング課題が用いられることが多かった。そのため，得られた結果が，課題の違いの要因によるものなのか，感覚モダリティや属性の要因によるものなのかを明確に区別することができなかった。そこで Fujisaki & Nishida（2010）は，同一観察者，同一刺激を用いて，同期・非同期弁別課題と時間バインディング課題を，属性内（色と色，輝度と輝度など），属性間（色と輝度，色と方位など），感覚モダリティ間（色と音高，輝度と触覚（振動）など）で比較した。その結果，感覚属性や感覚モダリティをまたがった比較の場合には，同期・非同期弁別課題と時間バインディング課題に明確な乖離が見られることを発見した（詳しくは第

1章第5節を参照）。

　単独モダリティ内でバインディング課題を用いた研究では，視覚研究におい
て，刺激間の距離が近くなると高い周波数限界が得られることが知られており，
これは属性に固有の低次のメカニズムの時間特性を反映するものと考えられて
いる。Kanaya, Fujisaki, Nishida, Furukawa, & Yokosawa（2015）は，聴覚研
究に時間バインディング課題を適用した実験を行っている。視覚の距離のアナ
ロジーとして，聴覚の時間周波数を操作し，また呈示耳を操作してバインディ
ング課題の時間周波数限界を調べた。その結果，聴覚の場合も刺激系列間の距
離（周波数差，呈示耳の異同）が近くなることによって，時間限界が高くなるこ
とを見出した。

1.5　異種感覚モダリティ間の同時性判断における限界 ⋯⋯⋯⋯⋯⋯⋯⋯⋯⋯

　多感覚の同時性判断には，呈示密度や一度に比較できる数の限界がある。Fuji-
saki & Nishida（2005）は周期パルス列を用いて視聴覚の同期・非同期弁別課題
を行い，パルス列の時間周波数が約4Hzを超えると，視覚，聴覚のそれぞれの
刺激内部では時間構造が明確に知覚できるにもかかわらず，視聴覚の時間的な
対応付け（バインディング）ができなくなってしまうことを報告している。

　Fujisaki & Nishida（2007）は，約4Hzという視聴覚の時間バインディング
の時間限界が時間周波数の問題なのか密度の問題なのかを切り分けるために，
周期刺激の代わりに高密度ランダムパルス列を用いて視聴覚の同期・非同期弁
別課題を行い，視聴覚の時間バインディングの限界が時間周波数ではなく密度
で規定されていることを示した（つまり刺激が混みあっていると視聴覚の対応付
けが困難になる）。さらにFujisaki & Nishida（2008）は，密度が高い背景刺激
（地）のなかにまばらな「図」となる刺激を埋め込むと，信号全体の密度は高
いままであっても再び視聴覚の時間バインディングが可能になることを示した
（図1-16）。これらの結果は，視聴覚の同期判断において重要なのは信号全体の
密度ではなく，刺激の中に含まれる顕著な特徴の密度（すなわち図と地の両方を
合わせた密度ではなく，図となる特徴の密度）であることを示唆している。

　その後，Fujisaki & Nishida（2009）は，視聴覚，視触覚，聴触覚間の比較を

行い，同期・非同期弁別において聴触覚の組み合わせの特異性を発見した。具体的には，視覚と聴覚，視覚と触覚の同期・非同期弁別閾が約 4 Hz となるのに対して，聴覚と触覚の弁別閾が約 8-10 Hz と特異的に高くなることを発見した。

　Fujisaki & Nishida（2010）は，この聴触覚の組み合わせの特異性が「時間バインディング課題」にすると消失し，どの感覚モダリティの組み合わせであっても，時間バインディング課題の限界は約 2.5 Hz と一定の値になることを示した。このことは，「いつ（when）」と「何（what）」の組み合わせの判断の場合には感覚モダリティの組み合わせによらない共通の機構が働くことを示唆している。

　一度に比較できる数の限界もある。Fujisaki, Koene, Arnold, Johnston, & Nishida（2006）は，視覚探索のパラダイムを用いて，聴覚刺激と時間的に同期した視覚ターゲット刺激を，聴覚刺激とは無相関に時間変化する視覚ディストラクタ刺激のなかから探索するという実験を行って検討した（図 1-17）。結果は明瞭なセットサイズ効果，いわゆる逐次探索を示した。このことは視聴覚の同期判断が，注意資源を必要とするものであり，一度に一つずつ，あるいは少数ずつしか視聴覚の対応付けを行えないことを示している。

1.6　時間的相互作用

　空間における多感覚相互作用では視覚が優位となる場合が多く報告されているが，一方で時間における多感覚相互作用では聴覚が優位となる現象がさまざまに報告されてきている。たとえば古くから知られている現象に「聴覚ドライビング（auditory driving）」がある（e.g., Shipley, 1964）。これは，周期的に点滅する視覚刺激（フリッカー）が，異なる時間レートでオンオフする聴覚刺激（フラッター）と同期しているように知覚される現象である。Recanzone（2003）はこの現象をシステマティックに検証している。まず視覚刺激の時間レートを固定して聴覚刺激の時間レートを変化させて，観察者には聴覚刺激を無視するように教示した。その結果，聴覚刺激を無視するように教示したにもかかわらず，聴覚刺激の時間レートが変化すると，それに応じて視覚刺激の見た目の呈示レ

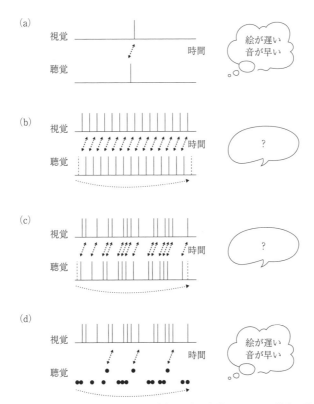

図 1-16 視聴覚の同期・非同期判断実験。(a) 視覚と聴覚がそれぞれ単独で呈示された
場合（単独では時間ずれがわかる）。(b) 視聴覚の時間ずれは (a) と同じであ
るが，周期パルス列で呈示された場合，4 Hz を超えると対応付けができなく
なる。(c) 周期パルス列ではなくランダムパルス列で呈示された場合も，刺激
が混み合うと対応付けができなくなる。(d) (c) と同じランダムパルス列の中
に，まばらな「図」となる刺激を埋め込むと（視覚刺激の色を変える，聴覚刺
激の音の高さを変えるなど），再び対応付けが可能になる

ートが変化して知覚されることが示された。次に聴覚刺激の時間レートを固定
して視覚刺激の時間レートを変化させて，観察者には聴覚刺激を無視するよう
に教示した。その結果，やはり聴覚刺激の影響を受けて，視覚刺激の見た目の
呈示レートが視覚刺激単独呈示の場合に比べて変化して知覚されることが示さ

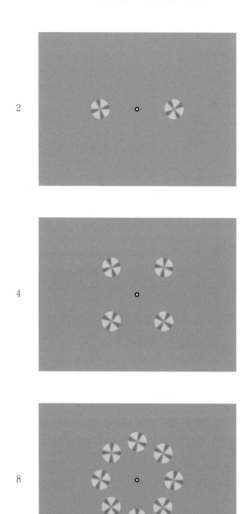

図 1-17　視聴覚同期探索実験で用いた視覚刺激例。回転する複数のウィンドミル（視覚
　　　　刺激）のなかから，音（音の高さが高くなったり低くなったりする）と同期し
　　　　たターゲット刺激を選ぶ。ディストラクターの数が増えるにつれて，探索時間
　　　　が増大する（Fujisaki et al., 2006）

れた（図1-18参照）。一方で視覚刺激を無視して聴覚刺激について判断した場合には，聴覚刺激に対する視覚刺激の影響は見られなかったとのことである。なお，この聴覚ドライビングが生じるのは視聴覚の時間レートが近接しているときのみであり，4 Hzの視覚刺激に対して，聴覚刺激を0.5 Hzにしたり8 Hzにしたりすると効果は消失する。

　Shams, Kamitani, & Shimojo（2000）は，単独のフラッシュが2回以上のビープ音と共に呈示されるとフラッシュが2回呈示されたように知覚されるという「二重フラッシュ錯覚（double-flash illusion）」を報告している。ビープ音の数が増えれば増えるほどフラッシュの数が増えるわけではなく，ビープ音が3回，4回と増えても，知覚されるフラッシュはほぼ2回である。これはフラッシュが見えにくいといったことが理由ではなく，音がなくて物理的に複数のフラッシュが呈示されたときには正しく知覚できたとのことである。この二重フラッシュ錯覚も聴覚が視対象の微妙な時間的変化の見え方に影響を及ぼす例である。

　Morein-Zamir, Soto-Faraco, & Kingstone（2003）は，2つの視覚刺激の前後に聴覚刺激を呈示することによって視覚刺激間の時間順序判断の成績が向上するという「時間領域の腹話術師効果（temporal ventriloquist）」を報告している。これは，音1，光1，光2，音2のように音で光を挟み込むような時間構造にして刺激を呈示すると，音1と光1がグループとしてまとまり，光2と音2がグループとしてまとまる。その結果，音1に光1が引き寄せられ，音2に光2が引き寄せられることで，光1と光2の時間順序判断が行いやすくなるように見えるというものである。逆に光1，音1，音2，光2のように，2つの視覚刺激の内側に音を2つ呈示した場合には，視覚刺激の時間順序判断の成績が低下するとのことである。これも光1が音1に引き寄せられ，光2が音2に引き寄せられたためと考えられる（ただし，2つの音の時間間隔が16 ms間隔という狭さのときのみ）。あたかも音が光を時間的に引っ張ったかのようであることから，「時間領域の腹話術師効果」と名付けられている。

　感覚間だけでなく感覚と運動の相互作用についての研究も行われている。たとえばRepp & Penel（2002）は，周期的な視聴覚刺激に対するタッピング課題（tapping task）において，視覚と聴覚のタイミングを逆方向にずらすと，聴覚

視覚刺激固定

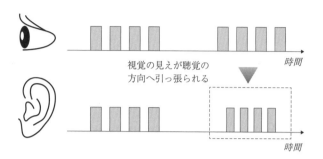

聴覚刺激固定

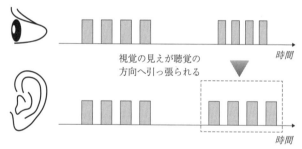

図1-18　聴覚ドライビング実験の例（Recanzone, 2003 に基づき作成）

優位のタッピングの修正反応が見られると報告している。つまり運動（タッピング）のタイミングが、視覚ではなく聴覚の方に影響されて修正されたということである。

　なお、時間領域において必ずしも常に聴覚が視覚を引っ張るわけではなく、Fendrich & Corballis（2001）は時計に似た視覚刺激を用いて、フラッシュとクリック音のような短い刺激が時間的に近接しているときに、視聴覚で相互に捕獲（capture）が生じるという現象を報告している（図1-19）。

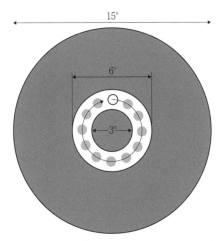

図 1-19 Fendrich & Corballis (2001) で用いられた時計状の刺激。小さい円が 50 ms ごとに回り，600 ms で一周する。小さい円が 12 時のところに来た時に背景がフラッシュし，また 10, 11, 12, 1, 2 時のどこかで音が呈示される。実験参加者は音を無視して，フラッシュが光ったときに小さい円がどこにあったのかを答える

　Alais & Burr (2004) は，視覚刺激の空間位置が定位しにくいとき（巨大なガウシアンブロブを投影したような状況）には，逆に聴覚の音源定位が視覚の定位を引っ張る「逆腹話術効果」が生じることを報告している。Heron, Whitaker, & McGraw (2004) は，運動する視覚刺激の方向が反転したときの位置の知覚について，視覚の不確かさ（uncertainty）が大きくなると聴覚の影響を受けるようになるが，視覚も聴覚も不確かになると，聴覚の情報が用いられなくなり，視覚優位性が復活すると報告している。

　Hidaka, Manaka, Teramoto, Sugita, Miyauchi, Gyoba, Suzuki, & Iwaya (2009) は点滅する白いバーを視覚刺激として用いて，視覚刺激の位置は変えずに，聴覚刺激を左側と右側から交互に鳴らすと，点滅するバーが左右に動くように見える錯覚を報告している。見かけのバーの運動は，周辺視のときの方が強くなり，また，音が呈示されなかった場合や，音が片側からしか鳴らなかった場合には生じなかったという。この現象も，視覚刺激が点滅することによって（ま

た中心から離すことによって）位置の不確かさが大きくなった時には聴覚の影響
を受けてバーが動いて見えるが，音が鳴らなくなったり片側のみで呈示された
りして信頼できる聴覚の情報が得られなくなると視覚優位性が復活するという
ことを示していると考えられる。

　何かの領域でいずれかの感覚モダリティが常に優位となるのではなく，その
時々で信頼性の高いモダリティに重みを置いた，柔軟で最適な情報統合が行わ
れているというように，現在は考えられるようになってきている。

第2章　空間的視聴覚相互関係

2.1　腹話術効果

　現代の日常生活では，テレビやパソコン，スマートフォン，タブレット端末といったデジタル機器を通して情報を得ることが当たり前になっている。それらの視聴覚情報は，一般にモニタやスピーカー等を通して再生されるが，その際に視覚情報がどこから得られるか（e.g., モニタの位置）については明確に意識する一方で，聴覚情報がどこから得られるか（e.g., スピーカーの位置）はあまり気にしたことがないという方が多いのではないだろうか。これはなぜかと考えると，視覚情報はそのソースに目を向けなければ文字通り「見えない」のに対して，聴覚情報はそのソースがどこにあろうと，我々が耳を塞がない限りは基本的に遮られないという感覚モダリティの特性の違いによるところが大きいかもしれない。しかし，もう一点，別の大きな原因があると考えられる。実は，視覚情報と聴覚情報がモニタやスピーカーといった別々のソースからもたらされているという事実に，我々はほとんど気付かないのである。たとえば，スマートフォンでビデオ通話をする際には，端末の上端などに配置された小さなスピーカーからではなく，まるで画面に映る相手の口元，あるいは相手の画像全体から声が聞こえて来るように感じられるだろう（図 2-1）[1]。このため，我々は聴覚情報のソースがどこにあるかをほとんど意識することなく，まるで視覚情報と聴覚情報が同じ場所からやって来ているかのような錯覚を覚えながら，感覚モダリティごとに分離されたデジタル情報をスムーズに受け取ることができる。

1）実際にスマートフォンから音が出る箇所は，端末の機種や，音声通話かビデオ通話か等によっても異なる場合が多いが，ここでは一例として，動画通話時において，上端に配置されたスピーカーから音が出る状況を取り上げた。

a. 物理的な音声の発生源　　　　　　　　　　b. 知覚される音声の発生源

図 2-1　日常生活における多感覚的な音源定位

　デジタル機器が普及するずっと前から，このことに気付き，巧みなトリックの種として利用してきた人たちがいた。腹話術師達である。腹話術（ventriloquism）とは，一般に，手に持ったパペットの口元等を動かしながら，自分自身の唇はほとんど動かさずに喋ることによって，まるで喋っている本人ではなく，パペットの口元から声が出ているかのような不思議な印象を与えるものだ。実験心理学的な用語で言い換えると，視覚情報（パペットの口元が動く様子）と聴覚情報（腹話術師の声）が別々の場所から発生しているにもかかわらず，観察者にはその発生源の違いが知覚されず，あたかも視覚情報と同じ位置から聴覚情報が発生しているかのように感じられるという現象である。この現象はトリックの名を取って腹話術効果（ventriloquist effect），より厳密には空間的腹話術効果と呼ばれ，そのメカニズムは古くから実験心理学者らの興味の的であった（Jack & Thurlow, 1973; Jackson, 1953）。

　初期の研究では，湯気の出る薬缶を見せながら，薬缶のお湯が沸騰する音を別の場所から聞かせるなど（Jackson, 1953），非常に現実味のある刺激を用いて実験が行われた例もあったが，やがて心理物理学的手法が洗練されるにつれて，よりシンプルで制御のしやすい刺激を用いて厳密な実験が行われるようになった。典型的なパラダイムでは，実験参加者の正面中央を中心として前方の一定範囲を取り囲むように複数のスピーカーを設置し，そのうちの 1 カ所から純音

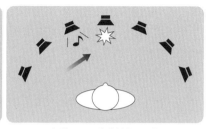

a. 実際の聴覚刺激提示位置　　　　　　　　　　b. 知覚された聴覚刺激提示位置

図 2-2　空間的腹話術効果

やビープ音といった聴覚刺激を呈示しつつ，同時に LED ライト等の光によって視覚刺激を与えることが多い（図 2-2）。実験参加者の課題は，視覚刺激の存在に惑わされず，聴覚刺激の正確な発生源を特定して報告することである。この時，聴覚刺激の呈示に用いられたスピーカーの位置と，視覚刺激が与えられた位置が，一定程度の空間的距離をおいて設定されているにもかかわらず，視覚刺激の見えた場所とほとんど同じ位置や，少なくとも実際の音源よりは視覚刺激の方へ近寄った位置のスピーカーが音源位置として報告されることがある。このような結果が観察された場合，視覚情報の呈示による音源位置の錯覚，すなわち腹話術効果が生じたと考えることができる。

　腹話術効果が生じる理由は，別々の発生源からもたらされた視聴覚情報が，我々の脳によって 1 つの物体やイベントに起因する情報と解釈されるためと考えられている。発生源を共有する視聴覚情報ならば同一の空間的位置からもたらされたと見なすのが自然である。我々人間にとって空間解像度の比較的高い視覚情報については，その発生源となる空間的位置をはっきりと把握することができるが，空間解像度の比較的低い聴覚情報については，正確な発生源を細かく特定することが難しい。そのため視覚によって得られた空間情報を優先し，そこに擦り合わせるような形で聴覚的な音源知覚の結果を歪めることで，視聴覚情報の共通の発生源となった「1 つの物体またはイベント」を整合的に知覚していると考えられる。腹話術効果を生じさせやすくする要因については後ほど詳述するが，もちろん，ある程度は「同じ発生源からもたらされた視覚情報，聴覚情報かもしれない」と脳に錯覚させるようなパラメータを用いることは必

須である。たとえば，どう考えても別々の発生源を想定せざるを得ないほどに大きく離れた空間的位置から呈示されたり，明らかにずれたタイミングで呈示されたりすれば，脳はそれらの視聴覚刺激を別々のものと見なし，腹話術効果はほとんど生じないと考えられる。

　上述の典型的な実験パラダイムにおいては，音源位置をどのような方法で回答させるかが，実験結果を左右する可能性がある。一部の研究では，聴覚刺激の発生源を手の人差し指やレーザーポインタなどによって指し示す課題や（Bruns et al., 2014; Bruns & Röder, 2015; Lewald, 2002），頭部運動および視線運動等によって具体的に定位する課題が用いられた（Kopčo et al., 2009; Pages & Groh, 2013; Recanzone, 1998; Van Wanrooij et al., 2010）。一方で，音源位置を特定する代わりに，「左」「右」「中央」のようなカテゴリーで音源位置を報告させる課題や（Bonath et al., 2007, 2014; Rohe & Noppeney, 2015, 2016; Zierul et al., 2017），実験参加者の正面中央に呈示した注視点と比較して左右いずれの方向に音源位置があったか等，二択で定位させる課題が用いられる場合もある（Alais & Burr, 2004a; Berger & Ehrsson, 2018; Bertelson & Aschersleben, 1998; Recanzone, 1998; Vroomen & Stekelenburg, 2014）。音源位置を具体的に回答させる課題においては，実験参加者によって錯覚された音源位置を，より直接的に知ることができる。一方で，実験者の意図を汲み取って視覚刺激に近い位置をわざと答えようとする等の反応バイアスや，音源位置となる一点が明確には分からなかった場合にどの程度の粒度で答えようとするかが実験参加者によって異なる可能性など，人間の意図的な方略をコントロールする上では，カテゴリーで回答させる課題の方が優れているかもしれない。なお，これまでに述べた課題においては基本的に，音源位置を報告することのみが実験参加者の課題であり，視覚刺激はあくまで妨害刺激（ディストラクタ），つまり無視する対象として存在している。一方で，やや毛色の違った課題として，聴覚刺激と視覚刺激の両方に注意を向けさせ，視聴覚刺激が同じ位置から発生したと感じられるか否かを回答させた実験の結果も報告されている（Bertelson & Radeau, 1981; Godfroy et al., 2003）。このような場合，条件によっては，別々の場所から呈示されたはずの視覚刺激と聴覚刺激が，まるで一体化したかのように同じ位置から発生したと回答されることがある。腹話術効果は様々な形で観察することのできる，頑健な現象で

あると言うことができるだろう。

　視覚刺激と聴覚刺激をほどよく離れた空間的位置に呈示し，それらが1つの発生源からもたらされたものであるかのように脳が錯覚したとする。たとえば，それぞれの感覚モダリティの刺激を定位させると，その位置が誤って報告されるのは，基本的には聴覚刺激の方である。視覚刺激の位置が錯覚されるケースについても数例の報告があるものの，そのほとんどは，あえて視覚刺激の定位が著しく困難になるような呈示方法を用いるなど，一般的とは言えない状況を作り出す操作が行われた結果である（Alais & Burr, 2004a; Bertelson & Radeau, 1981; Radeau & Bertelson, 1987）。我々人間が生活する日常世界においては，聴覚情報の発生源を特定することに比べて，視覚刺激の発生源を特定することの方が圧倒的に容易である。このことを反映して，視覚刺激の位置を優先する形で，視聴覚的な空間知覚が行われるものと考えられる。一方で，空間次元ではなく，時間次元において生じる類似の錯覚として，時間的腹話術効果と呼ばれる現象が知られている（Bertelson & Aschersleben, 2003; Burr et al., 2009; Hartcher-O'Brien & Alais, 2011; Morein-Zamir et al., 2003; Shimojo et al., 2001; Vroomen & de Gelder, 2004）。この場合，錯覚されるのは一般的に，聴覚刺激ではなくて視覚刺激の呈示されたタイミングである。つまり，視覚刺激のオンセット，あるいは時間間隔や持続時間といった時間的な要素が，わずかに離れたタイミングで呈示した聴覚刺激の方向へと，引っ張られて知覚される（図2-3）。時間的腹話術効果の特徴は，オリジナルの「空間的」腹話術効果に比べて，より多岐にわたる様々な錯覚現象の根本原因と考えられていることである。たとえば，一定の時間周波数で明滅する視覚刺激（フリッカー）と，やや異なる時間周波数で繰り返される聴覚刺激（フラッター）を並列に呈示すると，聴覚刺激の時間周波数（フラッター周波数）の影響を受ける形で，視覚刺激の時間周波数（フリッカー周波数）が変化して知覚される場合がある。この現象は聴覚ドライビング（auditory driving）と呼ばれており，逆にフラッター周波数がフリッカー周波数の影響を受けて錯覚されることはないとされている（Recanzone, 2003; Shipley, 1964）。これに似た現象として，単発の視覚刺激（フラッシュ）と，複数回にわたって高速で繰り返す聴覚刺激（ビープ音等）を並列に呈示した場合に，ビープ音のみならずフラッシュも複数回繰り返して呈示されたかのよう

 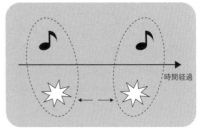

　　a. 実際の視聴覚刺激の提示タイミング　　　　　b. 知覚された視聴覚刺激の提示タイミング

図 2-3　時間的腹話術効果

に錯覚されることがあり，ダブルフラッシュ錯覚（double-flash illusion）と呼ばれている（Shams et al., 2000）。この他にも，繰り返して呈示された視覚刺激の間の時間間隔や時間順序に関する知覚が，並列に呈示された聴覚刺激に影響を与えることが知られている（Bertelson & Aschersleben, 2003; Burr et al., 2009; Morein-Zamir et al., 2003; Shimojo et al., 2001）。また，錯覚ではないが，高速系列呈示される多数の視覚刺激を観察する際に，特定の視覚刺激と同時に短い聴覚刺激を呈示すると，その視覚刺激が他の視覚刺激に比べて認識されやすくなることが知られており，フリージング効果（freezing phenomenon）と呼ばれている（Vroomen & de Gelder, 2000）。これらの現象は，様々な形を取ってはいるが，いずれも視知覚の時間的な側面に聴覚情報が影響を与えることを示唆しており，その基本的な原理は，時間的腹話術効果に関連していると考えられる。このように，空間だけでなく時間的な腹話術効果についても興味深い研究結果が積み重ねられてきているが，時間的腹話術効果について詳述することは「空間的視聴覚相互関係」と題した本章の守備範囲を超えてしまうため，本章の以下では「空間的」腹話術効果を中心とした知見を紹介することに集中したい。

2.2　腹話術効果は「本物」か

　腹話術効果が古くから実験心理学者の興味の的であったことはすでに述べた。しかし，腹話術効果について「知覚」の立場から議論することについては，実

験心理学者は慎重な立場を取らなければならないと考えられた時期があった。つまり，聴覚刺激の音源として，実際の位置よりも視覚刺激に近づいた位置が報告されたとして，この報告が本当に実験参加者の知覚内容を反映するものと言えるか否かについて，過去には様々な議論が交わされてきたのである。

　心理学における従来の考え方では，感覚器官から入った物理刺激（e.g., 光）が神経活動を引き起こし，対象物に関する何らかの感覚（e.g.,「見える」という感覚）が生じる，比較的初期の段階のことを知覚と呼ぶ。その後の段階において，見えたものが何であるかを認識したり，その内容に合わせて取るべき行動を選択するといった比較的高次の処理は，知覚とは呼ばれない。これは近年の議論に照らすとやや単純化しすぎた図式かもしれないが，自らの知識や意図などを一切介在させず，シンプルな感覚情報そのままの姿を実験参加者が報告した場合には，それは知覚内容と呼ぶことができると考えられる。

　腹話術効果がなぜ生じるのかという問いに対して，それが何らかの高次処理に基づいて，意図的に行われた回答の結果であると考えることは簡単である。たとえば，聴覚刺激の呈示された位置を回答するだけの課題なのに，視覚刺激が同時に呈示されるのはなぜだろうと実験参加者が考え，実験者の意図（錯覚が起きて欲しいという気持ち）を汲み取って，わざと視覚刺激の方へ近付いた位置を回答するかもしれない。または，音源位置がはっきりとは分からなかったため，はっきり見えている視覚刺激の位置を代わりに回答する実験参加者もいるかもしれない。このような実験参加者の方略，あるいはその他の高次処理の影響によって，本来の音源位置とは異なる位置が回答されたとするならば，その実験結果は知覚内容を反映しているとは言えないだろう。つまり，実験参加者にとって実際に音が聞こえてくる位置が変化したと見なすことはできない。

　実験参加者の回答方略が腹話術効果にどのような影響を与えるかについて，検討を行ったのが（Vroomen et al., 1998）である。彼らの実験では，聴覚刺激が左右のどちらから呈示されたかを回答する課題において，視覚刺激はあくまで妨害刺激であるため無視をするよう明確に教示が行われ，さらに，回答の正誤が試行ごとにフィードバックされた。このため，実験参加者は，できる限り視覚刺激に惑わされず聴覚刺激の呈示位置のみを報告しようと意識し，また，正誤のフィードバックに基づいて回答精度を向上させようと努力したと考えら

れる。しかし，このように実験参加者の方略をコントロールしたにもかかわらず，視覚刺激の方向へと近付いた位置が回答されるという傾向が頑健に観察され，実験中に成績が向上することもなかった。腹話術効果は実験参加者の意図的な方略によって生じるのではなく，また，フィードバックに基づく訓練によって消失するようなものでもないと考えられる。Bertelson & Aschersleben (1998) は，さらに純粋な知覚的成分を取り出したいと考え，腹話術効果のパラダイムに心理物理学的測定法の一つである階段法を適用した。階段法とは，二択で回答を行う課題において，最初は判断が十分に容易であるような明確な刺激を呈示し，正解するごとに徐々に，判断が困難になるような中間的な刺激に変えていくことにより，実験参加者が正確な判断を行えなくなる閾値を求める手法である。彼らの実験では，聴覚刺激が左右のどちらから呈示されたかを回答する課題において，最初は左右判断が容易に行えるよう十分に左または右へと偏った位置から呈示し，正解するごとに徐々に音源を中央へ，つまり左右判断が難しくなる方向へと移動させていった。音源位置が中央へと一定程度近付くと左右判断が困難になるため，たとえばそれまではずっと「右」という正答が繰り返されていたのに初めて「左」という誤答が生じるというような，反応の変化が生じる。反応の変化が起きると，今度は音源位置を中央から周辺へ，つまり左右判断が容易になる方向へと移動させるというように，刺激系列の変化の方向を反転させる。これが数試行ほど続いて，左右判断が十分に容易になると，今度はまた誤答から正答へと反応の変化が生じるため，再び刺激系列の変化の方向を反転させることになる。このような反転が一定の回数（一般的には10回など）に達した時点における刺激系列のパラメータ（音源位置）を，実験参加者が正しく回答を行えるか行えないかの境目となる値，つまり閾値と見なすことが多い。図 2-4 は，視覚刺激を呈示しない条件（視覚刺激なし条件）と，聴覚刺激と同期した視覚刺激を中央に呈示した条件（視覚刺激あり条件）を比較する形で，刺激系列の呈示開始時から，実験参加者の反応および刺激系列の変化方向の反転が 10 回生じた時点までの音源位置の変化を連続的に示したものである[2]。視覚刺激なし条件においては，最初の数回の反転が起きている時点で，ややバイアスが見られるものの，すでにかなり中央に近い音源位置，つまり左右判断が比較的難しいと考えられる音源位置に達している。さらに，5-6

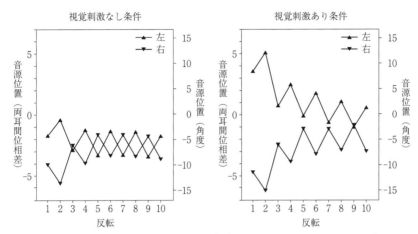

図 2-4 階段法による腹話術効果の測定（Bertelson & Aschersleben, 1998）

回目の反転以降はそれ以上に音源位置が中央に近付くことがなく，この時点で閾値に到達したと考えられる。これに比べると，視覚刺激あり条件においては，特に初期の数回の反転は，非常に左右へと偏った位置，すなわち本来であれば左右判断がかなり容易であると考えられる音源位置において生じている。また，10回の反転を通じてゆっくりと音源位置が中央へと近付いていっている様子が伺え，このことは，閾値となる音源位置に到達するまでにより多くの時間を要していることを示している。つまり，音源位置が十分に左または右に偏っており，聴覚刺激の呈示のみであれば十分に左右判断が可能な状況であったとしても，同時に中央の視覚刺激が呈示された場合には，その視覚刺激に引き摺られるかのように，音源位置の左右判断が困難になったと考えられる。このように心理物理学的手法を用いて厳密に測定された結果には，実験参加者の意図や方略が入り込む余地が非常に少ないため，このような実験で観察された視覚刺激

2）Bertelson & Aschersleben（1998）においては，音源位置は両耳間位相差，つまり音波がヘッドフォンを通して左右それぞれの耳に到達するまでの時間差によって操作されており，左側の縦軸はその値を表している。右側の縦軸は，両耳間位相差のそれぞれの値に対応する仮想的な音源位置を，実験参加者の正面中央に対する角度によって表したものである。なお，図中の黒い三角形は，反転時における実験参加者の反応を示している。

あり条件となし条件の差は，純粋な知覚としての腹話術効果を反映していると
考えられた。

　これらの代表的な研究結果を振り返ると，腹話術効果は，実験参加者の意図
や方略を統制した状況下でも頑健に観察されることが分かる。すなわち，視覚
刺激の影響を受けて聴覚刺激の発生源が変化して聞こえるという現象は，本当
に知覚レベルで生じているのだと考えられる。なお，2.4 および 2.5，2.6 にて
詳述するが，腹話術効果の大きさを調節する要因としては，視聴覚刺激間の空
間的あるいは時間的な関係性が主な役割を果たし，意味的な関係性などのトッ
プダウン要因はあまり影響力を持たないと，少なくとも初期の研究では考えら
れてきた。このことも，腹話術効果を知覚的な現象と見なすことのできる証拠
の一つであった。

2.3　腹話術残効 ··

　腹話術効果は視聴覚刺激が呈示されたその瞬間に生じるだけではない。時に
は，前もって呈示された視聴覚刺激の空間的関係性が，その後の音源定位に長
期的な影響をもたらす場合がある。このような長期的な影響のことを腹話術残
効と呼ぶ（Radeau & Bertelson, 1974）。腹話術残効を観察する典型的なパラダ
イムにおいては，まず最初に，聴覚刺激のみを用いて実験参加者の音源定位能
力を測定する。その後，一定の空間的距離をおいた視覚刺激と聴覚刺激を同時
に，かつ繰り返し呈示する（順応フェーズ）。そして，再び聴覚刺激のみを用い
て音源定位課題を行わせると（テストフェーズ），最初の音源定位課題において
回答された位置よりも，順応フェーズで呈示された視覚刺激の方向にやや近寄
った位置へと誤定位されやすくなる（図 2-5）。つまり，テストフェーズにおい
ては視覚刺激が一切呈示されていないにもかかわらず，過去に呈示された視聴
覚刺激の空間的関係性が音源定位に影響を与えるのである。順応フェーズにお
いて，空間的に乖離した視聴覚刺激が何度も繰り返し呈示されることで，その
乖離に我々の知覚系が適応し，聴覚的な知覚空間が再較正されると考えられる。
このような再較正は，日常的には，異なる感覚モダリティによってもたらされ
る空間情報の間の齟齬を軽減し，安定的な空間表象を構成する役割を持つと考

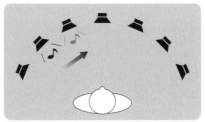

a. 順応フェーズ　　　　　　　　　　　　　b. 順応後の知覚

図 2-5　腹話術残効

えられている。なお，順応フェーズにおいて腹話術残効が形成されるためには，少なくとも数分，あるいはそれ以上の時間がかかると考えられている。

　腹話術残効の実験パラダイムにおいては，一般的に，聴覚刺激のみが呈示される最初と最後のブロックを比較し，そのブロック間での音源定位位置の変化を効果量として扱う。そのため，音源定位課題の結果を議論するにあたって，聴覚刺激と同時に視覚刺激が呈示されることの影響を勘案しなくて良いという利点がある。2.2 で述べたように，一般的な腹話術効果の実験パラダイムにおいては，無視すべき対象である視覚刺激が常に聴覚刺激と同時に呈示されていることから，実験参加者の意図や方略が実験結果に紛れ込む可能性を完全には排除できない。しかし，腹話術残効を測定する際には，視覚刺激が呈示されない状況下での音源定位の精度を指標としているため，純粋な聴覚処理の結果を観察できると考えられる。このことも，腹話術効果が本当の知覚の結果であるという考え方を支持する重要な根拠の一つと考えられる。

　腹話術残効の特徴の一つは，その効果が，順応フェーズにおいて与えられた刺激のみにとどまらず，別の聴覚刺激にも一般化するという点である。Bertelson, Frissen, Vroomen, & De Gelder（2006）は，順応フェーズと後続の音源定位課題との間で，聴覚刺激の呈示位置を変化させた。その結果，聴覚刺激の位置が大きく変化するほどに腹話術残効は弱まるものの，条件によっては，たとえば視覚 50 度ほどの大きな変化にもかかわらず，安定的に腹話術残効が観察されることが分かった。Kopčo et al.（2009）も人間とサルを用いて類似の結果

を報告している。このことは，再較正される音源定位メカニズムの柔軟性を反映していると考えられる。また，呈示位置ではなく，呈示する聴覚刺激の周波数を変化させた研究も報告されている（Frissen et al., 2003, 2005; Lewald, 2002; Recanzone, 1998）。順応フェーズと後続の音源定位課題とで，たとえば Recanzone（1998）ではそれぞれ 750 Hz と 3000 Hz，Lewald（2002）では 1000 Hz と 4000 Hz のように聴覚刺激である純音の周波数を変化させたところ，腹話術残効は観察されなかった。これに対して Frissen et al.（2003）は，Recanzone（1998）で用いられたのと同じ2つの周波数を用いて実験を行い，腹話術残効が見られたことを報告している。すなわち，2オクターブも離れた周波数の間で腹話術残効が汎化することを示した。さらに，Frissen et al.（2005）は4オクターブに相当する 400 Hz から 6400 Hz までの間の様々な周波数を用いて，様々な組み合わせで順応フェーズ，および後続の音源定位課題における聴覚刺激を呈示した。その結果，2つの課題で用いられる周波数の差が大きくなるほどに，腹話術残効の効果量は小さくなるものの，最も大きく離れた場合（400 Hz と 6400 Hz）でも十分な量の残効が観察された。これらの先行研究の結論の違いは，おそらく順応フェーズにおける試行数をはじめとした，様々な要因に起因するものと考えられる。しかし，条件が整えば，特徴の大きく異なる聴覚刺激の間でも，腹話術残効が生じることが示唆されたと言えるだろう。なお，音源定位の手がかりとして，およそ 1.5 kHz 以上の高周波数帯域については主に両耳間時間差[3]（inter-aural time difference; ITD）が，それよりも低周波数帯域については主に両耳間音圧差[4]（inter-aural level difference; ILD）が果たす役割が大きいと考えられている（Blauert, 1997）。これらの異なる周波数帯域の間で腹話術残効が転移するという結果は，知覚的な音源位置の再較正が，比較的高次のメカニズムに支えられている可能性を意味している。

3）両耳間時間差とは，音源から発せられた音波が，聴取者の左耳と右耳のそれぞれに到達するまでの時間差のことを指す。たとえば，左側から発せられた音波は，右耳に比べて，より距離の近い左耳に速く到達する。

4）両耳間音圧差とは，音源から発せられた音波が，聴取者の左耳と右耳に到達した時点における強度の違いのことを指す。たとえば，左側から発せられた音波は，頭部による遮蔽の影響を受けて，左耳到達時よりも強度の低下した状態で右耳に到達する。

　ところで，腹話術「残効」ではない通常の腹話術効果においても，試行ごと
の音源定位の傾向を詳細に検討すると，実は，直前の試行で呈示されていた刺
激の影響をわずかに受けている可能性が指摘されている。Wozny & Shams
(2011) は，聴覚刺激のみが呈示される試行と視聴覚刺激の両方が呈示される試
行を，同じブロックの中に混在させて音源定位課題を行った。この時，視聴覚
刺激の両方に続いて，聴覚刺激のみが呈示されると，この聴覚刺激のみに対す
る音源定位の結果が，直前に呈示された視聴覚刺激に対する定位の結果を受け
て，そちらにやや近付いた方向へ偏る傾向が観察された。Bruns & Röder (2015)
は同じく，聴覚刺激のみが呈示される試行と視聴覚刺激の両方が呈示される試
行をブロック内で混在させ，かつ，視聴覚刺激の両方が呈示される試行におい
ては，周波数の異なる2種類の聴覚刺激 (750Hz と 300Hz) に対して，それぞ
れ異なる方位 (左または右) へと離れた視覚刺激を組み合わせた。その結果，
実験全体を通して見ると，聴覚刺激のみが呈示される試行で報告される音源位
置は，それぞれの周波数に対して組み合わせられた視覚刺激の偏向方向へと引
き摺られる傾向にあった。一方で，このような各周波数に特化した別方向への
腹話術残効は，試行ごとの回答に着目すると，直前の試行で異なる周波数の聴
覚刺激および反対方向へ偏向した視覚刺激が呈示された場合には減弱すること
も分かった。すなわち，短期的には，周波数に関係なく，直前に呈示された視
聴覚刺激の方向へと音源定位がシフトしたことになる。これらの結果は，聴覚
的な音源定位に対する視聴覚刺激の影響として，長期的な成分と短期的な成分
が並列に存在し得ることを示唆しており，先行呈示された視聴覚刺激が聴覚的
な音源定位に与える影響のタイムスケールを理解するにあたって，重要な知見
と考えられる。なお，周波数に特化した長期的な腹話術残効が観察されたこと
は，Frissen et al. (2003, 2005) の主張した周波数非依存な長期的順応効果とは
矛盾する結果であり，Recanzone (1998) や Lewald (2002) に近い結果と考え
られることには注意が必要である。一方で，周波数に依存する長期的な効果と，
周波数に依存しない短期的な効果の両方が単一の実験において並列に観察され
たことは，腹話術効果の周波数依存性に関する議論を解決する一つの手がかり
になるかもしれない。

2.4　腹話術効果を調節するボトムアップ要因 ·······························

　2.3では腹話術残効を紹介したが，以下では通常の腹話術効果に関する話題に戻り，その規定因を探ることを目的として行われてきた一連の研究について議論する。腹話術効果のメカニズムを知るためには，まず，腹話術効果の規定因，すなわちどのような要因によって腹話術効果が強化あるいは減弱されるのかを知ることが強力な手がかりとなると考えられる。

　腹話術効果を調節する最もシンプルかつ強力な要因は，視覚刺激と聴覚刺定の空間的な関係性と考えられる。先行研究では，視覚刺激と聴覚刺激が完全に同じ場所にて呈示される状態から，およそ視角20-30度程度離れた状態までの間で，その距離を段階的に操作する場合が多い。視角15-20度程度の空間的な乖離を挿入することによって，腹話術効果がほとんど消失すると主張した研究もあるが（Godfroy et al., 2003; Slutsky & Recanzone, 2001），一方で，視角30度程度の空間的な乖離にもかかわらず，一定の腹話術効果が観察されたとする報告もある（Hairston et al., 2003; Wallace et al., 2004）。どの程度の空間的な乖離によって効果が消失するかという点については，個々の研究で用いられた刺激や装置のパラメータに依存すると考えられるため，一般化は難しいが，視覚刺激と聴覚刺激が空間的に離れれば離れるほど効果が減弱するという傾向は，ほぼ全ての研究において一貫して観察されている。

　なお，聴覚刺激のみを呈示した場合，視覚刺激のみを呈示した場合，視覚刺激と聴覚刺激を同時に呈示した場合のそれぞれについて，刺激の空間的付置が実験参加者の定位能力に与える影響が検討されている。特に聴覚刺激のみの定位が困難な場合において，腹話術効果が大きくなることが分かっている（Slutsky & Recanzone, 2001）。視聴覚刺激の偏心度（実験参加者の正面中央からどれだけ左右に離れているか）や，視覚刺激と聴覚刺激が平行方向に離れているか垂直方向に離れているかなどの要因も腹話術効果の効果量に関与することが分かっており（Godfroy et al., 2003），特に視覚刺激の偏心度は大きな影響を与える。偏心度が低く，より観察者の正面中央に近い視覚刺激ほど大きな腹話術効果を引き起こすことが報告されており（Hairston et al., 2003），このことは，視覚の空間解

像度および空間知覚の精度が特に中心窩の近辺において高いことと関連していると考えられる。

　空間的要因に加えて，視覚刺激と聴覚刺激の間の時間的な関係性も，腹話術効果に一定の影響を与えると考えられる。しかし，わずかな時間ずれによって効果が消失してしまう時間的腹話術効果に比べると，空間的腹話術効果における時間ずれの影響はそれほど顕著ではなく，たとえば200-300ミリ秒の時間的な乖離を挿入した場合でも，空間的腹話術効果は大きく減弱しなかったことが報告されている（Lewald & Guski, 2003）。また，視聴覚刺激の空間的な関係性と時間的な関係性が相互作用することも分かっており，Slutsky & Recanzone (2001) によると，視聴覚刺激間の空間的な乖離が小さい場合ほど，時間的な乖離による腹話術効果の減弱がより顕著であった。

　もちろん，視覚刺激や聴覚刺激自体がどのようなパラメータで構成されているかによって，腹話術効果の効果量は大きく変化すると考えられる。先行研究では，視覚刺激としてはLEDライトやディスプレイに呈示された四角形や円形などの簡単な図形を，聴覚刺激としては純音やノイズのような比較的単純な音響特徴を持つ信号を用いることが多い。このようなシンプルな刺激は，視覚においても聴覚においても，空間的な定位が比較的容易と考えられるが，それぞれの感覚モダリティにおける定位のしやすさが腹話術効果の規定因となることを考えると，たとえば視覚的な定位が困難と考えられる低コントラストの図形などを用いた場合には，視覚刺激の影響は減弱すると考えられる（Alais & Burr, 2004a）。一方で，音声や自然音のように複雑な周波数スペクトルを持つ聴覚刺激を用いた場合にも，このような信号には音源定位の手がかりが豊富に含まれるため聴覚的な音源定位精度が上昇し，やはり腹話術効果は減少する可能性がある。

2.5　腹話術効果を調節するトップダウン要因

　前節では，視覚刺激や聴覚刺激そのもの，あるいは視聴覚刺激間の関係性などといった，「ボトムアップ」的な要因について紹介した。これに加えて，実験参加者側の注意や構えといった，「トップダウン」の要因についても検討が

行われている。少なくとも初期の研究においては，トップダウン要因は腹話術効果にほぼ影響を与えないとする研究結果が多数派であった。Bertelson, Vroomen, de Gelder, & Driver（2000）は，ディスプレイの中央に注意を向けさせる条件と，そこから左または右の方向に少し離れた視覚刺激に注意を向けさせる条件について，様々な位置に呈示される聴覚刺激に対する定位成績を比較した。腹話術効果が視覚的注意の影響を受けるのであれば，左右の視覚刺激に注意を向けた後者の条件において，そちらの方向へと，より大きな知覚的な音源位置の移動が観察されると考えられる。しかし，実験の結果，これらの条件間で腹話術効果の大きさはほぼ変わらなかった。また別の実験では，ディスプレイ中央の注視点の左側と右側に，視覚刺激として1つずつ正方形を呈示した。その大きさが左右で異なっている場合は，どちらの方向に注意を向けるかに関わらず，常にサイズの大きな視覚刺激の方向へと，報告される音源位置が移動した。サイズの大きな視覚刺激は，小さな視覚刺激に比べて物理的な顕著性が高い。実験参加者側が注意を向ける方向というトップダウン要因よりも，視覚刺激の物理的な顕著性というボトムアップ要因が，優先的に腹話術効果を規定していたと考えられる。なお，これらの実験は実験参加者が自発的に任意の位置へ向ける視覚的注意，すなわち内発的注意の影響を検討したものである。内発的注意が腹話術効果に与える影響は，ほぼ無いに等しいか，刺激のボトムアップ的な要因に比べると非常に小さいものであることを示唆している。

　視覚的注意には，実験参加者の意図によらず，刺激自体の特性によって自動的に引き付けられる外発的注意と呼ばれるタイプのものも存在する。外発的注意の影響を検討した研究として Vroomen, Bertelson, & de Gelder（2001）が挙げられる。彼らの実験では，中央の注視点の左右に2つずつ，合計して4つの四角形を並べ，そのうち1つのみのサイズを他よりも小さくした（図2-6）。呈示された複数の視覚対象のうち，他と特徴の異なる，いわば「仲間外れ」の対象へと自動的に視覚的注意が誘導される効果が知られており，この場合は，他よりもサイズの小さい1つの四角形（図2-6の例では最も左側に呈示された小さな四角形）に実験参加者の注意が向けられると考えられる。ところが，実験の結果，報告された音源位置は，左右のうち，同じサイズの視覚刺激が2つ並んでいる方向へとシフトし，これは視覚的注意が向けられたと考えられる小さな

図 2-6 外発的注意の影響を検討した実験の刺激例（Vroomen et al., 2001）

四角形とは逆方向であった。外発的注意についても，先述の Bertelson et al.
（2000a）の 2 つ目の実験と同様に，知覚的な音源位置が引き寄せられるのは，
視覚的注意を向けた対象ではなく，物理的顕著性の高い視覚刺激であった。こ
れらの研究結果は，腹話術効果が視覚的注意の影響を受けないことを示唆して
いる。

　視覚的注意に関わる脳神経疾患として，半側空間無視という症状が知られて
いる。多くの場合，脳梗塞などによって大脳右半球に損傷を受けることで，視
野の左側に注意を向けることが困難になるものである。左視野からの視覚入力
が物理的に閉ざされているわけではないにもかかわらず，注意が向けられない
ため，自身の左側に存在する人や物体に反応することができなくなる。ある対
象物を前にしても，その右側のみを意識して行動することしかできず，たとえ
ば皿の左半分に載った食事には手を付けない，顔の左半分には化粧を施さない
等の例が知られている。Bertelson et al.（2000b）の研究では，このような反側
空間無視の患者が腹話術効果の実験に参加した。視野の左側，すなわち無視の
対象であり注意を向けられない側の領域に視覚刺激が呈示された場合は，もち
ろん意識的に視覚刺激の存在を報告することはできないにもかかわらず，報告
された音源位置が，そちらの方向へとシフトすることが分かった。このことか
ら，たとえ疾患によって注意や意識を向けることのできない視覚刺激であって
も，意識下の視覚処理には反映されており，聴覚的な音源定位に影響を与える

場合があると考えられる。Delong et al.（2018）は健常成人の実験参加者を用いて，腹話術効果における視覚的意識の必要性について検討を行った。視覚的意識をコントロールするための実験パラダイムとして，連続フラッシュ抑制（continuous flash suppression；CFS）という方法が開発されている（Tsuchiya & Koch, 2004）。CFS においては，左右の眼に対して，別々の視覚刺激を入力する。本来の観察対象となる視覚刺激（たとえば家や顔の写真）を片目のみに呈示し，もう片方の目には，短時間で激しく変化する，カラフルで派手な画像（モンドリアン図形などが典型的に用いられる）を呈示する。すると，後者が視覚的に非常に顕著であることから，少なくとも観察開始直後には後者のみが観察者の意識に上るのに対して，前者の刺激は抑制されて「見えない」ことが多い。Delong らが，このような操作によって視覚刺激が意識に上らなかった試行と，抑制が外れて「見えた」と報告された試行を比較したところ，見えなかった試行においては見えた試行よりも効果は小さいものの，一定の大きさの腹話術効果が観察された。このことから，健常成人においても，意識下で処理される視覚刺激によって，腹話術効果が引き起こされる場合があると考えられる。意識できない視覚刺激に対して，たとえばわざとそちらの方向に移動した音源位置を回答するというように，実験参加者の意図を反映させた回答方略を取ることはできないと考えられる。このことも 2.2 で取り上げた議論に深く関わっており，トップダウン要因が腹話術効果に影響を与えないという主張は，腹話術効果が本物の知覚であることの重要な証拠の一つと考えられてきた。

　このように，従来は注意や意識などが主なトップダウン要因として検討対象とされてきた。一方で，比較的近年の研究では，注意や意識とは直接的に関係がないが，トップダウン要因と見なすことができると考えらえる様々な要素に着目して，それらが腹話術効果に与える影響を検討したものが多い。興味深いことに，これらの研究の多くは腹話術効果に対するトップダウン要因の関与を肯定している。Maiworm et al.（2012）は，恐怖心を喚起させる音声を呈示すると，その後に呈示された視聴覚刺激に対して生じる腹話術効果の量が減弱することを発見した。Bruns et al.（2014）が行った実験では，音源定位課題の成績に応じて，実験参加者に与えられる報酬が変化した。すなわち，課題非関連な視覚刺激に惑わされず，聴覚刺激のみの位置を正確に報告することによって，

より多くの報酬を得ることができた。この時，聴覚刺激の呈示位置（参加者の正面中央に対して右または左）によって報酬の額を変化させると，大きな報酬が期待される位置では，あまり報酬が期待できない位置に比べて，音源定位成績がより正確になることが分かった。これらの研究結果は，情動や報酬といった高次機能が，腹話術効果の規定因の一つとなることを示唆している。

　一般に，観察者がただ受動的に刺激を観察する場合と，能動的に自らの決めたタイミングで刺激を呈示させる場合とでは，様々な点で刺激の処理が異なることが知られている（Blakemore et al., 1998, 1999）。Zierul et al.（2019）は，視聴覚刺激を受動的に観察した条件に比べて，実験参加者が自らのボタン押しによって呈示した条件では，腹話術効果が減弱することを報告している。実験参加者が自らの意思で呈示した視聴覚刺激は，同一の発生源に起因するという事前確率を高めると考えられるため，より強い腹話術効果を生じさせるのではないかと，彼らは当初考えていた。このため，実験結果はこの予測に反するものであったが，おそらく自ら刺激を呈示させる行動に伴う運動信号などのトップダウン要因が，視聴覚刺激の空間的な乖離に対する感度を向上させたのではないかと考察されている。

　視覚や聴覚などを通して様々な感覚情報を実際に受け取るのではなく，見える様子や聞こえる様子などを想像しただけでも，ある程度は，実際の刺激に対する反応と共通した感覚処理が行われることが分かっている（Ehrsson et al., 2003; Kosslyn et al., 2001; O'Craven & Kanwisher, 2000）。Berger & Ehrsson（2013）は，聴覚刺激を実際に呈示するのに加えて，少し離れた位置に架空の視覚刺激が呈示される様子を想像させると，その位置に呈示された視覚刺激を目にした場合と同様に，腹話術効果が生じることを報告した。さらに，想像された架空の視覚刺激は，通常の腹話術効果のみならず，腹話術残効をも引き起こすことが分かった（Berger & Ehrsson, 2018）。なお，先述の Delong et al.（2018）の研究では，物理的に呈示された視覚刺激に連続フラッシュ抑制をかけ，意識的な見えを抑制した場合にも，腹話術効果が生じることが確認されている。この実験状況は，おおまかに考えると Berger & Ehrsson（2013, 2018）とは正反対の状態である。Delong et al.（2018）の実験においては，視覚刺激は物理的に存在していたが，意識には上らなかった。Berger & Ehrsson（2013, 2018）においては，

物理的には存在しない視覚刺激を実験参加者が想像していた。これらの両者の状況において，程度の差はあっても一定量の腹話術効果が生じたという結果は，腹話術効果にとって，視覚刺激の物理的な存在も，意識的な見えも，どちらももちろん重要ではあるが，必ず無くてはならないものではないということを示唆している。

2.6　腹話術効果と一体性の仮定 ···

多感覚統合におけるトップダウン要因としては，おそらく最も重要かつ複雑な概念と考えられている一体性の仮定（unity assumption）についても触れておきたい。一体性の仮定とは，視覚や聴覚といった複数の感覚器官から得られる信号が，同一の物体あるいはイベント等から生じているという観察者の知識あるいは信念のことである（Welch & Warren, 1980）。たとえば実験者による教示の与え方や，感覚間協応（cross-modal correspondence）[5]の有無，意味的な整合性などが一体性の仮定を生じさせると考えられる（Chen & Spence, 2017）。また，このような実験者側の操作の有無によらず，一定のパラメータで視聴覚刺激を呈示したとしても，それらが一体化したように感じられる場合と，ばらばらに感じられる場合があることも報告されている（Lewald & Guski, 2003）。一般に，一体性の仮定は多感覚統合を促進する場合が多いと考えられているが，どのような条件で促進が生じるかについては様々な議論が交わされている。腹話術効果に対して，一体性の仮定はどのような影響を与えるのだろうか。

Wallace et al. (2004) は，視覚刺激として LED ライトのフラッシュ，聴覚刺激としてノイズを用い，これらのシンプルな刺激の間に一体感が感じられた場合と，感じられなかった場合における音源定位の結果を比較した。これらの視聴覚刺激の間の空間的および時間的なパラメータを操作し，フラッシュとノ

5）感覚間協応とは，たとえば高い音には小さい物体，低い音には大きい物体が対応するというような，多くの人々が共通して感じる非恣意的な感覚情報同士の対応関係である（Spence, 2011）。また，意味的な整合性とは，たとえば動物の写真に対してはその鳴き声，楽器の写真に対してはその音色というような，日常経験に即した感覚情報同士の対応関係のことを指す。

イズの間に「一体感を感じたか否か」を回答させるとともに，知覚された音源
位置の報告を求めた。その結果，一体感を感じたと回答された試行においては，
視覚刺激の位置へと知覚的な音源がシフトしたのに対して，一体感を感じなか
ったと回答された試行においては，逆に視覚刺激が呈示されたのとは逆の方向
へと知覚的な音源がシフトするという興味深い結果が得られた。このことは，
一体性の知覚の有無によって，腹話術効果が生じるか否か（あるいは，腹話術
効果とは逆の現象が生じるか）が決定される可能性を示唆している。なお，Wallace
らの結果は，一体感の知覚と腹話術効果の見られる方向との間に相関があると
いうことを示すのみであった。よって，一体感の知覚が音源定位に影響を与え
たのか，それとも，視聴覚的な音源定位の結果が一体感の知覚を決定したのか，
という因果関係については明らかになっていなかった。これに対し，Wozny
& Shams（2011）は，先行して呈示された視聴覚刺激に対して一体感が知覚さ
れた場合には，後続の聴覚刺激が，先行した視覚刺激の方向へとより大きくシ
フトした位置にて知覚されることを報告した。このことは，一体感が知覚され
た視聴覚刺激に対して，より強い腹話術効果が生じるという因果関係を示唆す
るものと考えられる。

　「腹話術」と聞いて多くの人が最初に想像するのは，動物や人形などの形を
したパペットの口元を動かし，かつ自分の口元は動かさずに喋る腹話術師の姿
だと思われる。もし腹話術師が動かしている物体が，そのような，生き物らし
さを持つ，あるいは「もしかしたら喋るかもしれない」と思えるような物体で
なく，単なる木の枝や布切れ等であれば，腹話術の錯覚は生じるだろうか。
おそらく生じないか，生じたとしても効果量はかなり減弱するのではないだろ
うか。これは，意味的な整合性に基づいて，腹話術師の声（聴覚情報）と，そ
の声の発生源として想定することができる物体（視覚情報）が統合された結果
として，腹話術錯覚が生じているケースと考えられる。腹話術効果に関する最
初の実験心理学的研究を行った Jackson（1953）では，このような意味的な整
合性を重視する結論が導かれている。湯気の出ているように見える薬缶と，蒸
気の音を組み合わせて呈示した条件においては，特に意味的な関連性のない単
純な視聴覚刺激の組み合わせを呈示した条件よりも，視覚刺激方向へと大きく
移動した位置への音源定位が行われた。

しかし，その後の研究では，意味的な関連性の効果はないという実験結果の報告が続いた。Radeau & Bertelson（1977, 1978）では，人物が発話を行っている映像と音声，および楽器を演奏する映像とその音色といった，意味的関連性の深い視聴覚刺激と，特に意味的関連性のない単純な視聴覚刺激との間で，腹話術残効の大きさを比較したところ，いずれの条件においても同等の大きさの腹話術残効が得られた。特定の音声を聞きながら，それとは異なる音を発音している顔を視覚的に観察することで，マガーク効果[6]と呼ばれる錯覚が生じる場合がある（Munhall et al., 1996）。Colin et al.（2001）は，聴覚刺激として数種類の音声を呈示し，かつ同じ数種類の音を発音する人物の顔の映像を様々な方法で組み合わせて呈示することで，マガーク効果と腹話術効果の両方を観察しようと試みた。正立した顔映像が呈示された条件に比べて，倒立した顔画像が呈示された条件では，マガーク効果は減少したが，腹話術効果の大きさには変化が見られなかった。また，マガーク効果は当然ながら，聴覚的に呈示される音声と，顔画像の発音の組み合わせによって規定されるが，それらが整合的であるか否かも腹話術効果の大きさには影響を与えなかった。これらの結果は，腹話術効果における一体性の仮定の関与を否定するものである。

　一方で，比較的近年の研究では，一体性の仮定が腹話術効果において果たす役割が着目されつつある。Parise & Spence（2009）では，視聴覚刺激の関係性を感覚間協応に基づいて操作し，対応のある条件とない条件を比較したところ，対応のある条件においては，より大きな腹話術効果が観察されたことを報告している。Kanaya & Yokosawa（2011）は，人物の発話映像と音声を利用した点においては，上述の Radeau & Bertelson（1977, 1978）や Colin et al.（2001）と同様であるが，少なくとも一定の条件においては，意味的整合性の効果を認める結果を報告している。これまでに空間的腹話術効果を扱ってきたほとんどの研究では，1つの聴覚刺激に対して，1つの視覚ディストラクタを呈示している。しかし，現実世界においては，1つの感覚器官に対して複数の情報が与えられることが多く，たとえば，どの視覚情報と，どの聴覚情報が同じ発生源に

6）たとえば，/pa/ という音声を聞きながら，/ka/ と発音する人物の顔を観察すると，元々の音声とは異なる /ta/ などの音が聞こえたように錯覚されることが知られている。

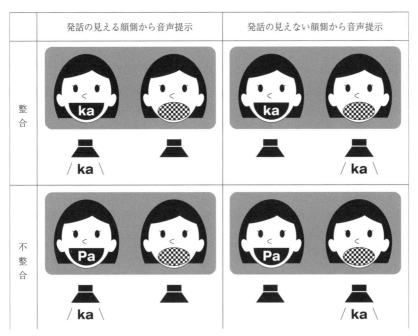

図 2-7　Kanaya & Yokosawa（2012）の刺激

由来するものかは必ずしも明瞭でない。Kanaya & Yokosawa（2011）は，この
ような複雑な状況における視聴覚的な音源定位の傾向を明らかにするため，1
つの音声に対して2つの発話映像を同時に呈示した。同時に呈示される2つの
映像のうち，片方は顔全体が見えるようになっていたが，もう片方は口元にマ
スクがかけられていた（図 2-7）。マスクがかけられた顔については，発話して
いるという事実や，発話のタイミング等は顔全体の動きから推察できるものの，
唇の動きから発話の内容を視覚的に把握することは困難であった。また，全体
が見える顔については，この顔が発音する音声（/pa/ または /ka/）と，同時に
聴覚的に呈示される音声（/pa/ または /ka/）が整合している場合（両方とも /
pa/ または /ka/）と，不整合な場合（一方が /pa/ で，もう一方が /ka/，またはそ
の逆）があった。実験参加者の左右に置かれた2つのスピーカーのうち，どち
らが聴覚刺激の発生源であったかを回答する課題において，これらの映像が実

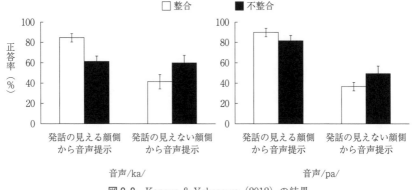

図 2-8　Kanaya & Yokosawa（2012）の結果

験参加者による音源定位の正確性に与える影響を検討したところ，最も強く影
響していた要因は，映像の口元にかかるマスクの有無であった（図2-8）。発話
の見える顔，すなわちマスクのない顔と同じ側から音声が呈示された場合には，
こちら側へと知覚的な音源が近付くことを反映して，全体的に正答率が高くな
っていた。一方で，発話の見えない側，すなわちマスクをかけた顔と同じ側か
ら音声が呈示された場合には，反対方向へと知覚的な音源が引っ張られること
を反映して，全体的に正答率が低くなっていた。これらの傾向は，呈示された
音声（/pa/ または /ka/）の違いによらず，一貫して観察された。さらに，分析
の結果，発話の見える顔と，呈示された音声との間の整合性も，音源定位の結
果に影響を及ぼすことが分かった。整合性の影響は呈示された音声の種類によ
って異なっていたが，まず聴覚刺激が /ka/ であった場合（図 2-8, 左側のグラ
フ）に着目すると，黒いバーで示されている不整合条件においては，白いバー
で示されている整合条件に比べて，上述の効果（「発話の見える顔側から音声呈
示」と「発話の見えない顔側から音声呈示」の間の正答率の差）が大きく減少して
いることが分かる。聴覚的に呈示された音声が，発話の見える顔の発話情報と
一致しており，この顔が聴覚情報の発生源だと考えられる場合には，そちらの
方向へとシフトした位置に音源定位されたと考えられる。しかし，聴覚的に呈
示された音声と，発話の見える顔の発話情報が不一致だった場合には，発話の

見える顔の方へと音源がシフトすることはなかった。同時に呈示されたもう一方の顔（発話の見えない顔）についても、口元は見えないが何らかの音声を発声していることが分かっているため、聴覚刺激の発生源はこちらの顔と解釈することも可能である。このような類推を脳が行った結果として、発話の見える顔の方向へと知覚的な音源が引っ張られる効果が低減したと考えられる。一方で、聴覚刺激が /pa/ であった場合（図 2-8、右側のグラフ）に着目すると、不整合条件においても、整合条件よりは効果がやや減弱しているものの、はっきりと、「発話の見える顔側から音声呈示」において「発話の見えない顔側から音声呈示」よりも正答率が高くなる効果が観察された。つまり、聴覚的に呈示されている音声と、発話の見える顔の発話情報が異なっていた場合においても、こちらの顔の方へと知覚的な音源がシフトしたと考えられる。マガーク効果の研究では、聴覚的に呈示された音声と、視覚的に呈示された発話情報が異なっていた場合に、それらが融合して錯覚的な聞こえを引き起こす場合と、ほとんど融合せず錯覚が生じない場合があることが報告されている。たとえば、聴覚によって /pa/、視覚によって /ka/ の発音が呈示された場合、視覚情報が示唆する通り唇を閉じることなく発声可能な /ta/ の音へと、聴覚的な知覚が変容する。逆に、聴覚によって /ka/、視覚によって /pa/ の発音が呈示された場合には、唇をいったん閉じてから開いて発声することが視覚情報から強く示唆されるため、それとは明らかに矛盾した聴覚情報とは融合せず、聴覚的な知覚の変容が生じにくいことが報告されている。どのような唇の動きによって、どのような音が発声されるかは、文化や言語の体系によって大きく異なるため、このような錯覚の生じ方は世界共通ではないことも明らかになっているが、少なくとも Kanaya & Yokosawa（2011）の実験が行われた日本においては、上述のような傾向が確認されている（Sekiyama, 1994）。このため、聴覚刺激が /pa/ であった場合には、視覚的に呈示された /ka/ と融合した錯覚的な聞こえを採用することで、これらの視聴覚情報の共通の発生源と推定される物体、すなわち口元の見える顔の方向へと知覚的な音源をシフトさせることが可能だったと考えられる。そして、聴覚刺激が /ka/ であり、視覚的に呈示された /pa/ との融合が期待できない場合には、これらが一体化した錯覚的な聞こえは生じないため、視聴覚的な発話情報の不一致がそのまま感じられ、口元の見える顔の方

向への音源のシフトは観察されなかったと考えられる。これらのことは，マガ
ーク効果を含む多感覚的な発話情報の知覚や，発話情報に関する感覚モダリテ
ィ間の不一致等の情報が，腹話術効果に影響を与えることを意味している。こ
の点において，Kanaya & Yokosawa（2011）は，一体性の仮定が腹話術効果に
果たす役割について，重要な示唆を与える研究結果と考えることができる。

2.7　腹話術効果と多感覚情報統合理論の発展 ………………………………

　これまでに行われた腹話術効果に関する研究のほとんどは，聴覚刺激の知覚
的な発生源が，視覚刺激の方向へとシフトするという典型的な結果を報告して
いる。これは，視聴覚的な空間知覚において，聴覚よりも視覚が優先されると
いうことを意味している。多感覚的な空間知覚において，他の感覚モダリティ
よりも視覚が優先されるという傾向は，古くは，プリズム眼鏡を用いた身体知
覚の実験において報告されている。Hay, Pick, & Ikeda（1965）は，プリズム眼
鏡によって視野全体を移動させ，観察者の周囲の物体が実際の位置とは異なる
位置に存在しているかのように見せることで，自身の腕の位置が誤定位される
ことを報告した。このような視覚の優位性のことを視覚捕捉（visual capture）
と呼ぶ。身体の知覚に関する多感覚統合の代表例としてよく知られるラバーハ
ンド錯覚[7]や，ミラーボックスを用いた幻肢痛の緩和[8]なども，視覚入力によ
って自己受容感覚や身体意識が変容することを示唆しており，視覚捕捉に基づ
く現象と考えられた（Barbin et al., 2016; Tsakiris & Haggard, 2005）。このように，
多感覚的な知覚において視覚が中心的な役割を果たすケースが多く報告された
ことから，視覚情報は一般に他の感覚モダリティに対して支配的な役割を持つ

　7）ゴム等でできた偽物の手を観察者の目の前に置き，観察者自身の手は衝立の裏等に隠し
　　た状態で，偽物の手と本物の手の同じ箇所に，同じタイミングで繰り返し触覚刺激を与え
　　ることで，徐々に偽物の手が自分の手であるかのような錯覚が生じることがあり，ラバー
　　ハンド錯覚と呼ばれる。
　8）幻肢痛（事故などで失った腕がいまだあるように感じ，その腕が痛む現象）を訴える患
　　者に対して，健常な方の腕を鏡に映し，その鏡映像と幻肢が重なるような位置関係を保っ
　　た上で両手の協応運動を行わせる（幻肢を動かすつもりになる）ことで，痛みが改善する
　　場合があると報告されている。

と考えられた時期があった。

　しかし，たとえば時間的腹話術効果においては時間領域において聴覚情報が視覚処理を変容させることを考えると，必ずしも他の感覚モダリティに比べて視覚が優先されるというわけではないと考えられる。どの感覚モダリティが，どのような場合に支配的な役割を果たすかという観点から多感覚処理を定式化した初期の理論として，モダリティ適切性仮説（modality appropriateness hypothesis）（Welch & Warren, 1980, 1986）が挙げられる。これは，我々が取得しようとしている情報（たとえば空間中における対象の位置）を最も精度よく把握できると考えられる感覚モダリティが，それよりも精度の劣る他の感覚モダリティに比べて，より強く，多感覚的な知覚に影響を与えるという考え方である。空間中における対象物の位置の把握に関しては，視覚は，聴覚や自己受容感覚といった他の感覚モダリティに比べて，はるかに優れていると考えられている。たとえば，Recanzone, Makhamra, & Guard（1998）は，視覚刺激あるいは聴覚刺激の発生源であったと思われる位置へ向けて頭部を回転させる（鼻先を刺激の方向へ向ける）課題を行わせ，それぞれの定位成績を比較した。その結果，視覚刺激に対する反応の誤差は全ての実験参加者において視角 0-1 度程度であった。一方で，聴覚刺激に対する反応の誤差は，実験参加者や刺激の種類によって大きくばらついており，代表的な実験参加者においては，広い周波数帯域を持つノイズ刺激を用いた場合で視角 8-10 度程度，純音の刺激を用いた場合で視角 20-30 度程度の誤差が観測された。複数の感覚モダリティから得られる情報のうち，単一の物体やイベント等に起因したと考えられるもの（ある程度の空間的な範囲内で，同時に呈示された視聴覚刺激など）は，同じ場所から発生したと考えるのが妥当である。その発生源が同一の箇所であるという前提のもとに処理が行われるため，聴覚的な定位に際しても，視覚から得られる信頼性の高い位置情報を優先して，多感覚的な決定が行われる。その結果として生じるのが，空間的腹話術効果や，腹話術残効である。一方で，何らかのイベントのタイミングや，持続時間，時間間隔といった時間情報の把握に関しては，聴覚が，視覚やその他の感覚モダリティに比べて優れていると考えられている。そのため，たとえば視覚刺激と聴覚刺激がわずかな時間ずれをもって呈示され，それらが単一の物体やイベント等に起因したと考えられる場合には，視覚的な

時間情報の取得に際しても，聴覚から得られる信頼性の高い時間情報を優先して，多感覚的な決定が行われることになる。その結果として生じるのが，時間的腹話術効果である。モダリティ適切性仮説は，多くの多感覚統合現象を説明する大原則として，多くの研究者らの支持を得た。

　ところが，現実世界においては，必ずしも特定の種類の情報について，特定の感覚モダリティが最も正確であるとは限らない。たとえば窓ガラスについた水滴がノイズとなって，視覚による空間情報の知覚精度が低下することや，街頭の雑音のため聴覚による時間情報の知覚精度が低下することもあるだろう。このような場合には，多感覚統合における，典型的な感覚モダリティ間の優位性が崩れることがある。たとえば，Alais & Burr（2004a）は，視聴覚刺激の空間的定位を行う課題において，定位の比較的困難な視覚刺激（e.g., 低コントラストのガウシアンブロブ）を用いた場合には，典型的な空間的腹話術効果とは異なり，聴覚から得られる位置情報が優先されることを報告した。フリッカーおよびフラッターの頻度を報告する課題において，典型的には精度の高い時間情報をもたらす聴覚情報が優先されるところ，聴覚情報の曖昧性を上昇させた条件では，逆に視覚から得られる時間情報が優先されることも分かっている（Wada et al., 2003）。このように，何らかの理由によって典型的な感覚モダリティ間の優位性が崩れた場合には，空間課題において聴覚が支配的になることや，時間課題において視覚が支配的になることもあると考えられる。Ernst & Banks（2002）は，大きさ知覚における視覚と触覚の統合過程において，各感覚モダリティから得られる情報の分散の逆数，すなわち信頼性を用いた最尤推定により各感覚入力の重みづけが計算され，その重みづけに従った各感覚モダリティの優位性の元に最終的な知覚が形成されるというモデルを提唱した。現在では，感覚モダリティ間での情報統合は，観察者が取得しようとする情報に対する，一般的な各感覚モダリティの信頼性に関する事前知識と，実際に呈示された刺激の分散やノイズの量といった観測値の信頼性を用いて，ベイズ推定の枠組みで説明できると考えられている（Ernst & Bülthoff, 2004; Rohde et al., 2016; Sato et al., 2007）。このように，腹話術効果に関する研究は，視覚捕捉仮説，モダリティ適切性仮説，ベイズ推定仮説，といった様々な多感覚統合理論の発展の契機となってきた。多岐にわたる多感覚統合現象が報告されているが，その中で

も腹話術効果のパラダイムは特にシンプルで，様々な感覚モダリティの，多様なパラメータの刺激に応用可能であったことから，理論の発展を促す重要な発見の場を提供してきたと考えられる。腹話術という子供から大人まで誰もが楽しめる素朴なトリックが，感覚融合認知メカニズムの核心に迫るきっかけをもたらしたことを思うと，はるか昔からその技術を磨き続けてこられた腹話術師の方々に感謝したい気持ちになる。

2.8　空間的腹話術効果の神経科学的メカニズム ·······························

　近年では，腹話術効果の脳内メカニズムを探るための神経科学的研究も進んでいる。Bonath et al.（2007）は，脳波（electroencephalogram; EEG）と機能的磁器共鳴画像（functional magnetic resonance imaging; fMRI）法を組み合わせた研究によって，聴覚皮質の一部に相当する左右半球の側頭平面における神経活動の変調が，腹話術効果の生起に関与していることを見出した。彼らによると，実験参加者の正面中央に呈示された聴覚刺激が，その左または右側に出現した視覚刺激の方向へ近付いて誤定位された試行では，視覚刺激に対して反対側の半球における側頭平面の活動強度が，視覚刺激と同側の半球における同部位の活動強度よりも高くなっていた。また，この傾向は，聴覚刺激が実際に正面中央の左側または右側に呈示された試行においても同様に観察された。側頭平面，およびそれを含む上側頭回後部の活動が腹話術効果に関与していることは，Callan et al.（2015）および Zierul et al.（2017）においても確認されている。なお，行動指標を用いて腹話術効果を測定する場合には，一般的に，同期した視覚刺激と聴覚刺激によって引き起こされる腹話術効果のほうが，非同期の視聴覚刺激によって引き起こされる効果よりも強いことが示されているが（Slutsky & Recanzone, 2001; Wallace et al., 2004），Bonath et al.（2014）によると，腹話術効果に対応した活動を示す側頭平面内の位置のうち，同期した視聴覚刺激に対応する領域と，非同期の視聴覚刺激に対応する領域は，隣接した別個の領域であることが分かっている。

　側頭平面は聴覚皮質の一部に相当する，比較的低次の聴覚処理を担当する脳領域と考えられているが，ここで観察される腹話術効果に関連した活動は，よ

り高次の多感覚領野との間のフィードフォワード，およびフィードバック処理の結果と考えられる（Bonath et al., 2007）。高次の関連部位としては，たとえば，頭頂間溝の多感覚領域が，空間的腹話術効果に寄与している可能性が示唆されている。Rohe & Noppeney（2015）は fMRI 法に計算論モデリングを加えたアプローチによって，腹話術効果に関わる階層的な神経処理過程を明らかにした。彼らによると，まずは初期視覚野および初期聴覚野において各感覚モダリティから得られた位置情報が表現され，それに続いて，後頭頂間溝において多感覚的な位置情報が表現される。また，適切な多感覚処理を行うためには，複数の感覚モダリティから得られる情報のそれぞれを把握した上で，それらの情報が統合されるべきか否か，すなわち共通の発生源に由来するものと捉えるべきかを判断する必要があるが（Körding et al., 2007），このような処理は前頭頂間溝の活動に反映される（Aller & Noppeney, 2019）。さらに，Rohe & Noppeney（2016）は，初期感覚野における多感覚処理と，高次の頭頂領域における多感覚処理が，異なる計算論的原理に基づいていると主張した。彼らが視聴覚刺激の空間的な位置関係に加えて，視覚刺激の物理的な信頼性（多数のドットの位置の分散）と，課題の種類（視覚刺激と聴覚刺激のどちらの位置を報告するか）を操作した実験を行ったところ，初期視覚野においては，主に視聴覚刺激の空間的な関係性によって，視覚以外から得られる情報の影響の大きさが変化することが分かった。一方で，頭頂の多感覚領域において観察された活動は，刺激の物理的な信頼性や課題の種類に基づいて，各感覚モダリティから得られる情報に重み付けを行う処理を反映していた。彼らの研究は，腹話術効果におけるボトムアップ処理とトップダウン処理の関係性を検討する上でも非常に興味深いものと言える。

　近年では，通常の腹話術効果のみならず，腹話術残効のような派生的な現象についても，その神経基盤に関する検討が進んでいる。Park & Kayser（2019）は脳磁図（magnetoencephalography; MEG）を用いて，通常の腹話術効果に反映される視聴覚的な空間情報の一時的な統合と，腹話術残効に反映される再較正処理の脳内メカニズムを比較した。その結果，これまでの一連の研究において腹話術効果との関連が指摘されてきた側頭領域（聴覚皮質を含む），および頭頂の多感覚領域の活動は，統合および再較正の両方に関与していることが分かった。また，これらの領域間のネットワークが腹話術残効に寄与しているという

結果は，Zierul et al.（2017）の報告とも一致していた。一方で，中上側頭領域の活動は，各試行における一時的な感覚情報だけではなく，過去の試行の履歴に関する情報を反映していることが示され，このような処理は腹話術残効に特有のものと考えられた（Park & Kayser, 2019）。多感覚的な空間処理に関する計算論的モデルが洗練されてきている中で，記述された処理が，具体的にどのような脳領域において，どのような処理によって実装されているかという点についても，かなり具体的に解明されてきていると言えるだろう。現在では，これらの知見を元にしたニューラルネットワークモデルの開発も進んでいる（Cuppini, Shams, Magosso, & Ursino, 2017; Magosso, Cuppini, & Ursino, 2012）。

2.9　多感覚的な運動知覚 ⋯⋯⋯⋯⋯⋯⋯⋯⋯⋯⋯⋯⋯⋯⋯⋯⋯⋯⋯⋯⋯⋯⋯

　本章ではこれまで，静止した対象に関する視聴覚的な空間知覚の問題として，主に空間的腹話術効果に関する知見を紹介してきた。一方で，日常生活において私たちを取り囲む世界は動的である。私たちが，たとえば周囲の車両の様子を見ながら適切な速度や軌道で車を運転する，スポーツ場面において敵や味方の動きを考慮して適切な場所にパスを出す等といった，適応的な行動を取ることができるのは，人間が優れた運動知覚の能力を有しているからである。このような運動知覚にも，多感覚的な過程が深く関わっている。物体の運動情報が多感覚的に捉えられる例として，たとえば，私たちの目の前を自動車が通り過ぎる状況を考えてみたい。形や色，質感といった特徴から構成される視覚的な対象の運動情報に加えて，タイヤの走行音やエンジン音といった聴覚手がかりから得られる運動情報，肌で感じる振動といった様々な感覚刺激から，私たちは自動車が接近し通り過ぎる様を感じ取ることができる。このように複数の感覚モダリティから得られる手がかりによって，私たちは目の前で起きている出来事をよりリアルに感じることができるし，単一感覚情報のみが得られる状況に比べて，運動方向や速度などの情報をより正確に把握することができるだろう。また，一つの感覚モダリティへの入力が何らかの原因で制限されている状況でも，他の感覚モダリティによって補うことができるなど，複数の感覚モダリティが協力し合うことで，より素早く効率的な知覚が可能になることもある。

　以下では，運動情報の知覚における多感覚処理のうち，主に視覚と聴覚が関与する過程を取り上げて紹介する。

　視覚の運動情報が，聴覚の運動知覚に影響を与えることは，古くから実験心理学者たちによって着目されていた。Mateef, Hohnsbein, & Noack（1985）は，静止した聴覚刺激と同時に運動する課題非関連な視覚刺激を呈示すると，あたかも聴覚刺激が運動しているかのように錯覚されることを報告した。また，聴覚刺激が運動している条件においても，同時呈示される視覚刺激が反対方向へと運動している場合には，まるで聴覚刺激の運動を打ち消すかのように作用し，聴覚刺激が静止しているかのように錯覚されることも報告している。また，Ehrenstein & Reinhardt-Rutland（1996）では，一定方向へと運動する視覚刺激を呈示し続けることによって，反対方向への運動残効を引き起こし，その際に同時に呈示された聴覚刺激がどのように知覚されるかを調べた。その結果，静止した聴覚刺激の位置が，実際の位置よりも，運動残効と一致した方向へと移動して錯覚されることが分かった。これらの比較的古典的な研究は，視覚によって得られる運動情報が，聴覚によって得られる運動情報あるいは位置情報に対して，支配的な役割を持つことを示唆している。

　その後も，様々な心理物理学的手法を用いた検討が重ねられてきたが，視聴覚的な運動知覚における視覚の優位性，すなわち視覚捕捉を主張する研究結果が続いた（Soto-Faraco, Lyons, Gazzaniga, Spence, & Kingstone, 2002; Soto-Faraco, Kingstone, & Spence, 2004）。Soto-Faraco et al.（2004）は，視覚と聴覚の両感覚モダリティについて，左右方向への運動が知覚される仮現運動刺激を作成し，それらを整合（視覚と聴覚の仮現運動が同じ方向）あるいは非整合（視覚と聴覚の仮現運動が逆方向）となる組み合わせで呈示した。その結果，整合的な組み合わせにおいては視覚，聴覚の両感覚モダリティにおいて，仮現運動方向を正しく判断することができた。一方で，非整合的な組み合わせにおいては，視覚の仮現運動方向のみが正しく報告され，聴覚における仮現運動方向の判断精度はほぼチャンスレベルまで低下した。これは，視覚から得られる運動情報によって，聴覚の仮現運動知覚が阻害されたためと考えられる。なお，この効果は視聴覚の仮現運動が同時に呈示された時にのみ生じることが分かっており，視聴覚の仮現運動のオンセットの間に十分な時間間隔を挿入すると，回答させる刺激の

感覚モダリティや運動方向の組み合わせによらず，正しい仮現運動方向が報告された[9]。このことは，視聴覚刺激の間の時間的な関係性が多感覚統合に影響を及ぼすことを示唆する例の一つと考えられる。なお，視聴覚刺激の間の時間的な関係性だけでなく，空間的な関係性も同様に，運動知覚における多感覚統合に大きく影響することが分かっている（Meyer, Wuerger, Röhrbein, & Zetzsche, 2005; Soto-Faraco et al., 2002）。

　聴覚の運動知覚に対する視覚の影響は，刺激が呈示された瞬間のみならず，長期的に観察される場合もある。Vroomen & de Gelder（2003）は，左右方向へと運動する聴覚刺激に順応することで生じる聴覚的な運動残効が，順応刺激と同時に呈示される視覚刺激の運動方向の影響を受けて変化することを発見した。聴覚の順応刺激を観察している際に，これと同じ運動方向の視覚刺激が同時呈示された場合は，視覚刺激が呈示されなかった場合に比べて大きな順応効果が見られた。一方で，順応刺激と反対方向に運動する視覚刺激が同時呈示された場合は，その後に観察される聴覚の運動残効の方向が逆になることが分かった。つまり，視覚刺激の運動方向とは逆行するが，聴覚刺激の運動方向とは一致するような方向へと，後続する聴覚刺激が運動して知覚された。聴覚的な運動残効が，聴覚刺激ではなく，むしろ同時に呈示されていた視覚刺激の運動方向へ順応したかのような結果となったことは，聴覚運動知覚における視覚の影響の大きさを端的に表している。

　左右や上下といった2次元方向への運動のみならず，奥行方向への3次元的な運動の多感覚的な知覚についても検討が行われている。Kitagawa & Ichihara（2002）は図形を徐々に拡大または縮小させることで，物体の接近または離反を示唆する，3次元方向への視覚的な運動印象を生じさせた。そして，このような視覚運動刺激に順応すると，一定の音圧レベルで呈示される聴覚刺激（聴覚的な運動印象は生じない）に対して，その音源の移動を示唆するような音圧レベルの変化が錯覚されたことを報告した。つまり，視覚刺激の拡大（接近）に順応すると，後続する聴覚刺激が遠ざかるかのように減弱して聞こえ，視覚

9）しかし，感覚モダリティ間の時間ずれがおよそ300 ms以下になると，視聴覚の仮現運動が整合的か否かの判断が正しく行えなくなることも分かっている（Soto-Faraco et al., 2005）。

刺激の縮小（離反）に順応すると，後続する聴覚刺激が接近するかのように増大して聞こえると報告された。一方で，徐々に音圧レベルを変化させた聴覚刺激を一定時間観察させ，順応を促しても，後続する視覚刺激の拡大や縮小といった運動印象が知覚されることはなかった。このことは，奥行方向の運動についても，視覚の運動情報が聴覚に影響を与えることはあっても，聴覚の運動情報が視覚に影響を与えることはないという，視覚優位の考え方を支持するものであった。

　視聴覚的な運動知覚における視覚の優位性は，腹話術効果の節で紹介したモダリティ適切性仮説（Welch & Warren, 1980, 1986）の原理と合致するものと当初は解釈された。静止した物体の位置情報のみならず，運動情報の知覚においても，視覚が，聴覚をはじめとした他の様々な感覚モダリティに比べて特に高い精度を持つと考えられるためである。しかし，課題や刺激の性質によっては，必ずしも視覚が優位とはならない場合があることも徐々に分かってきた。

2.10　視覚運動知覚に対する聴覚の影響 ·······························

　運動情報を持たない聴覚刺激が，運動あるいは仮現運動をする視覚刺激の見えを変調したと考えられる研究結果が，複数報告されている。

　ディスプレイの左と右に配置された2つの円盤が，それぞれ中央へと移動し，中央で瞬間的に重なった後で，そのままの速度を保って，2つの円盤が最初に呈示されていた位置へと再び移動していく様子を観察する時，その解釈として2通りの見え方が考えられる。1つは，運動開始前に左側に存在していた円盤は「左から右へ」，右側に存在していた円盤は「右から左へ」というように，最後まで進行方向を変えずに直進した，という見え方である（ストリーム）。つまり運動開始前と運動終了後とでは，左側と右側に存在する2つの円盤が入れ替わっていることになる。もう一方の見え方は，2つの円盤が中心部で衝突し，それまでとは反対の方向へと運動しながら戻っていくというものである（バウンス）[10]。これはストリーム＆バウンス現象と呼ばれる，視覚における曖昧運動知覚の代表例の一つである（Bertenthal, Banton, & Bradbury, 1993）。

　Sekuler, Sekuler, & Lau（1997）は，ストリーム＆バウンス現象において，2

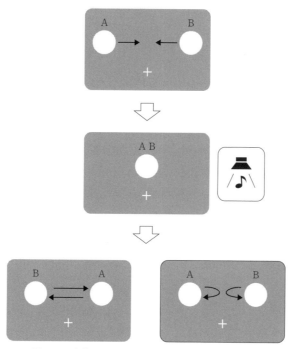

図 2-9　聴覚刺激による視覚曖昧運動の見えの変化

つの円盤が交差するタイミングで一瞬だけ短い聴覚刺激を呈示すると，バウンスの見えが報告される頻度が上昇することを発見した（図 2-9）。短い聴覚刺激を呈示するタイミングが，円盤の交差するタイミングよりも少しだけ先行する場合や，遅延する場合においても，やや効果が弱まるものの，同様にバウンスの見えが報告されやすくなる傾向が観察された。同じ現象を扱った Watanabe & Shimojo（2001）の研究によると，たとえ円盤の交差するタイミングにぴったり合わせて聴覚刺激を呈示したとしても，それに先行および遅延する 2 つの聴

---

10) 2 つの円盤が左右に水平に移動するのではなく，上方から下方へと斜めに移動して「X」のような軌道を描く様子を観察させる場合もある。この時，2 つの円盤が互いにすれ違うように斜めに直進したと感じられる（ストリーム）場合と，それぞれが交差部分で跳ね返って曲がり，「く」の字のような軌道で移動したと感じられる（バウンス）場合がある。

覚刺激が追加される（つまり合計で 3 回の聴覚刺激が呈示される）と，真ん中の聴覚刺激が 1 回だけ呈示される場合に比べて，バウンスの見えを誘導する効果が低減することが分かった。しかし，彼らが先行および遅延する聴覚刺激の周波数や音圧レベルを変化させることによって，真ん中の聴覚刺激の知覚的な顕著性を操作したところ，この顕著性が十分に保たれる場合には，先行および遅延する聴覚刺激の存在にかかわらず，バウンスの見えを誘導する効果が回復した。連続して呈示される複数の聴覚刺激がどのように体制化して知覚されるか，つまり聴覚処理におけるグルーピング処理の結果が，同時に呈示される視覚刺激の見え方に影響を与えていると考えられる。

　典型的な視覚の仮現運動として，物体が左から右へ，右から左へ，と反復しながら移動するように見えるものが知られているが，これは左右の 2 カ所に配置された円盤などの図形が，一定の時間間隔で交代しながら明滅することで知覚される。この時に，2 つの図形が明滅するちょうど中間のタイミングで短い聴覚刺激を呈示すると，仮現運動の知覚される頻度が高くなるが，逆に先行する視覚刺激の前や，後続する視覚刺激の後などのタイミングでは，仮現運動の知覚される頻度が下がることが報告されている（Getzmann, 2007）。なお，2 つの図形が常に一定の時間間隔で明滅する（たとえば，左側の図形が消えてから右側の図形が出現するまでの時間と，右側の図形が消えてから左側の図形が出現するまでの時間が等しい）場合には，一般的に，「左から右へ」，および「右から左へ」といった 2 種類の運動方向の見えが等確率で報告される。しかし，たとえば左側の図形が消えた直後（右側の図形が出現する直前）に短い聴覚刺激を呈示すると，左から右への運動の見えが報告されやすくなり，逆に右側の図形が消えた直後（左側の図形が出現する直前）に聴覚刺激を呈示すると，右から左への運動が観察されやすくなるなど，聴覚刺激の与えられるタイミングによって，知覚される視覚の仮現運動の質が変化することも分かっている（Freeman & Driver, 2008）。なお，Getzmann（2007）や Freeman & Driver（2008）が報告した視覚の仮現運動の変調効果は，時間的腹話術効果に似た現象によって，聴覚刺激が，視覚刺激の知覚されるタイミングを変化させたために生じたと考えられている。運動方向や速度といった運動情報は，感覚信号の空間的な位置情報と時間情報との組み合わせとして定義される。一般的に，聴覚は視覚に比べて時間情報を

取得する精度が高いと考えられているため，視覚の運動知覚（あるいは仮現運動知覚）において特に時間的な側面が重視されるような状況下においては，課題非関連な聴覚刺激がその時間的側面に影響を与えた結果，知覚される運動全体の性質が変化したものと考えられる。

聴覚情報の中には，音源の移動という意味での運動情報は持たないものの，運動を暗に示唆するような特徴を持つものも存在する。このような聴覚情報が，視覚の運動知覚に影響を与える例も報告されている。我々は，たとえば歩行などの運動を行っている人物の体全体のうち，関節部分など一部の動きのみを表す十数個程度の光点を観察することで，人物の歩行の方向や性別，感情といった様々な情報を抽出できることが知られており，このような情報のことをバイオロジカルモーションと呼ぶ (Johansson, 1973)。バイオロジカルモーションを視覚的なノイズの中から検出する課題において，人物の歩行のリズムに合わせて足音のような聴覚刺激が呈示されると，バイオロジカルモーションの検出感度が上昇したことが報告されている (Thomas & Shiffrar, 2010)。なお，足音ではなく純音のような単純な聴覚刺激が呈示される条件や，足音と一緒に視覚の運動刺激が上下反転した状態で呈示される条件[11]では，このような促進効果は観察されなかった。また，歩行運動の検出だけでなく，バイオロジカルモーション刺激に対して性別の判断を行う課題においても，聴覚手がかりが促進的な効果を持つことが示唆されている (van der Zwan et al., 2009)。さらに，Arrighi, Marini & Burr (2009) は，一般的にバイオロジカルモーション刺激として用いられる全身運動の刺激ではなく，タップダンサーの足元に装着した光点の動きを記録した映像と，実際のタップダンスの音から作成された視聴覚刺激を用いてユニークな実験を行った。タップダンスに由来する視覚的な運動，およびタップダンスの音をノイズの中から検出する課題において，これらの視聴覚情報が時間的に同期している条件では，非同期の条件や視覚刺激のみが与えられた条件に比べて，検出成績が向上した。日常生活において，特定の種類の視覚運動信号と聴覚信号が組み合わせとして呈示される頻度が非常に高い場合には，

---

11) このような運動刺激は，上下反転することによってバイオロジカルモーションとしての知覚が阻害され，歩行方向などの情報の抽出が困難になることが知られている。

その聴覚信号自体に直接的な運動情報が含まれていなくても，視覚運動情報の検出や解釈を促進する効果を持つと考えられる。

　これに似た現象が，視聴覚間の感覚間協応によって引き起こされる例も報告されている。一般に，音高の上昇は，下方から上方への視覚的な運動と対応し，音高の下降は，上方から下方への視覚的な運動と対応するかのように感じられる場合が多い（Ben-Artzi & Marks, 1995）。Maeda, Kanai, & Shimojo（2004）によると，下から上，上から下への 2 通りの運動情報が同程度の強度で含まれる視覚的な曖昧運動刺激を観察する際に，音高の上昇する聴覚刺激が同時に呈示された場合には上方向への視覚的な運動が，音高の下降する聴覚刺激が同時に呈示された場合には下方向への視覚的な運動が報告されやすくなった。また，Takeshima & Gyoba（2013）は，下から上へ，上から下への 2 通りの運動軌道が同程度の頻度で知覚される視覚の仮現運動刺激を用いて，聴覚刺激の影響を検討した。この実験でも，同時に呈示された聴覚刺激の音高が上昇する場合には上方向への軌道が，聴覚刺激の音高が下降する場合には下方向への軌道が，報告されやすくなった。

　感覚間協応は，我々が生得的に，あるいは環境中での長期的な学習によって身につけるものと考えられているが（Spence, 2011），短期的な学習によって獲得したクロスモーダルな情報の関連性が，視覚の運動知覚に影響を与えたと考えられる例も報告されている。Kuang & Zhang（2014）によると，バナナやフェンネルの香りなどの嗅覚刺激を，視覚の特定の運動方向と関連付けて一時的に学習させることによって，視覚の曖昧運動の見えが，呈示された嗅覚刺激と結びつけて学習された方向へと誘導されることが分かった。

　では，実際に空間的な位置の変化，すなわち両耳間時間差やレベル差などの運動情報を持つ聴覚信号は，視覚の運動知覚に対してどのような影響を及ぼすのだろうか。

　Meyer & Wuerger（2001）は，視覚刺激として呈示したランダムドットキネマトグラムの運動方向が，同時に呈示される聴覚刺激の運動と一致した方向へと報告されやすくなる効果を見出した。また，この効果は，視聴覚刺激が同じ空間的位置から発生したか否か，あるいは視聴覚刺激の運動速度が一致しているか否かに依存しないと報告された。しかし，後に彼ら自身を含む複数の研究

グループが，より厳密な心理物理学的手法を用いて，高次の反応段階で生じるバイアスと，低次の知覚感度の変化によって生じると考えられる成分を独立に評価したところ，視聴覚の運動方向の一致による促進効果は主に反応バイアスによって説明できることが分かり，低次の知覚段階で生じるものではないと考えられた（Alais & Burr, 2004b; Wuerger et al., 2003）。その後，改めて Kim, Peters, & Shams（2012）の研究により，ランダムドットキネマトグラムの運動方向に対する検出感度が，同時に呈示される課題非関連な聴覚の運動情報によって上昇することが示され，彼らはこの促進効果は知覚段階において生じると主張した。なお，この効果が生じたのは，呈示された聴覚刺激の運動方向が，ランダムドットキネマトグラムの運動方向と一致する場合のみであった。

　視覚のバイオロジカルモーションの検出に聴覚情報が与える影響として，運動情報を持たない聴覚刺激による効果についてはすでに触れたが，実際に運動を行う聴覚刺激の影響についても検討されている。Brooks et al.（2007）によると，視覚のバイオロジカルモーションが示唆する運動方向と一致した方向へと運動する聴覚刺激は，バイオロジカルモーションの検出に要する反応時間を短縮させるが，反対方向へと運動する聴覚刺激は，逆に反応時間を遅延させる効果があった。

2.11　聴覚情報によって引き起こされる視覚運動の錯覚 ....

　上述のように，様々な聴覚情報が，視覚の運動知覚あるいは仮現運動知覚を変容させることが分かってきた。このことは，運動情報に関わる視聴覚的な処理にとって，当初考えられていた視覚優位の原則が必ずしも当てはまらず，聴覚情報を優先してクロスモーダルな知覚が形成される場合があることを示唆している。しかし，2.10 で紹介した研究結果はいずれも，視覚刺激自体に運動情報が含まれており，その曖昧さの解決や，検出感度の上昇に聴覚手がかりが貢献したと考えられる例である。これに対して，たとえば，Kitagawa & Ichihara（2002）によって報告された3次元方向への聴覚運動残効は，課題非関連な視覚の運動情報によって，実際には静止している聴覚刺激に対して運動印象が錯覚される現象であった。では，実際には静止している視覚刺激に対して，聴

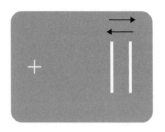

a. 提示される視覚刺激：静止　　　　　　b. 知覚される視覚刺激：運動

図 2-10　聴覚誘導性視覚運動知覚

覚刺激の影響によって運動印象が錯覚されることもあるのだろうか。

　Hidaka, Manaka, Teramoto, Sugita, & Miyauchi（2009）の報告を始めとする一連の研究では，まさに，運動情報を全く持たない視覚刺激に対する，視聴覚的な運動情報処理の影響に着目している。Hidaka et al.（2009）の行った実験では，特定の空間的位置に留まりながら繰り返し明滅する縦長の長方形（バー刺激）を，視野の中心部から周辺部にかけて，様々な偏心度で呈示した。この時に，ヘッドフォンを用いて，左右それぞれの耳に対して交互に短い聴覚刺激を呈示すると，バー刺激が左右に少しずつ揺れるように移動して見えることが分かった（図2-10）。バー刺激は実際には特定の空間的位置から移動していないため，この揺れるような見えは錯覚であると考えられ，この現象は聴覚誘導性視覚運動知覚（sound-induced visual motion perception; SIVM）と呼ばれた。SIVM における錯覚量はバー刺激の呈示される位置が視野の周辺部に近付くほど大きくなり，また，視覚刺激と聴覚刺激を呈示するタイミングが非同期の場合よりも同期の場合に，より大きな効果が得られることが分かった。聴覚刺激

を左右の耳の間で交代させるのではなく，左から右へ，右から左へと連続的に移動させることで運動印象を生じさせた場合や，水平方向ではなく垂直方向への移動として聴覚運動情報を呈示した場合にも，同様に SIVM が生じることが報告されている（Teramoto, Manaka, Hidaka, Sugita, & Miyauchi, 2010）。

　では，音源の移動を伴う実際の聴覚運動情報ではなく，静止しているが運動を示唆する聴覚情報が，視覚の運動印象を誘発することも可能なのだろうか。Teramoto, Hidaka, & Sugita（2010）は，聴覚刺激の音高と視覚刺激の空間的位置（運動方向）の対応を学習させる手続きを用いて，この問題を検討した。彼らの実験では，円盤状の図形が左右方向へと反復して仮現運動する視覚刺激に合わせて，たとえば図形が左側に呈示されるタイミングでは高音，図形が右側に呈示されるタイミングでは低音というように，音高が変化する聴覚刺激を数分間連続して呈示した。このように，一定のパターンで組み合わせられた視聴覚聴覚刺激を呈示し続けることで，音高と視覚刺激の位置の対応付けが学習されると考えられる。この順応フェーズの後に，一定の空間的位置に留まりながら明滅する視覚刺激を呈示しながら，同時に音高の変化する聴覚刺激を呈示すると（テストフェーズ），順応フェーズで観察した空間的位置および音高の組み合わせと一致する形で，視覚刺激に対する運動印象が錯覚されることが分かり，この現象は聴覚随伴性視覚運動残効（sound-contingent visual motion aftereffect）と名付けられた（図2-11）。なお，学習フェーズの前に同様のテストを行なった場合には，音高の変化による視覚の運動印象の錯覚は生じなかったため，この効果は学習によって引き起こされたと考えられる。興味深いことに，この残効は実験直後のみならず，数日後にも観察されている。なお，多数の小さな図形が様々な方向へと運動する様子を観察することによって，その全体が一定方向へと運動するように見える大域運動（global motion）知覚現象が知られている（Williams & Sekuler, 1984）。仮現運動のみならず，このような大域運動刺激を使用した際にも，聴覚刺激の音高と運動方向の対応関係を学習することによって，視覚運動印象の錯覚が生じることが分かった（Hidaka, Teramoto, Kobayashi, & Sugita, 2011）。聴覚随伴性視覚運動知覚現象は，意識的に弁別できないほどわずかな音高の違いを用いた場合にも生じることが報告されている（Kobayashi, Teramoto, Hidaka, & Sugita, 2012）。その一方で，この現象は，学習フェーズとテス

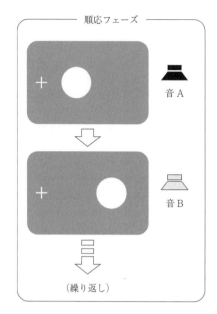
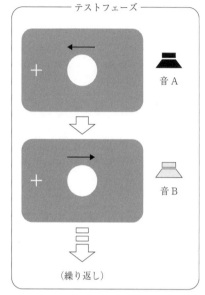

⇄ は知覚された円の動き

図2-11　聴覚随伴性視覚運動残効

トフェーズで用いる聴覚刺激が一定の周波数で呈示された場合，および左右の耳のうち同じ耳に呈示された場合にしか生じないことも明らかになった。視聴覚の対応関係の学習による視覚の仮現運動知覚は，比較的低次のシステムにおける聴覚処理によって支えられていることが示唆される（Kafaligonul & Oluk, 2015）。

　これらの一連の研究結果は，運動知覚における多感覚的処理の複雑さを反映していると考えられる。Mateef, Hohnsbein, & Noack（1985）やSoto-Faraco et al.（2002, 2004）などを始めとした初期の研究では，静止した対象に対する空間知覚における視聴覚的な処理（腹話術効果に代表される）と同様に，視覚が聴覚に対して影響を与えるという考え方が主流であった。しかし，様々な刺激を用いて研究が重ねられるうちに，運動処理においては必ずしも視覚が優位になるのではなく，聴覚が視覚の運動知覚に影響を与えるケースも多く存在すること

が明らかになってきた。特に，比較的近年になって報告された聴覚誘導性視覚運動知覚，および聴覚随伴性視覚運動知覚などの現象は，実際には運動していない視覚対象に対して，偽の運動印象を知覚させるほどの強い効果を聴覚情報が与えることを意味している。Hidaka et al.（2009）や Teramoto et al.（2010）などの研究において，これほど強く聴覚の影響が観察された理由としては，おそらく，視覚情報の相対的な信頼性を低下させるような刺激設計が行われていたことが大きいと考えられる。たとえば Hidaka et al.（2009）の実験では，視覚刺激の呈示される位置の偏心度を操作し，偏心度が高くなるほど，すなわち中心窩から離れて呈示されるほど，錯覚の効果が強まることを主張している。周辺視野においては，中心視野に比べて空間情報の知覚精度が低下することから，空間的位置の知覚における聴覚の相対的な信頼性が高まり，視覚よりも聴覚から得られる空間情報を優先した処理が行われることになったと考えられる。

2.12　多感覚的な運動知覚の神経科学的メカニズム ……………………………

　視覚と聴覚の双方の感覚モダリティが状況に応じてバランスを取りながら，協力し合って対象の運動情報を知覚していることが明らかになってきたが，これらの処理は，我々の脳において，どのようにして実現されているのだろうか。

　Lewis, Beauchamp, & DeYoe（2000）は fMRI 法を用いて，視覚および聴覚における運動情報の処理と，それらの統合に関与すると考えられる脳領域を検討した。彼らの実験で，まず視覚と聴覚の運動刺激を独立に呈示したところ，主に，視覚刺激に対する反応は初期視覚野および視覚運動野において，聴覚刺激に対する反応は聴覚野を含む側頭領域において観察された。また，下側頭回，および hMT+/V5 を含む背側後頭皮質においては，視覚の運動刺激を呈示することによって活動が促進されるが，聴覚の運動刺激を呈示した場合は，逆に活動が抑制されることが分かった。これに対して，視覚運動情報と聴覚運動情報の両方に対する反応が観察される領域は，中心前溝を含む外側前頭皮質，頭頂間溝を含む頭頂皮質，前部正中線，および前島皮質であり，これらの領域は視覚運動情報と聴覚運動情報の統合に関わっている可能性があると考えられた。なお，この中でも頭頂間溝や前部正中線，および前島皮質は，特に視覚と聴覚

との間で運動速度を比較する課題において，どちらかの感覚モダリティの運動
刺激のみを評価する課題よりも強い活動を示すことも分かった。なお，頭頂間
溝に関しては，視覚と聴覚のみならず，触覚の運動情報を反映している可能性
も別の研究によって示唆されている（Bremmer et al., 2001）。運動情報の多感覚
的な処理に関与するのは，頭頂の高次領野のみではないと考えられる。単一の
感覚モダリティによって与えられる運動情報が，その感覚モダリティの情報を
主に処理する初期感覚野に反映されるだけでなく，別の感覚モダリティを担当
する初期感覚野の活動をもたらす場合がある。たとえば，主として聴覚運動情
報の処理に関わっている聴覚運動皮質は，視覚の運動刺激のみが呈示される状
況においても，その運動情報を反映した活動を示すことが報告されている（Alink,
Singer, & Muckli, 2008; Alink, Euler, Kriegeskorte, Singer, & Kohler, 2012）。また，
Scheef et al.（2009）によると，初期視覚野および視覚運動野において，聴覚の
みによって呈示された運動情報を反映する活動が確認された。触覚のみによっ
て呈示された運動情報が，主として触覚の処理を担当する体性感覚野だけでな
く，視覚運動野の活動をもたらすことも示されている（Hagen et al., 2002; Scheef
et al., 2009）。これらの一連の研究は，視覚および聴覚の運動情報が独立に与え
られた場合における，単感覚的あるいは多感覚的な運動情報処理に関わる脳情
報処理を明らかにするものであった。

　視覚運動情報および聴覚運動情報が同時に与えられる場合には，それらの情
報（たとえば運動方向や速度）の整合性に関わる処理なども含む，より複雑な神
経活動が生じると考えられる。Baumann & Greenlee（2007）は，ランダムドッ
トキネマトグラムを視覚刺激として用い，その運動方向の検出課題において，
同時に呈示される課題非関連な聴覚運動情報がどのように影響するかを検討し
た。その結果，視覚と聴覚の運動方向が一致していた場合には，そうでない場
合に比べて，主に聴覚運動情報の処理に関わると考えられる上側頭回に加え，
上頭頂小葉，頭頂間溝，縁上回などの領域における反応が強く観察された。な
お，これらの領域に加えて，視覚運動野においても，視覚と聴覚の運動方向が
一致していた場合に活動が促進されることが報告されている（Alink et al., 2008）。
バイオロジカルモーションに代表される，生態学的に特別な意味を持つと考え
られる運動信号に関する，視聴覚的な運動情報知覚については2.10で述べた。

Scheef（2009）は，人間が垂直跳びを行なっている様子を記録した映像から，ソニフィケーション（可聴化）と呼ばれる技術を用いて，跳躍に伴う床反力を反映する聴覚刺激を作成し，これらの視覚刺激（跳躍映像）と聴覚刺激（疑似的な跳躍音）の表す跳躍の状態が一致，あるいは不一致となる組み合わせで呈示した。実験参加者らが跳躍の高さを推定する課題を行なっている際の脳活動をfMRIによって計測したところ，跳躍の状態が一致する条件では，不一致の条件に比べて，両半球の視覚運動野の活動が促進されることが分かった。

　2.9でSoto-Faraco et al.（2004）の研究結果を紹介したように，視覚と聴覚によって同時に呈示される運動が反対方向であった場合には，聴覚刺激の運動方向が逆転して知覚されることが知られている。このクロスモーダル運動捕捉（cross-modal motion capture）現象の生起メカニズムについて，神経科学的見地から行われた一連の研究が重要な示唆を与えている。Alink et al.（2008）によると，クロスモーダル運動捕捉が起きた条件では，頭頂間溝の強い反応に続いて，視覚運動野における活動が促進される一方で，聴覚運動野における活動の抑制が生じていた。Stekelenburg & Vroomen（2009）は，実験参加者が視覚および聴覚の運動刺激を同時に観察している際の脳波を計測し，ミスマッチネガティビティ（mismatch negativity; MMN）成分に着目した検討を行った。MMNは一般に，系列的に呈示される聴覚情報の処理において，規則性を逸脱するイベントを検出した際に見られる反応と考えられている（Garrido, Kilner, Stephan, & Friston, 2009）。Stekelenburg & Vroomen（2009）によると，聴覚の運動情報のみを系列的に呈示した条件では，その運動方向が一時的に変化することでMMNが誘発されたが，同時に視覚の運動情報が呈示され，運動捕捉により聴覚の運動方向の変化が知覚され難くなった条件では，運動方向の変化に応じたMMNも誘発されなかった。MMNは比較的初期の，前注意的な変化検出処理に関連して生じるとされており，視覚運動情報による聴覚運動の捕捉は，初期の知覚段階における聴覚運動情報処理を変容させると考えられる。この考え方は，MEGを用いて視覚運動情報の影響が初期聴覚野の活動に反映されることを報告したZvyagintsev et al.（2009）とも一貫している。

　視覚刺激の運動方向を弁別する課題において，課題非関連な聴覚刺激，すなわち課題遂行にとって有益な情報にはならない聴覚刺激が，弁別感度の上昇を

もたらすことが知られている（Kim, Peters, & Shams, 2012）。この現象の神経基盤を EEG によって検討したのは Gleiss & Kayser（2014）である。彼らによると，視覚刺激の運動方向と聴覚刺激の運動方向が一致している条件では，不一致の条件に比べて，初期視覚野および初期聴覚野で観察されるアルファ帯域，および低周波帯域（1-4 Hz）の神経律動が増強していた。また，この特定の周波数帯域における活動増強は，心理行動実験において観察された視覚運動方向弁別の感度上昇と関連することが分かった。Krebber, Harwood, Spitzer, Keil, & Senkowski（2015）は，視覚刺激の運動方向と，触覚刺激の運動方向が一致している条件においては，そうでない条件に比べて，初期視覚野および一次体性感覚野で観察されるガンマ帯域の活動が増強することを報告している。

　位置の移動を伴う実際の運動情報は持たないが，運動を示唆する情報（e.g., 聴覚刺激の音高）が，他の感覚モダリティにおける運動知覚に影響を与える場合があることは，2.10 で議論した通りである。このような現象の神経基盤について，心理行動実験と fMRI 法を組み合わせることで検討を行ったのが Sadaghiani, Maier, & Noppeney（2009）である。彼らの実験では，まず，知覚される運動方向が曖昧になるように作成された仮現運動刺激に対して，聴覚刺激の実際の運動（音源の移動），および聴覚刺激の音高の変化，聴覚的に呈示された言語的手がかり（「左」または「右」という音声）のそれぞれを組み合わせたところ，いずれの場合でも，聴覚刺激が示唆する運動方向へと，知覚される視覚の運動方向を誘導することが示された。一方で，これらの多感覚的な処理が反映される脳領域は，聴覚刺激の種類によって異なっていた。聴覚刺激の実際の運動を伴うことによる効果は左半球の視覚運動野において観察されたのに対して，音高の変化や言語的手がかりといった抽象的な聴覚運動情報の効果は，主に右半球の頭頂間溝において観察された。このような視聴覚的な運動情報処理について，心理行動実験の結果としては，いずれの条件でも同様の効果が示されたにもかかわらず，脳内では聴覚運動情報の表現レベルによって異なる過程を経ていることが示唆される。

第3章　多感覚処理における空間的注意

3.1　空間的注意 ··

　前章では，空間的腹話術効果や多感覚的な運動知覚といった現象を通して，空間に関する感覚融合認知過程を概観した。いずれも，物体の位置や運動といった，私たちの日常生活に直結する重要な情報に関する処理だが，これらに加えて，空間と切っても切り離せない関係にあるのが注意の働きである。本章では，主に注意と，視覚，聴覚，触覚に関する多感覚的な情報処理との関係について論じる。

　我たちの身の回りには膨大な感覚情報が存在しているため，その全てを処理することは不可能に近い。そのため，その場その時において特に重要と考えられる一部の情報だけを選択して処理することで，私たちは限られた処理資源を有効活用している。このような情報選択は，注意の非常に重要な機能と考えられている。注意は任意の空間的位置，時間的位置に加えて，任意の物体に向けることもできるなど，様々な形の情報選択が可能であると考えられているが，本章で扱う対象は，空間内の特定の位置に対して向けられる「空間的」注意である。

　注意に関する最も初期の心理学的研究は，聴覚における情報選択機能に着目することから始まったとされる（Broadbent, 1958; Cherry, 1953）。その後，注意研究の中心は視覚へと移り，多くの重要な知見や理論がもたらされた（Eriksen & Hoffman, 1972; MacLeod, 1991; Posner, Snyder, & Davidson, 1980; Treisman & Gelade, 1980）。このような古典的研究の時代から現在に至るまで，多岐にわたるトピックに関して注意の研究が重ねられてきたが，そのうち圧倒的多数は，視覚または聴覚といった単一感覚モダリティ内の情報選択をテーマとしたものである。しかし，実際には私たちを取り巻く世界は多感覚的な情報に溢れてい

る。たとえば，聴覚における情報選択の例として，騒々しいパーティ会場の中
でも，会話している相手の音声を問題なく聴取できることがよく挙げられるが，
このような場合においても，実際には聴覚情報だけでなく，話し相手の口元の
動きや表情，目線，体全体のジェスチャーといった視覚情報が，コミュニケー
ションの大きな助けとなっているはずだ。つまり，我々が日常生活において注
意を向ける対象の多くは，複数感覚モダリティの情報をもたらしている。この
ような対象に注意を向けることは，我々の脳にとって，単一感覚モダリティ内
で行う情報選択と比べても，一段と難しい作業であると考えられる。なぜなら，
ある空間的位置に対応する神経表現は感覚モダリティによって全く異なってお
り，さらに，それぞれの感覚モダリティによって表現することのできる空間情
報の範囲や座標系，精度なども一致していないためである。多感覚的な注意の
働きを理解するためには，単一感覚モダリティの処理を前提とした注意研究と
は異なった視点からの検討が必要である。

3.2　視覚，聴覚，触覚における空間的注意 ·······························

　空間的注意は，私たちが周囲の世界を把握するにあたって大きな利得をもた
らしてくれる。有名な Sperling（1960）の記憶実験では，複数行にわたって書
かれた 10 数個程度の数字や文字などを瞬間呈示した場合，それを見て記憶し
ようとした実験参加者が後から報告できたのは，わずかに 4-5 個程度と，全体
の情報のうちごく一部であった。しかし，どの行を報告するべきかをあらかじ
め指定された条件（部分報告法）では，指定された行に関してはほぼ全てのア
イテムを報告できることが分かり，特に指定のなかった条件（全体報告法）に比
べてはるかに効率の良い情報収集が可能であったと考えられた。また Moray
（1959）が行った聴覚実験では，左右の耳に対して別々の文章および単語リスト
を聴かせ，そのうち片方だけを追唱させた。この時，追唱させなかった方の系
列に含まれる単語は，後のテストにおいて追認することが非常に困難であった。
しかし，その系列中に聴取者本人の名前が含まれていた場合には，多くの人が
そのことに気付いたと報告されており，このことはカクテルパーティ効果と呼
ばれている。これらの古典的な実験結果は，視野のうち一部の場所や，左右ど

ちらかの耳といった特定の空間的位置に注意を向けることのメリットを端的に物語っている。

　視覚における空間的注意の効果を定量的に評価する方法として，Posner らが開発した空間手がかり課題は非常に有名であり，かつ現在でも多くの注意研究において用いられている典型的な課題である（Posner, 1978, 1980; Posner et al., 1980）。たとえば，ディスプレイの中央，あるいはその左右に現れる手がかり刺激によって，ディスプレイの左側あるいは右側の空間に注意を向けさせ（一般に，視線はあくまで中央に固定したまま，注意のみを動かすよう教示される），その後，ディスプレイの左側あるいは右側に呈示される図形や文字などのターゲット刺激に対して，弁別や判断といった課題を行わせる。すると，注意を向けた側と同じ位置にターゲット刺激が現れる一致試行（valid trials）では，特に注意の操作を行わなかった場合に比べて，反応がより速く，正確になる。一方で，注意を向けた側とは反対の位置にターゲット刺激が現れる不一致試行（invalid trials）では，注意の操作を行わなかった場合よりも反応が遅れ，かつ不正確になる。このように，注意を向けた位置に対する反応の促進，および注意を向けなかった位置に対する反応の阻害として，空間的注意の効果を観察することができる。なお，注意誘導のための手がかりとして用いられる刺激としては，様々なパターンが存在する。たとえば，矢印のように記号的に左右を指し示す刺激を，ディスプレイ中央に配置する場合には，観察者は自らの知識や経験などを元に，自発的あるいはトップダウン的に注意を移動させることになる[1]。このような現象は，一般に，「内発的」な注意のシフトと呼ばれている。一方で，たとえば，単なる光点や四角形といった，それ自体では特に空間情報を持たない手がかりを，ディスプレイの左側や右側に出現させることで，強制的にその位置へと注意を向かわせることもある[2]。このような，観察者の経験や知識によらず，物理的な空間情報に依存したボトムアップな注意誘導は，「外発的」な注意のシフトと呼ばれている。

1）自発的な注意誘導を促すため，手がかり刺激とターゲット刺激が同じ空間的位置に呈示される確率（手がかりの有効性）は，75％ から 80％ 程度と高めに設定されることが多い。

2）強制的な注意誘導の効果を観察するため，手がかりの有効性は 50％ とされる場合が多く，観察者が手がかり側へと自発的に注意を向けることには利得がない。

　このような空間手がかり課題は，視覚的注意について心理学的に学ぶ際には，最初の一歩として誰もが知らなくてはならない有名なパラダイムだが，他の感覚モダリティにおいても同様の現象が確認されているかどうかについては，意外と知られていない。実際には，視覚のみならず，聴覚や触覚においても，空間的注意の効果によってターゲット刺激への反応効率が変化することが，重ねて確認されている（Spence & Driver, 1994, 1996, 1997; Spence & McGlone, 2001）。これらの一連の研究で用いられた典型的な課題は，視覚の空間手がかり課題とよく似ており，たとえば，左右いずれかの空間的位置に手がかり刺激を呈示することによって，空間的注意を誘導し（この場合は外発的注意の誘導），直後に呈示されるターゲット刺激についての回答を求めるものであった。実験参加者の正面中央から見て左側および右側に，それぞれ上下2カ所ずつ，ターゲット刺激の呈示位置の候補（スピーカー，触覚刺激装置など）が設置され，実験参加者の課題は，その左右位置を問わず，上下のどちらからターゲット刺激が呈示されたかを回答するものであった。これは，視覚，聴覚，触覚を含む複数の感覚モダリティにおける注意機能を比較するという研究プロジェクトの目的上，空間的位置の上下という，感覚モダリティに依存しない刺激特徴を用いる必要があったためである。聴覚に関しては，たとえば図3-1aに示すように，上下左右の4カ所に設置されたスピーカーのうち，その左右位置とは関係なく，上下どちら側のスピーカーから聴覚刺激が呈示されたかを回答させた（Spence & Driver, 1994, 1996, 1997）。また，触覚に関しては，実験参加者の両手の親指および人差し指によって，スポンジで作られた小さなキューブを挟むようにして保持させ，スポンジが両指の腹に接触する部分に振動子を埋め込むことで触覚刺激を与えた（Spence & McGlone, 2001）。そして，図3-2aに示すように，人差し指が触れる方の振動子を上側，親指が触れる方の振動子を下側と定義し，ターゲットとなる振動刺激の与えられた手の左右を問わず，上下どちら側から呈示されたかを回答させた。まず，単一の感覚モダリティ内における空間的注意の移動を観察することを目的として，手がかり刺激とターゲット刺激を同じ感覚モダリティによって与える一連の実験が行われた。その結果，ターゲット位置の上下弁別は，左右のうち，手がかり刺激が与えられたのと同じ側において，反対側よりも，速く，かつ正確になる傾向が観察され，これは視覚，聴覚，触

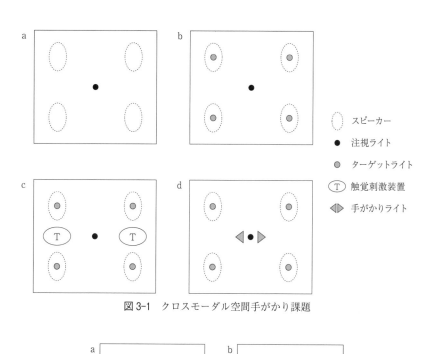

図 3-1 クロスモーダル空間手がかり課題

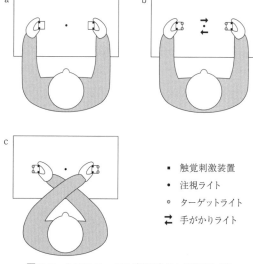

図 3-2 クロスモーダル空間手がかり課題 (2)

覚の全ての感覚モダリティに当てはまることが明らかになった。なお，手がかりの与えられた空間的位置（左または右）と，ターゲット刺激に対する反応（上または下）の軸は直交しているため，このような空間手がかりによる反応の促進および阻害効果は，ターゲット刺激に対する反応のプライミング等では説明することができず，注意の空間的なシフトによるものであると解釈されている。

3.3　感覚モダリティを超えた空間的注意の移動　外発的注意 ………

上述の一連の研究によって，空間手がかり課題による空間的注意の操作は，少なくとも視覚，聴覚，触覚においては，感覚モダリティを問わず有効であることが明らかになった。次に研究者達が明らかにしようとしたのは，空間的注意が感覚モダリティを超えて移動することが可能かという問いであった。手がかりに対して空間的注意を向けることの効果は，手がかりと同じ感覚モダリティのターゲットを処理する場合に限って有効なのだろうか。それとも，手がかりとは異なる感覚モダリティのターゲットの処理にも，空間的注意の効果が波及するのだろうか。このような疑問を解決するため，上述の空間手がかりパラダイムの，いわばクロスモーダル版となる一連の実験が行われた。たとえば，左右いずれかの方向への空間手がかりを視覚的に呈示した後に，ターゲットとなる聴覚刺激を呈示し，その聴覚刺激に対する上下弁別を求めるというように，手がかり刺激とターゲット刺激を，異なる感覚モダリティによって呈示するものである。

このようなパラダイムにおける空間的注意の誘導の効果は，注意の操作方法（外発的注意，あるいは内発的注意）や，手がかりとターゲットを呈示する感覚モダリティの組み合わせによって，やや異なった形で観察されることが分かっている。そのため，まずは，外発的注意の操作を行った研究について紹介する。Spence & Driver（1997）は，図 3-1b のように上下左右の 4 カ所にスピーカーを設置し，さらに，これと対応する 4 カ所を視覚刺激（LED ライト）の呈示される場所の候補とした。そして，このうち 1 カ所のスピーカーあるいはライトによって呈示される手がかり刺激に続いて，もう一方の感覚モダリティによるターゲット刺激を呈示し，その上下位置の判断を求める課題を行った。その結

果，聴覚刺激を手がかりとして用いた場合には，手がかりの呈示された側にお
いては，その反対側よりも，後続する視覚ターゲットに対する反応が速く正確
になった。一方で，視覚刺激を手がかりとして用いた場合には，後続する聴覚
ターゲットに対する空間手がかりの効果は，明確には観察されなかった。

　Spence, Nicholls, Gillespie, & Driver（1998）は，さらに触覚を加えて，クロ
スモーダルな空間手がかり効果について検討を進めた。この実験で用いられた
触覚刺激装置は，左右に配置された円形の触覚シミュレータの上に実験参加者
の両人差し指を載せておき，シミュレータから指の腹に対して瞬間的に押し出
される細い円柱形の刺激を検出させるものであった。このような触覚刺激装置
を，左右に1つずつ設置されたスピーカー，あるいはライトと隣接させ，聴覚
または視覚の手がかり刺激を与えたところ，左右のうち手がかりを与えた側に
おいては，反対側と比較して，後続する触覚刺激の検出が速く正確になること
が分かった。さらに，聴覚や視覚のターゲットに対する触覚手がかりの効果を
検討するため，図3-1cのように上下左右の4カ所にスピーカーとライトを配
置し，それらの上下位置のちょうど中間となる高さに，左右の触覚シミュレー
タを設置した。この実験の結果，触覚手がかりの先行呈示によって，ランダム
順で呈示される聴覚あるいは視覚のターゲット刺激の上下弁別が，促進あるい
は阻害されることが分かった。

　これらの研究結果は，多くの場合において，外発的な空間的注意の効果がモ
ダリティを超えて波及することを意味している。しかし，この効果は全ての感
覚モダリティの組み合わせにおいて生じるわけではないことも明らかになった。
特に，視覚と聴覚の間には非対称性が存在し，聴覚手がかりは視覚ターゲット
の処理を促進するのに対して，視覚手がかりは聴覚ターゲットの処理に影響を
与えないと考えられる。

　外発的な注意の誘導効果が，感覚モダリティを超えて波及するということは，
空間的注意が多感覚的なメカニズムによって制御されていることを意味する。
この多感覚的な注意は，一体どのような性質を持つのだろうか。まず最初に研
究者達の関心の的となったのは，その空間的な解像度である（Driver & Spence,
1998; Lee & Spence, 2017; Schmitt, Postma, & Haan, 2001）。たとえば第2章でも
繰り返し触れたように，感覚モダリティによって，把握できる空間情報の解像

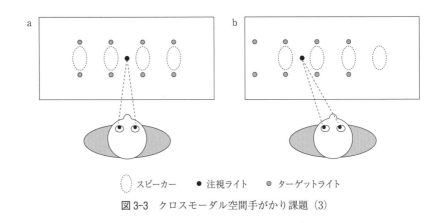

図 3-3　クロスモーダル空間手がかり課題（3）

度は大きく異なっている。そのため，様々な解像度を持つ複数の感覚モダリ
ティに対応するにあたって，多感覚的な注意は，手がかりによって示された特定
の位置を中心とする，かなり広い範囲に対して空間選択を行っている可能性が
ある。たとえば，観察者の正面中央に対して左側の半視野全体，あるいは右側
の半視野全体，といった比較的粗い空間的な括りで注意が向けられているかも
しれない。Lee & Spence（2017）は，左半視野に2カ所（左外側，左内側），右
半視野に2カ所（右内側，右外側）の位置に，等間隔でスピーカーを配置し，
それぞれのスピーカーの上下には視覚刺激の呈示位置の候補となるライトを配
置した（図3-3a）。このうち1カ所のスピーカーから手がかりとして聴覚刺激
を呈示した後に，任意の1カ所のライトによってターゲットの視覚刺激を呈示
し，ターゲットの位置が上下のどちらであったかを問う課題を行った。このよ
うな場合，手がかり刺激とターゲット刺激が同一の半視野に呈示される条件に
おいては，ターゲットの処理が促進され，異なる半視野に呈示される条件では
ターゲットの処理が阻害されること（半視野「間」の空間手がかり効果）は，す
でに過去の研究から明らかになっている（Spence & Driver, 1997）。Lee & Spence
（2017）の主眼は，手がかりとターゲットが，同じ半視野の中でも，厳密に同じ
空間的位置から呈示された場合（例：手がかりもターゲットも外側，あるいは内
側）と，隣り合う空間的位置から呈示された場合（例：手がかりは外側，ターゲ

ットは内側）とで，空間手がかりの影響が異なるか（半視野「内」の空間手がか
り効果）を明らかにすることであった。もし半視野「内」の空間手がかり効果
が見られるならば，視聴覚的な注意の空間解像度は比較的高く，左右の半視野
だけでなく，その中でも少なくとも2つに分割された細かい空間的範囲に対し
て注意を向けることができると考えられる。一方で，もし半視野「間」の空間
手がかり効果のみが確認され，半視野内ではそのような効果が得られないとす
れば，視聴覚的な注意の空間解像度はやや低く，左右の半視野という大きな空
間的範囲が，注意によって選択されると考えられる。実験の結果，聴覚手がか
りが左右の内側に位置するスピーカーから呈示された場合には，手がかりとタ
ーゲットの呈示位置が左右の半視野のみならず，より厳密に一致していた場合
に，最も大きな空間手がかり効果が得られた。しかし，聴覚手がかりが外側の
スピーカーから呈示された場合には，手がかりとターゲットが左右の半視野に
おいて一致していることにより空間手がかり効果が得られたが，その中でも厳
密に一致していることの効果は見られなかった。つまり，聴覚手がかりが内側
から与えられると，半視野「間」の効果に加えて半視野「内」の効果も得られ
るが，聴覚手がかりが外側から与えられると，半視野「間」の効果のみしか得
られないということが明らかになった。この傾向は，Lee & Spence（2017）が
スピーカー同士の水平距離を視角30度に設定した場合でも，視角10度に設定
した場合でも同様に観察された。そのため，半視野内の空間手がかり効果の有
無は，個々の聴覚刺激および視覚刺激が呈示される絶対的な位置ではなく，相
対的な位置によって規定されていると考えられる。私たちが半視野内の細かい
空間的な範囲に視聴覚的な注意を向けることができるか否かに関しては，さら
に肯定的な結果を報告した研究もあるが（Driver & Spence, 1998; Schmitt et al.,
2001），Lee & Spence（2017）を踏まえると，結果は安定していない。それに
比べて，半視野「間」の空間手がかり効果に反映される，やや粗い空間的範囲
に対する多感覚的な注意の選択は，数多くの研究によって確立されており，頑
健な効果と考えられる。

3.4　感覚モダリティを超えた空間的注意の移動　内発的注意 ………

　多感覚的な注意の内発的な誘導に関する検討は，Posner らの矢印による注意誘導のパラダイムを，多感覚的な実験環境に転用する試みによって始まった。Spence & Driver（1996）では，図 3-1d のように，上下左右に 4 台のスピーカー，およびターゲット刺激の呈示位置の候補となる 4 つのライトを配置した。それらの中央には注視点となるライト，および左右を示す手がかり用のライトが設置された。最初の実験では，手がかりライトによって左右のいずれかが示唆されると，その後に呈示されるターゲット刺激の感覚モダリティ（視覚あるいは聴覚）が事前に知らされていなくても，手がかり位置とターゲット位置が同側から呈示された場合（一致試行）には反応が促進され，反対側から呈示された場合（不一致試行）には反応が疎外されることが示された。

　なお，3.2 で述べた通り，内発的な注意とは，たとえば観察者の正面中央に呈示した矢印によって左右を指し示すように，その刺激の付置自体は空間的な情報を持たず，観察者の知識や経験のような概念的情報によって，特定の空間的位置へと注意を誘導するものである。このため，内発的注意の操作を行う場合には，たとえば視覚によって矢印を呈示したとしても，これが本当に「視覚的」注意を誘導する手がかりと言えるかどうかを，慎重に考えなくてはならない。このような手がかり刺激は，ごく初期の処理段階においては確かに各感覚モダリティの感覚野において表現されるかもしれないが，右や左といった概念的情報が抽出される比較的高次の処理段階においては，感覚モダリティに依存しない抽象的な表現として，手がかりの機能を果たすと考えられるためである。このような背景から，Spence & Driver（1996）では，手がかり刺激を与える感覚モダリティを定義するにあたって，手がかり刺激自体の物理的性質よりも，ターゲットとして呈示される刺激の感覚モダリティ，および呈示される位置の確率を操作した。まず，視覚ターゲットと聴覚ターゲットの出現確率の間に大きな差を付けることで，出現する刺激の感覚モダリティに対する実験参加者の期待を操作した（e.g., 視覚ターゲットの出現確率＞聴覚ターゲットの出現確率）。その上で，より呈示確率の高い感覚モダリティの刺激については，矢印によって

与えられる手がかりの左右と一致した位置に呈示される頻度を高く，不一致となる位置に呈示される頻度を低く設定した（e.g., 一致試行の頻度＞不一致試行の頻度）。このため，実験参加者は，視覚あるいは聴覚のいずれかの刺激を期待しつつ，矢印によって示された左右いずれかの位置へと注意を向けた。複数の実験の結果，出現確率の高い感覚モダリティのターゲットを期待して注意を向けていた空間的位置においては，視覚と聴覚どちらの感覚モダリティのターゲットに対しても，その検出が促進されることが分かった。なお，出現確率の低い方の感覚モダリティに対しては，矢印によって与えられる手がかりとは反対側の位置に呈示される頻度を高く設定されていたため，両方の感覚モダリティに対して注意を同じ側に向けることは，得策ではなかったと考えられる。そのため，この結果は，出現頻度の高い感覚モダリティの刺激を期待して特定の空間的位置へ向けていた注意の効果が，もう一方の感覚モダリティへも波及したものと解釈できる。内発的注意についても，感覚モダリティをまたいだ注意の誘導が可能と考えられる。なお，外発的注意について検討した Spence & Driver (1997) では，聴覚手がかりが視覚ターゲットの検出効率に影響を与えるのに対して，視覚手がかりによる聴覚ターゲットへの影響は見られないという非対称性が報告されていた。一方で，内発的注意を対象とした Spence & Driver (1996) の実験では，このような非対称性は観察されず，視覚と聴覚のうちどちらのターゲットの出現確率を高くした場合でも，同様の効果が得られたことが報告されている。

　視覚と触覚の間でも，感覚モダリティ間における内発的注意の波及効果が検討された（Spence, Pavani, & Driver, 2000）。用いられた装置は，図 3-2b に示すように，触覚刺激用のスポンジキューブに，視覚刺激用のライトが埋め込まれたものであった。実験参加者らが両手の親指および人差し指で保持したキューブのうち，親指と人差し指に接触する部分には振動子が，その反対側の両角には視覚ターゲットの候補位置としてターゲットライトが設置されていた。実験参加者の正面中央には，注視点（注視ライト）の上下を囲む形で矢印型のライトが設置され，これらのうち一方が点灯することによって，左右のいずれかの方向へと手がかりを与えた。この研究でも，矢印によって注意が誘導されると，直後に呈示されるターゲットの感覚モダリティが視覚か触覚かを事前に知らさ

れていなくても，空間手がかり効果が得られることが分かった。さらに，視覚と聴覚を用いた Spence & Driver（1996）に倣って，ターゲットとなる感覚モダリティ，および手がかりとターゲットの位置の一致／不一致に関する確率を操作する実験が行われた。すなわち，ターゲットの出現確率について視覚と触覚の間で大きく差を付け，かつ，出現確率の高い感覚モダリティについては，一致試行の頻度が不一致試行の頻度よりも高く，出現確率の低い感覚モダリティについては，その逆の頻度となるような操作を行なった。その結果，出現確率の高い感覚モダリティの刺激の呈示位置に基づく空間手がかり効果が，両方の感覚モダリティのターゲットに対して観察された。なお，この Spence et al.（2000）においても，視覚刺激に対する期待に基づいて誘導された注意が触覚ターゲットの処理に与える影響と，触覚刺激に対する期待に基づいて誘導された注意が視覚ターゲットの処理に与える影響との間で，目立った非対称性は観察されなかった。

　これらのことから，少なくとも視覚と聴覚，視覚と触覚の間では，ターゲットの出現確率によって操作された内発的注意が，特定の感覚モダリティに対して向けられていた場合でも，それが別の感覚モダリティへも汎化するものと考えられる。しかし，たとえば出現頻度の高い感覚モダリティAに対して注意を向けていた場合，これによってターゲットの処理が影響を受ける度合いは，ターゲット刺激が同じ感覚モダリティAによって与えられた場合と，別の感覚モダリティBによって与えられた場合とで，差がないのだろうか。検討の結果，空間手がかりによる内発的注意の誘導効果は，ターゲット刺激が出現頻度の高い感覚モダリティによって呈示された場合により強く，出現頻度の低い感覚モダリティによって呈示された場合には，有意な効果ではあるものの，やや減弱した形で観察されることが分かった。なお，この傾向は，視覚と聴覚を対象とした Spence & Driver（1996）と，視覚と触覚を対象とした Spence, Pavani et al.（2000）の間で共通していた。特定の感覚モダリティに対して向けられた内発的な空間的注意は，まずは本来注意を向けていた感覚モダリティの刺激に対して優先的に効果を発揮し，さらに，やや強度を落としながらも，同じ空間的位置に呈示された別の感覚モダリティの刺激に対しても，波及的な効果を及ぼすものと考えられる。

　なお，視覚的注意の研究においては，空間的注意は必ずしも１カ所だけに向けられるものではなく，場合によっては複数の位置へと分割できることが示されている（Kramer & Hahn, 1995）。多感覚的な注意のコントロールにおいても，たとえば感覚モダリティごとに異なる空間的位置に注意を向けるというように，注意の分割を行うことが可能なのだろうか。上述の Spence & Driver（1996）の別の実験では，ターゲットの出現確率を視覚と聴覚の間で一定とし，かつ左右のうち片側には視覚ターゲットが呈示されやすく，もう一方には聴覚ターゲットが呈示されやすいように操作が行われた。その結果，それぞれの感覚モダリティごとに，ターゲットの出現確率がより高い側において，より効率的な反応が行われることが分かった。空間的注意を視覚と聴覚の間で分割し，左右別々の方向へと向けることができると考えられる。

3.5　感覚モダリティ間における空間表象の対応付け ……………………

　上述の感覚モダリティをまたぐ空間手がかり効果に関する研究成果は，いずれも，実験参加者の頭や視線，身体部位などを固定し，実験参加者の正面中央に向かってまっすぐ前を向く姿勢を取って行われた実験の結果である。しかし，我々が日常生活を送るうえで，このように全ての身体部位を正面に向けた状態で長時間を過ごすことはほとんどない。日常生活において，多感覚的な空間的注意がどのようにコントロールされているかを検討するにあたっては，たとえば，我々の身体や視線の動きを考慮に入れる必要があるだろう。その際に問題となるのは，外空間における特定の位置に対応する表象の形が，感覚モダリティによって大きく異なっていることである。たとえば，運動する１つの物体から生じる視覚および聴覚の信号を同時に捉えようとする場合，もし観察者が頭を動かさずに視線のみを動かして追従すると，左右の耳に到達する聴覚信号の時間差やレベル差などに基づいて表現される音源位置は変化するにもかかわらず，その物体に対応する網膜上の位置は，ほぼ一定のままである。つまり，物体の空間的位置の表象に関して，ある時点では感覚モダリティ間で対応関係が取れていたとしても，その対応関係は，我々が身体や視線を動かすことによって簡単に崩れてしまう。このような変化が目まぐるしく起こる状況下で，多感

覚的な空間的注意のコントロールは，どのように行われているのだろうか。

　Driver & Spence（1998）は，視聴覚的な外発的注意のコントロールにおける，視線移動の影響について，図3-3bのようなセットアップを用いて検討した。スピーカーの位置は，図3-3aと同じく，実験参加者の正面中央に対して左右2カ所ずつの横並びであったが（左から順に左外側，左内側，右内側，右外側），この実験では，実験参加者は頭部を正面中央に向けつつも，視線をやや左右へと偏った位置へと固定し，たとえば左外側と左内側の中間点を注視することを求められた。また，上下2カ所のライトからなる視覚刺激の候補位置は，注視点の位置を中心として，左右対称に2カ所ずつ設けられた。この操作は，視覚の網膜座標系と，聴覚の頭部中心座標系との間に乖離を生じさせることを目的としていた。たとえば，左内側のスピーカーは，聴覚の音源定位システムにとっては中央より左側に存在するが，網膜座標系に基づく視覚の定位システムにとっては中央よりも右側に存在することになる。しかし，聴覚手がかりによる空間的注意の誘導が，視覚ターゲットに対する上下弁別課題のパフォーマンスに与えた影響は，図3-3aのように視線を正面に固定した場合と大きく変わらないものであった。すなわち，視覚のターゲット刺激に対する反応は，直前の聴覚手がかり刺激を呈示したスピーカーの位置，およびその位置を含む左右の半視野において，それ以外の場所よりも速く正確であった。たとえば，左内側のスピーカーと同じ位置に呈示された視覚ターゲットは，網膜座標系においては右視野の刺激として表現されるにもかかわらず，左側2カ所のスピーカーから呈示される聴覚手がかりによって，より効率的な反応をもたらすことが確認されており，これは外空間における空間的位置の一致に基づく注意誘導の結果と考えられる。視覚と聴覚の間では，感覚モダリティに固有の座標系に捉われることなく，外空間における物体の位置を中心としたフレキシブルな空間表象が注意のコントロールを支えていると考えられる。

　Driver & Spence（1998）の別の実験では，図3-2cのように実験参加者の腕を交差させ，左手で触れるキューブが右視野に，右手で触れるキューブが左視野に入るように配置した。実験の結果，視覚ターゲットの上下弁別課題における触覚手がかりの効果を規定していたのは，触覚手がかりが与えられる手の外空間における左右位置であり，解剖学的な意味での左右位置ではなかった。た

とえば，触覚手がかりが左手に与えられた場合，腕の交差によって，その腕は右視野に置かれることになる。この時，左手に与えられた触覚手がかりは，左視野ではなく，右視野に呈示された視覚刺激に対する反応を促進した。なお，左右いずれかの手に与えられた触覚情報や，左右いずれかの視野に呈示された視覚情報は，それぞれ脳においては反対側の半球において処理されるため，手の解剖学的な左右位置と，視野における左右位置が一致していることも，処理の促進という観点からは重要ではないかと考えられた。しかし，少なくともSpence & Driver（1998）において観察された空間的注意の誘導に関しては，末梢の効果器の空間的配置よりも，外空間における空間的位置を基準としたフレキシブルな空間表象が優勢になったと考えられる。

　これらの知見は，視線の動きや手の位置の変化といった末梢の効果器の状態変化に対する，空間的注意の頑健性を示している。おそらく，注意を向けた物体の空間的位置の表象に関して，私たち自身の運動によって感覚モダリティ間での対応が崩れた場合には，何らかの方法を利用してそのずれを補正し，対応関係をアップデートし続ける仕組みが存在すると考えられる。自分自身の身体運動情報をモニタする自己受容感覚システムからの伝達をはじめとした，身体部位の位置に関する様々な情報を手がかりとして用いることで，異種感覚モダリティ間における空間表象の対応付け，およびその再構築が可能になるのではないかと考えられている。

　なお，多感覚的な空間手がかり効果に関して，これまでに議論してきた知見は主に手がかり刺激の直後（e.g., 手がかりのオンセットから50 ms後）に呈示されたターゲット刺激に対して与える影響を検討したものである。上述の通り，このようなタイムコースで呈示されたターゲット刺激の処理は，手がかり刺激と一致した空間的位置において促進される。これに対して視覚的注意の文脈においては，外発的注意を誘導する空間手がかりのオンセットから300 msほど経過した後に呈示されたターゲットに対しては，手がかり刺激と一致した位置において，逆に反応潜時が遅延することが知られている（Posner, Rafal, Choate, & Vaughan, 1985）。この現象は復帰の抑制と呼ばれ，いったん空間的注意を向けた場所に対して再び注意を向けることを防ぎ，効率的な空間探索を促す効果を持つと考えられている。また，感覚モダリティをまたぐ空間的注意の誘導にお

いても復帰の抑制が生じる場合がある（Reuter-Lorenz, Jha, & Rosenquist, 1996; Spence & Driver, 1998a, 1998b; Tassinari & Campara, 1996）。触覚手がかりが視覚ターゲットの弁別に与える影響を検討した研究では，基本的に，触覚刺激を受ける手の解剖学的な左右位置と，視覚刺激が呈示された視野の左右位置の一致に基づいて空間手がかり効果が生じており，このことは腕を交差した場合でも変わらなかったことが報告されている。また，Groh & Sparks（1996）の実験では，実験参加者の両手を本人から見えないように隠した状態で，いずれかの手に触覚刺激を与え，その空間的位置を目指して眼球運動を行うことを求めた。左右の手をまっすぐに配置する条件と，交差させて配置する条件を比較したところ，いずれの条件でも最終的に眼球運動が到達した地点は，実際に触覚刺激が与えられた手の位置と一致していたが，眼球運動開始時の運動方向は，腕の交差の有無によって異なっており，解剖学的な手の左右位置によるバイアスを受けていたことが報告されている。これらの知見によると，視触覚間で空間的注意を連携させるにあたって，手の解剖学的な位置に基づく空間表象が優勢となる場合もあると考えられる。空間的注意の誘導は様々な段階によって構成される複雑なメカニズムに支えられており，異種感覚モダリティ間における空間対応関係のアップデートが生じるのは，そのうちの一部なのかもしれない。

3.6　多感覚的な空間的注意の神経科学的メカニズム ……………………

　上述の一連の心理学的研究によって，空間的注意の多感覚的な性質が明らかになってきた。本節では，それらが脳内でどのように表現，処理されているのかを紹介する。なお，3.2で述べたように，空間的注意は聴覚や触覚においても頑健に作用することが分かっているが，それらに比べて圧倒的に研究が進んでいるのは視覚的注意のメカニズムについてである。そのため，多感覚的な空間的注意の神経科学的メカニズムを議論する前提として，まずは視覚的注意に関する知見を概説する。

　空間的注意の移動は，複数の皮質間ネットワークによって制御されていると考えられている。まず，手がかりによって特定の空間的位置が示唆されると，そこへ注意を向け，注意状態を保持する働きが必要になる。このような注意の

コントロールを担うのは，背側前頭－頭頂（dorsal Front Parietal; dFP）ネットワークと呼ばれる一連の脳領域間の協調的活動である（Corbetta, Kincade, & Shulman, 2002）。dFP ネットワークに含まれるのは，主に，頭頂間溝や上頭頂皮質，後頭頂葉，背側前頭皮質，前頭眼野などの領野とされる。続いて，ターゲットが呈示されると，その位置が手がかりの示す方向と同じであった場合（一致試行）と異なっていた場合（不一致試行）との間で，別種の神経科学的処理が行われる。一致試行では，レチノトピーに基づく空間表象を持つ初期視覚野，および背側の高次視覚野において，ターゲット位置に相当する網膜上の部位を担当する脳領域の活動が増強することが分かっており（Martínez et al., 2001; Saygin & Sereno, 2008），これは空間的注意による視覚処理の促進を表現していると考えられる。これに対して，不一致試行では，それまでに注意を向けていたのとは異なる位置（手がかりの反対側）へと注意を再定位することが必要となり，このような注意のコントロールを担うのは，腹側前頭－頭頂（ventral Front Parietal; vFP）ネットワークと呼ばれる一連の脳領域である（Corbetta et al., 2002）。vFP ネットワークに含まれるのは，側頭頭頂接合部や上側頭溝を中心とした下頭頂皮質，および下運動前野や下前頭回，弁蓋部を含む腹側前頭皮質とされる。

　多感覚的な空間的注意の神経科学的メカニズムを探るにあたって，Macaluso らの一連の研究では，まず，脳活動計測に適した実験パラダイムの開発が比較的容易と考えられた内発的注意を対象とした（Macaluso, Frith, & Driver, 2000a, 2002a, 2003）。まず，陽電子放出断層撮影（Positron Emission Tomography; PET）法を用いた Macaluso et al.（2000b）では，左または右に現れる視覚刺激および触覚刺激に対して内発的注意を向ける課題において，各感覚モダリティに固有な注意の成分と，感覚モダリティに依存しない注意の成分を切り分けることを目指した。その結果，感覚モダリティに固有な注意の働きを反映する領域として，主に視覚では左上後頭回，触覚では左中心後回の活動が観察された。一方で，感覚モダリティを問わず，実験参加者が左右いずれかへと空間的注意を向けた際には，反対側の頭頂間溝および後頭側頭接合部における活動が観察された。同じく PET を用いた Macaluso et al.（2002a）でも，感覚モダリティを問わず，左右方向への注意に伴う前頭および頭頂領域の活動が観察され，これらの領域では多感覚的な内発的注意のコントロールが行われていると考えら

れた。さらに，聴覚手がかりを用いた工夫によって，手がかり刺激が誘発する
脳活動とターゲット刺激が誘発する脳活動を分離することを試みた研究では，
この dFP ネットワークにおける協調的活動が，純粋に手がかりの呈示に伴う内
発的注意の方向付け，および保持を反映していることが明らかになった（Macaluso et al., 2003）。また，dFP ネットワークは聴覚的な空間的注意にも関与する
ことが報告されている（Wu, Weissman, Roberts, & Woldorff, 2007）。なお，特に
頭頂間溝に代表される頭頂の脳領域は，従来的にも多感覚的な信号を処理する
領域として知られていることから，これらの領域で表現される多感覚的な空間
情報に基づいて，クロスモーダルな注意のコントロールが行われているのでは
ないかと考えられている（Macaluso, 2012）。

　多感覚的な注意の効果は，これらの高次領野のみならず，比較的低次の感覚
野にも及ぶことが分かっている。たとえば，視覚野の活動が聴覚刺激への注意
によって抑制されることや，逆に，聴覚野の活動が視覚刺激への注意によって
抑制されることがある（Laurienti et al., 2002）。一方で，別の感覚モダリティの
刺激に対して，たとえば左右のような特定の空間的位置に注意を向ける場合に
は，注意を向けた空間的位置に対応する活動の変化が見られることも分かって
いる。たとえば，触覚ターゲットの弁別のため，右手へと注意を向けた条件で
は，反対の左手へと注意を向ける条件に比べて，左半球の視覚野における活動
が増加していた（Macaluso et al., 2000b, 2002a, 2003）。なお，このような視覚野
における空間的注意の効果は，注意を向ける感覚モダリティによらず観察され
たものの，視覚的注意に比べると，触覚的注意がもたらす影響はやはり減弱し
ていた。このことから，視覚野には多感覚的な注意の働きが反映されている一
方で，視覚に特異的な活動もある程度は維持されていると考えられる。なお，
事象関連電位（event-related potentials；ERPs）や脳磁図（magneto-encephalography；MEG）を用いた研究では，視覚的注意の効果が初期体性感覚野および
二次体性感覚野にも反映されることが示された（Eimer, Velzen, & Driver, 2002;
Hötting, Rösler, & Röder, 2003; Kida et al., 2007）。さらに，視覚と聴覚，視覚と触
覚の間でも，一方の感覚モダリティの刺激に対して空間的注意を向けることに
よって，もう一方の感覚モダリティの初期感覚野における ERP が変化するこ
とが報告されている（Hötting et al., 2003; Teder-Sälejärvi, Münte, Sperlich, & Hill-

yard, 1999)。

　さらに，Macaluso et al.（2002b）の fMRI 実験では，空間手がかりの有効性によって異なる活動を見せる，多感覚的な注意のネットワークを明らかにした。彼らの実験では，聴覚手がかりによって内発的な空間的注意の操作を行い，左または右へと注意を誘導した後に，視覚あるいは触覚のターゲットを呈示した。ターゲット刺激の感覚モダリティは試行ごとにランダムであり，予測することはできなかったため，実験参加者らがどちらかの感覚モダリティに対して選択的に注意を向けることは不可能であった。彼らが一致試行（注意を向けた方向とターゲットの呈示位置が同じ側）と不一致試行（注意を向けた方向とターゲットの呈示位置が反対側）における脳活動を比較したところ，ターゲット刺激の感覚モダリティを問わず，不一致試行においては一致試行に比べて，側頭頭頂接合部および下前頭回における活動が強く観察された。これらの脳領域は，視覚的注意の研究において特に注意の切り替えに関与すると考えられている，vFP ネットワークに相当すると考えられる。なお，dFP ネットワークの活動も，同様にターゲット刺激の感覚モダリティを問わず観察されたが，この領域における脳活動には手がかりの有効性との関連が見られなかった。dFP ネットワークは，上述の通り，視覚的注意の研究においては主に不一致試行における注意の切り替えを反映していると考えられている他[3]，聴覚的注意の切り替えに関与しているという報告もある（Mayer, Harrington, Adair, & Lee, 2006）。さらに，視覚，聴覚，触覚を用いた変化検出課題において，感覚モダリティを問わず，刺激側の要因によって誘導される注意状態の変化を反映するとされた領域の一部にも一致している（Downar, Crawley, Mikulis, & Davis, 2000）。手がかりの呈示に伴う初期の注意の移動と，手がかりとは異なる場所への注意の切り替えに伴う神経活動は，それぞれ異なる多感覚的な注意のネットワークによって制御されていると考えられる。

　空間手がかり課題を用いて，外発的注意を対象とした脳機能計測研究を行う

3）厳密には，一致試行と不一致試行の相違点は，あらかじめ注意を向けられた位置とは反対側にターゲット刺激が出現することだけではなく（Corbetta et al., 2002; Nobre et al., 1999），vFP ネットワークにおいては，課題に対する実験参加者の構えと，呈示された刺激に関する情報の両方が処理されていると考えられている（Corbetta et al., 2008）。

際には，内発的注意を対象とした研究と比べて，より慎重に実験パラダイムを構築する必要がある。脳機能計測研究においては，一般に，複数の条件間での脳活動の差分を取ることによって，条件間の違いを定義する物理的，あるいは心理的な事象に対応する脳活動を炙り出すという手法が用いられる。内発的注意は実験参加者自身の構えによって操作されるものであるため，たとえば異なる空間的位置（e.g., 左または右）に対して注意を向ける2条件を比較する場合，これらの条件間の違いを，純粋に実験参加者が向けた注意の方向だけに留めることが可能になる。つまり，呈示された刺激に関する物理的情報は完全に等しいが，手がかりによって確率的に操作される内発的注意の方向だけが異なるという2条件を比較できるので，条件間の脳活動の違いを，刺激の物理的な違いではなく，注意状態の違いに紐付けることができる。これに対して，外発的注意は多くの場合，手がかり刺激の空間的付置によって操作されるものであるため，異なる空間的位置に対して注意を向ける2条件を比較しようとすると，どうしても実験参加者の構えという内的状態と手がかりの物理的位置という刺激の状態が混同されてしまう。この問題を解決する一つの方法として，手がかり刺激を，ターゲット刺激とは異なる感覚モダリティによって呈示することが考えられる。たとえば，ターゲットとなる感覚モダリティの刺激に加えて，同側に呈示される課題非関連な異種感覚モダリティの刺激の有無を操作し，ターゲット刺激の左右位置と，この課題非関連な刺激（手がかり刺激）の有無の交互作用を見ることによって，手がかり刺激の影響を抽出できると考えられる（Macaluso et al., 2000a; Zimmer & Macaluso, 2007）。一例として Macaluso et al. (2000a) の fMRI 実験では，ターゲットとなる視覚刺激の呈示位置と，右側に呈示される課題非関連な触覚刺激の有無を操作し，これらの交互作用が左半球の視覚野にどのように反映されるかを検討した。図3-4 では，視覚刺激の左右を VL（左）または VR（右），触覚刺激の有無を TR（有）または noT（無）として示している。ターゲットと同側に異種感覚モダリティの刺激が呈示されることの影響を明らかにしたい場合，単純に考えると VLTR 試行（図3-4左上）と VRTR 試行（図3-4右上）とを比較すれば良いように思われる。しかし，これらの条件間の違いは，視覚および触覚刺激の呈示位置が同側か反対側かという点のみならず，視覚刺激の空間的付置という物理的情報を含んでいるため，条件間の

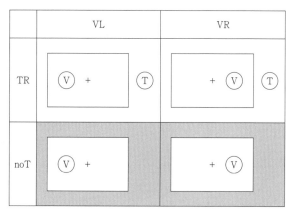

図 3-4 Macaluso et al.（2000a）の刺激操作

脳活動の違いがどちらに起因するものかを切り分けることは難しい。そこで彼らは，VLTR 試行と VLnoT 試行（図 3-4 左下）の差分，および VRTR 試行と VRnoT 試行（図 3-4 右下）の差分を計算し，これらのペア間で比較を行った。VRnoT 試行および VLnoT 試行における脳活動を減算することによって，視覚刺激の空間的付置の影響がキャンセルされるため，これらのペアの間の違いは，純粋に視覚および触覚刺激の呈示位置が同側か反対側かという点に絞られている。つまり，ターゲットである視覚刺激の弁別課題において，同側に呈示された課題非関連な触覚刺激が引き起こす脳活動の変化を観察することが可能になる。このような比較の結果，左視覚野では，右視覚野に呈示された視覚刺激の弁別に際して，触覚刺激が同側に呈示されると，反対側に呈示された場合に比べてより強い活動が観察された。また，彼らは Effective Connectivity 解析によって，触覚刺激による視覚野の活動促進は，頭頂の多感覚領野からのフィードバックに基づくものであることを明らかにしている。なお，外発的注意を扱う視覚の典型的な空間手がかりパラダイムにおいては，手がかり刺激とターゲット刺激のオンセットの間には，わずかな時間差が設けられることが多い。ここで紹介した実験パラダイムでは，ターゲット刺激と，課題非関連な異種感覚モダリティの刺激が同時に呈示されていることを含め，典型的な空間手がかりパラダイムとは異なる点も多い。そのため，ここで議論されている効果は，あく

まで物理的な課題非関連刺激の存在によって引き起こされる注意の移動と定義
するほうが適切かもしれない。いずれにしても，観察者側の自発的な注意の移
動とは異なる形で観察される，多感覚的な処理の神経表象であることは間違い
ないだろう。

　なお，このことは，特定の位置に呈示された刺激が，その刺激とは異なる感
覚モダリティの情報を主に担当する感覚野においても，何らかの形で表現され
ている可能性を意味する。視覚と触覚における空間情報が，少なくとも神経処
理の初期の段階では，全く異なる形で表現されていることを考えると，これは
非常に興味深い現象である。視触覚刺激が同側に呈示されることによる脳活動
の促進は，両感覚モダリティの刺激に対する初期の感覚処理が脳の同半球で行
われることに起因するのだろうか。それとも，両感覚モダリティの刺激が外空
間において一致した空間的位置に存在していることに起因するのだろうか。こ
の疑問を明らかにするため，Macaluso et al.（2002b）のfMRI実験では，実験
参加者の正面中央に配置した右手に触覚刺激を与え，左右いずれかに設置され
た注視点のどちらを注視するかによって，視野内における視覚刺激の呈示位置
が変化するような実験パラダイムを用いた。実験参加者が左側の注視点を見つ
める場合には，触覚刺激は右視野に呈示された視覚刺激と一致した空間的位置
に配置され，右側の注視点を見つめる場合には，触覚刺激は左視野に呈示され
た視覚刺激と一致した空間的位置に配置された。これらの条件の間では，触覚
刺激と同じ左右半球において処理される視覚刺激の位置が異なっており，前者
の場合は右側，すなわち触覚刺激と同じ位置の視覚刺激が，触覚刺激と同じ左
半球で処理されるのに対して，後者の場合は左側，すなわち触覚刺激とは反対
側に呈示される視覚刺激が，触覚刺激と同じ左半球で処理されることになる。
実験の結果，これらの触覚刺激は，手が右視野に存在する時には左視野に対し
て，手が左視野に存在する時には右視野に対して，促進効果をもたらした。つ
まり，視触覚刺激が脳の左右半球のうち同じ側で処理されるかどうかにかかわ
らず，視触覚刺激が外空間において一致した空間的位置に呈示される場合に，
触覚刺激による視覚野の活動促進が生じたと考えられる。3.5では，実験参加
者の姿勢の変化や外空間における刺激の移動によって，感覚モダリティ間で空
間表象のずれが生じることを述べた。このような変化に対応して，感覚モダリ

ティ間の空間表象の対応付けの再構築が素早く行われることが行動実験におい
て報告されていたが，この fMRI 実験ではその神経基盤が確認されたと言える。

　Kida et al. (2007) によって行われた MEG 実験では，下頭頂葉と側頭葉の
境目に位置するシルビウス溝における活動が，注意を向ける対象が視覚刺激で
あるか触覚刺激であるかによらず，外発的注意の誘導によって促進され，かつ，
この活動は二次的体性感覚野における注意の影響を反映していることが明らか
になった。一方で，下頭頂葉における外発的注意のコントロールは，単に感覚
モダリティに依存しない普遍的なものではなく，やや複雑な特性を持つとする
主張も存在する。Chambers, Payne, & Mattingley (2007) の TMS 実験では，
まず，左右いずれかの空間的位置に，視覚あるいは触覚の手がかりが呈示され，
その直後に現れる視覚あるいは触覚のターゲット刺激について，上下の位置判
断を求める課題を行った。さらに，手がかり刺激のオンセットと同時に右縁上
回および角回に対して TMS を与えることで，これらの脳領域の活動を抑制し
た。実験の結果，TMS が触覚手がかりに同期して与えられた場合は，ターゲ
ット刺激の感覚モダリティを問わず，ターゲットに対する反応時間によって定
義された空間手がかり効果が大きく減弱した。一方で，TMS が視覚手がかり
に同期して与えられた場合には，このような影響は見られなかった。触覚手が
かりによって誘導された注意が，触覚ターゲットに対して与える感覚モダリテ
ィ内の効果と，視覚ターゲットに対して与える感覚モダリティ間の効果の，両
方に対して上述の TMS の影響が見られたことは非常に興味深い。この実験で
TMS の刺激対象となった右縁上回および角回において，少なくとも触覚手が
かりの処理に関連しては，感覚モダリティ内の注意誘導と感覚モダリティをま
たぐ注意誘導の，両方の制御が行われている可能性がある。しかし，この介入
操作が視覚手がかりの処理に影響を及ぼさなかったという結果は，少なくとも
この実験において，TMS を与えたのとは異なる脳領域が，視覚手がかりに基
づく外発的な空間的注意の誘導を支えていたことを意味する[4]。

　4）なお，内発的注意について検討した Chambers, Stokes, & Mattingley (2004) の TMS 実
　　験では，右縁上回への TMS 刺激によって，視覚ターゲットに対する注意の効果が失われた
　　のに対して，触覚ターゲットに対する注意の効果には影響がなかったことが報告されている。

3.7　注意のスポットライト

　視覚的注意の研究においては，しばしば空間的注意はスポットライトに例えられることがある。注意を向けることによって視覚処理の促進が生じる空間的位置の範囲は，まるでスポットライトの照射領域のように一定の範囲に及んでおり，また，その範囲はスポットライトを動かすかのように空間内を移動させることができるという考え方である。Eriksen & Eriksen（1974）が行った視覚実験では，画面中央に呈示されたターゲットが何のアルファベットであったかを，左または右のキーによって反応させた（たとえば，SまたはCの場合は左キー，HまたはKの場合は右キー）。実験の結果，ターゲットの横に並んだ妨害刺激（フランカ）がターゲットと同じ，あるいはターゲットへの反応と同一のキーで反応すべき文字であった場合には反応が速くなる一方で，ターゲットと異なるキーで反応すべき文字がフランカであった場合には反応が遅くなる傾向が観察された。このようなフランカによる促進および妨害のことを指して，フランカ一致効果と呼ぶ。なお，Eriksen & Eriksen（1974）で観察されたフランカ一致効果の大きさは，フランカとターゲットの間の空間的距離によって変化し，最も距離が近い条件（視角 0.6 度）では明瞭な効果が見られたのに対して，距離が離れている条件（視角 1.0 度）では比較的軽微な効果となっていた。このことから，彼らは，ターゲットを中心として広がる注意のスポットライトの内側に，課題非関連な情報（フランカ）が含まれてしまった場合において，フランカへの反応を抑制しきれずに生じるのがフランカ一致効果であると考えた。また，彼らの実験の結果から，注意のスポットライトの大きさは直径にして視覚 1 度ほどであると推定された。

　本章では，視覚のみならず，聴覚や触覚，およびクロスモーダルな処理においても空間的注意による選択が行われることを示す一連の研究を紹介してきた。視覚以外の感覚モダリティやクロスモーダルな空間的注意にも，注意のスポットライトというメタファーは適用できるのだろうか。聴覚について検討を行なったのは Rhodes（1987）である。この実験では，実験参加者の正面左側から右側にかけて半円を描くように等間隔に配置された 9 カ所のスピーカーに，数字

を用いた言語的なラベル（端から順に1, 2, 3……9）を付け，そのいずれかから聴覚刺激が呈示されたらすぐに，その音源と思われたスピーカーを口頭で回答するという課題を行った。その結果，ある試行において刺激を呈示したスピーカーが，直前の試行で刺激を呈示したスピーカーから比較的近い空間的位置にある場合は素早く反応が行えるのに対して，直前の試行から離れた空間的位置にあるスピーカーが音源であった場合は回答に要する時間が長くなることが分かった。このような反応時間の差は，直前の試行において特定の空間的位置へと誘導された注意が，次の位置へと移動するためにかかっているコストであると解釈され，Rhodes（1987）の結果は聴覚的注意のスポットライト的な性質を示すものと考えられた。類似のパラダイムを触覚に適用したのがLakatos & Shepard（1997）である。彼らの実験では，実験参加者の腕や脚に位置する8カ所の候補位置のうち，まず1カ所を口頭で示すのに続いて，別の1カ所を再び口頭で示し，かつ同時に4カ所へと触覚刺激を与えた（図3-5）。課題は，2回目に口頭で示された箇所と，同時に与えられた触覚的な刺激のうちいずれか1カ所が，同じ位置であったか否かを回答させるものであった。実験の結果，最初に口頭で示された位置と2回目に示された位置との距離が大きくなるほどに，反応時間が遅延することが示された。2回目に示された位置へと素早く注意が向けられるほど，課題を素早くこなすことが可能になると考えられる。よって，この結果は，1回目に示された位置にいったん向けた注意が，2回目に示された位置へと移動するまでの時間が，これらの位置が空間的に近い時には短く，遠い時には長くなることを示唆すると考えられる。なお，本章では繰り返し触れる議題になるが，身体上の複数の位置の間の距離を考慮する上では，身体の構造とは関係のない外空間における距離と，身体の構造を反映する解剖学的な距離とを切り分けて議論することが不可欠である。Lakatos & Shepard（1997）では，実験参加者が両腕の肘から先を互いに近付けた姿勢を取る条件と，左右に広く離した姿勢を取る条件とを比較している。その結果，たとえば，1回目と2回目にそれぞれ示された箇所が，左右の腕に分かれている場合は，腕を近付けるか遠ざけるかによって反応時間が変化するというように，主に外空間における空間的距離が，彼らの課題における反応時間を規定したことが報告されている。

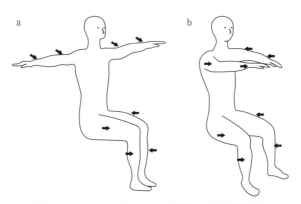

図3-5　Lakatos & Shepard（1997）の触覚刺激位置

　これらの研究結果は，視覚的注意のみならず，聴覚や触覚といった他の感覚モダリティにおける注意の働きにも，注意のスポットライトというメタファーが適用可能である可能性，およびスポットライトの移動にはコストがかかることを示唆している。これらの点は，複数の感覚モダリティに共通する注意の特性と考えることができるかもしれない。しかし，Eriksen & Eriksen（1974）ではフランカとターゲットの空間的距離を操作することで注意のスポットライトの大きさを定量的に推測しようと試みたのに対して，このような絶対的な指標を感覚モダリティ間の比較に用いることは容易ではない。上述の Rhodes（1987）や Lakatos & Shepard（1997）などの実験で用いられたセットアップにおいては，刺激の呈示位置となる複数の箇所の間の空間的距離をはじめとした様々なパラメータとして，視覚的注意の研究で用いられる一般的なパラメータとは大きく異なる値を用いたためである。たとえば，Rhodes（1987）で用いられた9台のスピーカーは，実験参加者の正面中央を0度として，−90度から+90度までにわたる半径50 cm の半円上に配置され，隣接するスピーカー間の距離はいずれも 22.5 度であった。Lakatos & Shepard（1997）の実験では図3-5の通り，左右の上腕，前腕，太腿，下腿が刺激の候補箇所となっていた。そのため，これらの間の厳密な空間的距離は実験参加者の体格によって異なっていたと考えられるが，少なくとも，刺激の呈示位置を視覚1°以下の単位で操作していた

Eriksen & Eriksen（1974）の視覚研究とは，全くスケールが異なっている。また，視覚的注意の研究では，基本的に最も空間解像度の高い中心窩およびその周辺に刺激を呈示することが多いのに対して，上述の聴覚や触覚の研究では，非常に広い空間的範囲に刺激が分布している。少なくともこれらの研究を元にして，注意のスポットライトの絶対的な大きさに関して，感覚モダリティ間で比較を行うことは現実的ではないと考えられる。そして，おそらくこのことも一因となって，類似のパラダイムをクロスモダリティへと応用した研究は，少なくとも著者の知る限りでは非常に少ない。そのうちの一つである Tan et al. (2009) では，視覚探索課題において，ターゲット位置の手がかりとなる触覚刺激と，それによって示唆される視覚のターゲット刺激の呈示範囲，および示唆された範囲内におけるターゲット刺激の詳細な呈示位置を操作した。具体的には，実験参加者の背中の4カ所に設置した振動子のうち1つが振動することによって，4つのエリアに区切られた視覚ディスプレイ上の，どのエリアにターゲット刺激が呈示されるかが示唆された。その結果，このような触覚刺激による空間手がかりの妥当性が高い（手がかりによって示唆されたエリアに高確率でターゲットが呈示される）場合には，手がかりが与えられない場合に比べて，より短時間で課題が行われたことが報告されている。さらに，手がかりによって示唆されたエリアの中でも，その中心部に近い位置にターゲット刺激が呈示された場合に比べて，中心部から離れた位置にターゲット刺激が呈示された場合には，より反応時間が遅延することも確認された。前者の結果は，パラダイムはやや異なるものの，3.3 から 3.5 で取り上げたクロスモーダルな空間手がかり効果に近い現象と考えられる。一方で，後者の結果は，触覚によって誘導される空間的注意のスポットライトの存在と，スポットライトの移動に伴うコストが，視覚探索の効率に影響を及ぼすことを示していると考えられる。この研究では，触覚手がかりによって示される空間的範囲と，実際に視覚のターゲットが呈示される空間的範囲が，外空間において完全に一致しているわけではなく，それぞれの感覚モダリティの座標系における相対的位置を，あくまで「示唆する」程度の操作である。また，上述の通り，触覚手がかりの妥当性が高い場合には典型的な空間手がかり効果が得られたものの，妥当性が低い（手がかりによって示唆されたエリアと，実際にターゲットが呈示されるエリアの間に関連性がな

い）場合には，実験参加者らは触覚手がかりを無視することもできたと報告されている。つまり，この研究における空間手がかり効果，およびそれに付随するスポットライト的な注意の振る舞いは，手がかりの妥当性に関する実験参加者の知識や構えによって操作される，内発的注意に近いものであったと考えられる。Eriksen & Eriksen（1974）によって最初に報告された視覚のフランカ一致効果が，基本的には自動的な効果であると考えられていることを踏まえると，ここで観察されたクロスモーダルな注意のスポットライトは，視覚的注意の研究で一般に議論されているものとは，様々な点で異なっている可能性がある。

3.8　視覚以外の感覚モダリティにおける干渉効果 ······························

Eriksen & Eriksen（1974）で明らかになった重要な事実の一つは，本来は注意を向けていなかったはずの情報による干渉，すなわち，ターゲットと隣接したフランカがターゲットの処理に与える促進および阻害の効果である。3.7において紹介した Rhodes（1987）や Lakatos & Shepard（1997）では，視覚以外の感覚モダリティにおいても注意のスポットライトを特定の空間的位置へと誘導できること，また，スポットライトの移動にはコストを要することなどが示唆されたが，スポットライトの中に含まれてしまった課題非関連な情報がどのように処理されるかという観点からの議論は行われていなかった。

聴覚を対象として，課題非関連なフランカがターゲットの処理に及ぼす影響について検討したのが Chan, Merrifield, & Spence（2005）である。彼らの実験では，たとえば "Bat" などの単語を数名の話者が発音した音声を刺激として用いた。実験参加者の正面中央に配置されたスピーカーからターゲット音声を呈示し，その左右へと視角 30 度離れた 2 つのスピーカーから，同時にディストラクタ音声を呈示した。ターゲットの音声を弁別させる課題を行ったところ，ターゲットとディストラクタが同じ単語となる一致条件においては反応が促進され[5]，異なる単語となる不一致条件では反応が阻害されるという，典型的な

5）一致試行では，同時に呈示される 3 カ所の音声刺激はいずれも同じ単語であったが，それぞれ異なる人物の発音による音声であった。

フランカ一致効果が観察された。一方で，ディストラクタを呈示するスピーカーを，中央から左右に視角90度離れた位置へと移動させ，ターゲットとディストラクタの間の空間的距離を拡大した条件でも同様の課題を行ったところ，元々の条件（中央から視覚30度離れたスピーカーによってディストラクタが呈示される）と比べて，フランカ一致効果の大きさは有意に変化しなかった。このことは，ターゲットとディストラクタの間の空間的距離によってフランカ一致効果の大きさが規定されるとしたEriksen & Eriksen（1974）の視覚実験の結果とは異なっている。

　なお，空間的注意の特性について複数の感覚モダリティを比較するにあたって，感覚モダリティによる空間分解能の違いに留意しなくてはならないことは上述の通りであるが，この他にも注意すべき点が存在する。たとえば各感覚モダリティにおける処理経路のうち，どのようなレベルの処理においてターゲットとディストラクタの干渉が生じるかという点は，実は深遠な問題である。視覚系においては，初期の段階でレチノトピーに沿った空間表象が確立されるため，ターゲットとディストラクタが少なくとも空間的に重複，あるいは非常に近接して呈示されているのでなければ，網膜上での干渉は基本的に生じないと考えることができる。一方で，聴覚系において最初の処理を担う蝸牛の基底膜では基本的に周波数分析のみが行われており，たとえば複数のスピーカーを用いて独立な空間的位置から聴覚刺激を呈示したとしても，これらの信号が周波数次元において完全に分離されているのでなければ，入力時に基底膜の上で干渉が生じ，それぞれの音声信号の処理が影響し合うことになってしまう。このような初期段階のマスキングが生じる可能性を否定できない場合，たとえばターゲットとディストラクタが異なる音声によって呈示される不一致試行においては，ディストラクタによってターゲットの処理が阻害されることは当然であり，それが注意の空間的なスポットライトの影響であると主張することは非常に困難になる。そこでChan et al.（2005）では，このような批判を軽減するため実験パラダイムに改良を加えた。用意された4種類のターゲット音声を2群に分け，そのうち2つずつの音声を，別々のキーによって反応させることとした（"Bat"と"Red"なら反応キー1，"Rod"と"Bed"なら反応キー2）。たとえば"Bat"がターゲット刺激となる試行においては，ディストラクタが"Red"

ならば一致試行（もし "Red" がターゲットであったならば，"Bat" と同じキーによって反応を行う），ディストラクタが "Rod" ならば不一致試行（もし "Rod" がターゲットであったならば，"Bat" と同じキーによって反応を行う）となる。これにより，この実験においては，一致試行においても不一致試行においても，ターゲットとディストラクタは異なる単語として呈示されることとなった。よって，反応の一致／不一致とは関係なく，常にディストラクタ刺激による初期段階の干渉が，一定程度は生じていることになる。このような操作を行った場合でも，頑健なフランカ一致効果が観察された。そのため，この実験で観察されたフランカ一致効果は，蝸牛基底膜におけるマスキングのみを原因として生じるものとは考えにくく，少なくとも，より高次の注意段階の処理が，一定程度は関与していると結論づけられた。

　触覚においても検討が行われている。Evans & Craig (1991) はオプタコンと呼ばれる触覚ディスプレイを用いて，振動するドットのパターンからなる刺激を実験参加者の指先に与え，その運動方向の弁別を求める課題を行った。ターゲット刺激が1つの指に与えられるのに加えて，その隣の指にもディストラクタとして運動刺激を与えた。この時，これらの2本の指に与えた触覚刺激の運動方向が一致した条件においては反応が促進され，運動方向が異なる条件においては反応が阻害されるという，フランカ一致効果が観察された。なお，ターゲット刺激とディストラクタ刺激を与える2本の指が，隣接する指ではなかった場合や，右手と左手に分かれていた場合においても，同様の効果が見られることが報告されている (Evans et al., 1992)。このことも，Eriksen & Eriksen (1974) とは異なっており，触覚のフランカ一致効果における空間的，および解剖学的な距離の影響については否定的な結果である。一方で，触覚のフランカ一致効果については，空間的，および解剖学的な距離の影響を受けるという結果も報告されている (Driver & Grossenbacher, 1996; Soto-Faraco et al., 2004)。Driver & Grossenbacher (1996) では，実験参加者の両手に振動子を装着し，左右のうち片方の手に与えられるディストラクタ刺激を無視しながら，もう一方の手に与えられるターゲット刺激の振動のパルスの数を答えさせる課題を行った。その結果，ターゲット刺激とディストラクタ刺激のパルス数が一致した条件と，不一致の条件を比較することによって，明瞭なフランカ一致効果が観

察された。さらに，左右の手の間の空間的距離を操作したところ，空間的距離が拡大するにつれて，フランカ一致効果は減少したことが報告されている。Soto-Faraco et al.（2004）では，実験参加者の両手に振動子を装着し，左右のうち片方の手に与えられるディストラクタ刺激を無視しながら，もう一方の手に与えられるターゲット刺激の振動のパルスの数を答えさせる課題を行った。その結果，ターゲット刺激とディストラクタ刺激のパルス数が一致した条件と不一致の条件を比較することによって，明瞭なフランカ一致効果が観察された。さらに，左右の手の間の空間的距離を操作したところ，空間的距離が拡大するにつれてフランカ一致効果は減少したことが報告されている。Soto-Faraco et al.（2004）では，実験参加者の両手の親指および人差し指によってスポンジでできたキューブを保持させ，キューブに埋め込まれた振動子を両指の腹に接触させた。片方の手の親指または人差し指には，300 ms の間，連続的にターゲット刺激が与えられ，もう片方の手の親指または人差し指には，50 ms の呈示期間と 50 ms のブランクを 3 回繰り返すことからなる，ディストラクタ刺激が与えられた。ターゲット刺激が親指と人差し指のどちらに与えられたかを回答させる課題を行った結果，ターゲット刺激とディストラクタ刺激の手における刺激の位置が一致した条件における反応潜時は，不一致条件よりも短くなることが分かった。また，実験参加者が両手を近付けて，左右のスポンジキューブの間の距離を 5 cm に保った条件と，腕を開いて 100 cm の距離まで離した条件を比較したところ（実験は暗闇の中で行われ，視覚的な手がかりは得られない状態であった），距離が遠い条件では，距離が近い条件に比べて，ややフランカ一致効果が減少した。

　なお，触覚の研究においては，視覚や聴覚の研究に比べて，刺激の種類や呈示方法，パラメータ等が，実験によって大きくばらついている。また，視覚や聴覚の研究では，実験参加者の正面中央に呈示された単一のターゲット刺激に対して，その左右を取り囲むように 2 つのディストラクタ刺激が呈示されるのが一般的であるが，触覚の研究においては，ディストラクタ刺激が 1 つしか呈示されない場合が多いことも留意すべきかもしれない。しかし，ターゲット刺激の与えられた位置から，一定の空間的距離を離して呈示されたディストラクタ刺激が，非意図的に処理された結果として，ターゲットの処理の促進または

阻害が生じるという点においては，視覚や聴覚の場合とおおむね一致する結果が得られていると言えるだろう。

3.9　感覚モダリティ間の干渉効果

上述の研究結果から，少なくともターゲットとディストラクタが同じ感覚モダリティの刺激である場合には，ターゲットから一定の距離に配置された課題非関連のディストラクタが，ターゲットの処理に干渉することが分かっている。では，ターゲットとディストラクタが異なる感覚モダリティの刺激であった場合にも，このような干渉効果が生じるのだろうか。この問題を検討するために利用されてきたのが，クロスモーダル一致性課題（cross-modal congruency task；CCT）である（Spence, Pavani, & Driver, 2004; Spence & Walton, 2005; Walton & Spence, 2003）。

このパラダイムを用いた代表的な研究の一つである Spence et al.（2004）では，実験参加者の左右の手の人差し指と親指によってスポンジでできたキューブを保持させ，両指の腹をキューブに埋め込まれた振動子に接触させた。また，同じキューブの別の角には視覚刺激を与える LED ランプを設置した。つまり，この実験で用いられた触覚および視覚刺激装置は，クロスモーダル空間手がかり課題で用いられた装置（図 3-2）とほとんど同じである。クロスモーダル空間手がかり課題のパラダイムと異なっているのは，主に，触覚および視覚刺激の与えられるタイムコースであった。Spence et al.（2004）では，左右および上下（人差し指：上，親指：下）に設置された 4 か所の振動子のいずれか 1 つがターゲットとして触覚刺激を与え，これと同時に，4 か所の LED ライトのうち 1 つによって，視覚のディストラクタ刺激が与えられた。実験参加者の課題は，視覚のディストラクタを無視しながら，触覚ターゲットの位置が上下（人差し指または親指）のどちらであったかを回答するものであった。この時，上下の次元においてターゲットとディストラクタの位置が同一となる一致条件（両方とも人差し指，または親指）においては，そうでない不一致条件（いずれかの刺激が人差し指で，もう一方の刺激が親指）に比べて，反応時間の短縮，および誤答率の低下といった反応効率の上昇が認められた。つまり，実験参加者らにと

って，視覚ディストラクタを無視して触覚ターゲットのみに注意を向けることは困難であり，本来は課題と関係のないはずの視覚刺激が，触覚ターゲットの上下判断に影響を与えていたと考えられる。関連研究では，これらの一致条件と不一致条件における反応時間の差分を取って，クロスモーダル一致性効果（cross-modal congruency effect；CCE）と呼んでいる。なお，クロスモーダル一致性効果は，ターゲットとディストラクタが右手と左手に分かれて呈示される場合よりも，同じ手に呈示される場合の方が大きくなった。ターゲットの触覚刺激が与えられる手を体の外側へと移動させ，ディストラクタの視覚刺激から比較的離れた空間的位置に配置すると，ターゲットとディストラクタはいずれも同じ半視野の中に留まっているにもかかわらず，同一のスポンジキューブ上に与えられた場合に比べると，クロスモーダル一致性効果が減少したことも報告されている。また，実験参加者の両手を交差させた実験の結果によると，クロスモーダル一致性効果の大きさを規定するのは，手の解剖学的な位置と視覚刺激の位置の関係性（すなわち触覚ターゲットと視覚ディストラクタの処理が脳の半球において一致しているか否か）ではなく，外空間における位置の関係性であることも明らかになった。このことは，視覚と触覚のクロスモーダル空間手がかりパラダイムにて観察された傾向（3.5 参照）とも一致しており，視覚と触覚のクロスモーダルな空間的注意の制御における，空間表象の柔軟性を示唆するものと考えられる。

　なお，ターゲットとディストラクタの感覚モダリティが逆になった場合，すなわち，ターゲットが視覚刺激でディストラクタが触覚刺激であった場合にも，同様の干渉効果が観察されることが分かっている（Spence & Walton, 2005; Walton & Spence, 2004）。また，このようなクロスモーダル一致性効果の存在は，視覚と触覚，および自己受容感覚の相互作用に基づく身体表象のあり方を反映すると考えられることから（Maravita, Spence, & Driver, 2003），クロスモーダル一致性効果を利用して，たとえば，身体近傍の空間表象（Holmes, Calvert, & Spence, 2004; Holmes & Spence, 2004; Maravita, Spence, Kennett, & Driver, 2002）や，ゴム等で作られた偽物の手が観察者の身体イメージに組み込まれる錯覚のメカニズム（Pavani, Spence, & Driver, 2000; Walton & Spence, 2004）等についての検討を進める試みも行われてきた。

　クロスモーダル一致性効果課題は，主に，視覚と触覚の間でクロスモーダル
な注意のスポットライトを検討するために用いられた課題と位置付けることが
できる。では，たとえば聴覚を取り入れた，別の感覚モダリティの組み合わせ
についても，同様の問いに応えることができるだろうか。Spence, Ranson, &
Driver（2000）は，視覚と聴覚を対象として，視覚的注意を向けた空間的位置
における，聴覚ディストラクタの処理について検討を行なった。実験参加者の
背後から呈示されるターゲット音声を追唱する課題において，別途注意を向け
た視覚刺激と同じ空間的位置（正面中央に対して左または右）から，ディストラ
クタとなる別の音声刺激が呈示された場合には，それが視覚刺激とは反対側か
ら呈示される場合に比べて，ターゲット音声の追唱成績が低下することが分か
った。視覚的注意を向けた空間的位置に対しては，そこから呈示される課題非
関連な聴覚情報の処理を抑制することが困難になると考えられる。

　なお，現在のところ，上述の典型的なクロスモーダル一致性課題のパラダイ
ムを，そのまま聴覚へと適用した研究は報告されていない。おそらく，典型的
なパラダイムにおいては，たとえば触覚における上下の判断が人差し指と親指
の間で行われるなど，弁別すべき刺激が空間的に比較的近接して呈示されるた
め，聴覚の一般的な空間解像度に適合しないためと考えられる。一方で，やや
異なるパラダイムを用いて，聴覚的特徴の一つ（周波数の高低）と触覚の空間
的位置（人差し指と親指）との間でクロスモーダル一致性効果と類似した現象
が生じることが報告されている（Occelli, Spence, & Zampini, 2009）。また，刺激
のアイデンティティに関する弁別課題において，クロスモーダル一致性効果と
類似した現象が，視覚，聴覚，触覚の間で観察されたという報告もある（Frings
& Spence, 2010）。

3.10　特徴統合理論と感覚融合認知

　視覚における空間的注意の機能として様々なものが提唱されてきたが，特に
重要と考えられる機能の一つが特徴統合である。Treisman & Gelade（1980）に
よって最初に提案された特徴統合理論では，個々の視覚特徴（e.g., 色，方位）が
専用モジュールによって並列処理される第1段階と，これらの別々に処理され

た視覚特徴が「特定の空間的位置に存在する」という共通項を介して結び付けられ，1つの物体として認識される第2段階を想定している。第1段階は注意を必要としない自動的処理であり，注意を必要とするのは第2段階の統合処理であるとされる。特徴統合理論は幾度かの改定を経て，注意や物体認識に関する多くの有用な知見をもたらしてきた。そのため，聴覚や触覚といった他の感覚モダリティ内における感覚情報処理，およびクロスモーダルな情報処理のメカニズムを明らかにするためにも，類似の枠組みが適用できるのではないかという期待は，多くの研究者の興味を惹くものであった。このことを反映して，特徴統合理論の考え方と整合的と考えられている視覚現象を他の感覚モダリティ，あるいは複数の感覚モダリティを対象とした実験パラダイムで再現しようとする試みが数多く行われてきた（Woods, Alain, & Ogawa, 1998; Woods, Diaz, Alain, Ogawa, & Rhodes, 2001; Woods & Alain, 1993）。本節では，これらの研究成果のうち，空間的注意の多感覚的な性質，およびそれを議論する上での留意事項を理解する際に，特に重要と考えられるものを紹介する。

　特徴統合理論の論拠として，最も基本的と考えられる現象は，視覚探索における特徴探索と結合探索の違いである。ターゲットが単一の視覚特徴のみで定義される特徴探索においては，探索時間は一般的に非常に短く，かつ画面上に呈示される総アイテム数の影響をほとんど受けないことが知られている（ポップアウト）。一方で，ターゲットが複数の視覚特徴の組み合わせとして定義される結合探索においては，探索時間は比較的長く，かつ画面上に呈示される総アイテム数が増えるに従って増加することが多い。特徴探索における効率的な探索は，単一の特徴の処理が前注意的に行われていることを反映するのに対し，結合探索におけるアイテム数の効果は，注意による逐次探索を示唆すると考えられている。

　Woods et al. (1998) は，視覚探索のパラダイムを聴覚に応用した「聴覚探索」課題を用いて，探索対象が単一の聴覚特徴で定義される場合と，複数の聴覚特徴の組み合わせとして構成される場合における探索効率を比較した。彼らの実験では，3種類の周波数（250, 612, 1500 Hz），および3カ所の異なる音源位置（左耳，右耳，両耳）の組み合わせからなる様々な聴覚刺激を連続で高速呈示し，特定の周波数のみ，または特定の音源位置のみによって定義されるタ

ーゲット（特徴探索），あるいは特定の周波数と音源位置の組み合わせとして定義されたターゲット（結合探索）の検出を求める課題を行なった。実験の結果，ターゲットが周波数で定義される特徴探索において，最も短い反応時間が得られたものの，ターゲットが音源位置で定義される特徴探索においては，逆に，周波数と音源位置の結合探索よりも反応時間が長くなることが分かった。このように，探索させる特徴によって結果が異なるという点は，視覚探索研究の一般的な傾向とは異なるものである。なお，一般的な視覚探索課題では，空間上に散らばった複数の刺激を並列呈示し，そのなかからターゲットを探索させる場合が多いのに対して，Woods et al.（1998）の実験では，一度に呈示される聴覚刺激はただ1つであり，それらが高速に系列呈示されていたことにも留意が必要である。このことにより，同時に呈示される複数の聴覚刺激が基底膜上で干渉し合うことを回避したと考えられる。

　このような聴覚入力時の干渉を度外視して，複数の聴覚刺激を同時に並列呈示したのは Hall, Pastore, Acker & Huang（2000）である。彼らは，5種類の楽器の音色（バイオリン，フルート，クラリネット，トロンボーン，ピアノ），および5種類の基本周波数（262 Hz, 370 Hz, 509 Hz, 762 Hz, 1078 Hz）によって構成された聴覚刺激のうち，複数のものを，4カ所の仮想的な空間的位置から同時に呈示した[6]。特定の楽器の音色のみ，または特定の音高のみによって定義されるターゲット（特徴探索），あるいは特定の楽器と音高の組み合わせとして定義されたターゲット（結合探索）の検出を求めたところ，彼らの実験における主要な発見は，実験参加者らによる誤答の種類の違いであった。結合探索においては，実際には異なる空間的位置から呈示された音色と音高を，まるで同じ空間的位置から呈示されたかのように組み合わせて報告する誤答が高頻度で観察された。このような誤答は，視覚探索研究において最初に発見された結合錯誤現象（Treisman & Schmidt, 1982）とよく似ている。結合錯誤とは，たとえば複数の文字や数字が異なる色で呈示され（e.g., 赤色の A と青色の B），瞬間呈示などの方法によって注意資源が制限された場合に，呈示されていた色と文字のそれぞれの要素は正しいものの，組み合わせとしては間違っている対象（e.g., 赤色の B）の見

6）これらの仮想的な音源は，両耳時間差の操作によって設定された。

えが報告されやすくなるものである。色や文字といった個々の視覚特徴のみを把握することは前注意的に行えるものの，特定の空間的位置に存在する正しい組み合わせの視覚対象を報告することは十分な注意資源なしには行えないことを反映すると考えられており，特徴統合理論の重要な論拠の一つである。これと類似の現象が Hall, Pastore, Acker, & Huang（2000）の聴覚探索実験において観察されたことは，少なくとも，聴覚においても，ばらばらに処理された音色と音高を，空間的注意の働きによって組み合わせる処理段階が存在する可能性を示唆している。別の聴覚探索研究においても，聴覚刺激の基本周波数と持続時間に関する結合錯誤が生じたことが報告されている（Thompson, Hall, & Pressing, 2001）。

　触覚探索を用いた研究は数多く存在するが，触覚探索において，特徴探索と結合探索の比較，あるいは結合錯誤のような現象に関する報告は，少なくとも著者の知る限りでは行われていない。一方で，視覚と触覚の間で結合錯誤に似た現象が生じるとした Cinel, Humphreys & Poli（2002）の報告は注目に値する。彼らの実験では，2つの視覚刺激がディスプレイに呈示されるのと同時に，長方形の触覚刺激が1つ，手元に（実験参加者からは見えないように）呈示された。視覚刺激の形（正方形，三角形，円形）とテクスチャ（カーペット，ブロック，毛皮，豆），および触覚刺激の置かれた方向（縦または横）とテクスチャ（視覚刺激と同様の4種類）を操作しつつ，触覚刺激の方向の弁別に加えて，視覚刺激の形とテクスチャを回答させる課題を行った。実験の結果，様々な誤答パターンが観察されたが，その中には，たとえば触覚刺激として呈示されたテクスチャを，視覚刺激として観察したと回答するような，組み合わせに関する誤りが多く存在していた。一方で，触覚刺激のテクスチャも併せて回答を求めることで，より多くの注意資源を触覚刺激へ配分するように操作した場合には，このような結合錯誤的な誤答の頻度が大きく下がることも報告された。たとえばテクスチャのような感覚モダリティに依存しない特徴について，複数の感覚モダリティからの入力を元に判断を行う状況下では，各感覚モダリティに対して与えられた刺激特徴を正しく同定するために，一定量の注意資源が必要となることを示唆すると考えられる。

3.11　特徴統合理論は視覚以外の感覚モダリティに適用できるか……

　3.10で紹介した一連の研究は，視覚における空間的注意と同様の役割を，一定程度，別の感覚モダリティにおける注意や，多感覚的な注意が担っていることを示してきた貴重な成果である。しかし，これらの結果から，聴覚や触覚，クロスモーダルな情報処理における空間的注意の役割について，視覚と同様の包括的な理論を導き出すことができるだろうか。残念ながら，その答えは少なくとも現状では，否と言わざるを得ないだろう。

　おそらく，感覚モダリティを超えた特徴統合理論の適用は，当初に期待されていたほど簡単ではなかったのだと思われる。その理由はいくつか考えられるが，最も大きな問題は各感覚モダリティにおける「特徴」の定義の違いではないだろうか。視覚研究において特徴とは一般的に，色や方位，運動方向といった，初期視覚系において独立な処理を受ける視覚情報の種類のことを指す。これらは，知覚的にも異なる種類の情報であるため，我々の主観ともよく一致している。一方で，聴覚において最も一般的に知られている音の3属性とは，音の大きさ，高さ，音色であり，物理的にはそれぞれ音圧レベル，基本周波数，波形（周波数分布）におおよそ相当する。これらは確かに，知覚的にも異なる種類の聴覚情報であるように感じられるが，聴覚系において厳密には独立な処理を受けているとは言えない。たとえば独立性がやや保たれやすいと考えられる音圧レベルと基本周波数の関係を取って考えてみると，音圧レベルは音波の伝達によって蝸牛基底膜上で生じる進行波の最大振幅として，基本周波数は最大振幅となる基底膜上の位置によって表現される。しかし，たとえば特定の周波数に対して最も反応の大きくなる基底膜上の位置は，呈示された音の音圧レベルによってやや変化するなど，音圧レベルと周波数の表現の間には様々な相互作用や非線形性が存在することが知られている。そのため，音圧レベルと基本周波数を独立に操作するためには，それらが互いに干渉しないよう，基底膜の反応特性を考慮して綿密に計算された信号を利用する必要があり，自然界に存在する聴覚信号においては，このような切り分けはほとんど不可能に近い。音色に相当する波形および周波数スペクトルはさらに複雑な情報であり，音圧

レベルや周波数との切り分けは非常に困難である。このような例から考えても，視覚研究における特徴の定義と，その他の感覚モダリティにおいて「特徴」と考えられるものとの間には大きな隔たりがある。それらの「特徴」の組み合わせが脳内においてどのように処理されるかを考えるにあたっては，視覚系の特徴を前提とした特徴統合理論の延長上で議論を行うことの限界があったと考えられる。

　そして，おそらくこのことを反映して，聴覚研究においては音源の位置が聴覚刺激を定義する特徴の一つとして用いられることが多い（Hall et al., 2000; Woods et al., 1998）。音源位置は確かに音の大きさ，高さ，音色のいずれとも独立に操作することが可能であり，視覚と比較する上での「特徴」としては理想的な要素の一つであるように思われる。しかし，聴覚系における最初の処理機構である蝸牛基底膜には，到達した信号の発生位置を取得する構造は備わっていない。我々は，両耳に到達する信号の位相差やレベル差，あるいは自分自身の体や頭部といった遮蔽物の影響による変化を緻密に計算することで，音源位置を知覚している。よって，このような計算は，少なくとも，両耳の情報が統合される比較的高次の処理段階において行われていると考えられる。このため，聴覚にとって比較的複雑な情報である音源位置を，基底膜においてすでに表現されている音の大きさや高さといった基本的な情報と同列に「特徴」として扱うことが適切であるかどうか，慎重に考えなくてはならないだろう。さらに，視覚においては，感覚信号を最初に受け取る網膜の段階で，すでにレチノトピーによる空間表象が成立しており，その後も高次視覚野に至るまでレチノトピーが保たれることが分かっている。このように，視覚にとって対象の空間的位置は最も基本的な情報であることに加え，特徴統合理論の枠組みでは，物体の空間的位置は視覚特徴の一つとしてではなく，並列に処理されたその他の様々な視覚特徴を統合するにあたり，空間的注意を向ける対象として議論される。このように，視覚研究における特徴統合のメカニズムの中では特別扱いされているとも言える空間的位置の情報を，他の感覚モダリティにおいては一つの「特徴」として扱うことが適切かどうかも，議論の尽きないところである。

　さらに，特徴統合の結果として知覚される「物体」の定義についても，感覚モダリティを超えた議論は容易ではなかった。特徴統合理論の枠組みにおいて

は，視覚的注意を特定の位置に向けることによって，その位置に存在する複数
の視覚特徴の集合体としての「物体」が認識される。視覚研究における「物
体」の専門的定義については様々な議論が存在するが（Feldman, 2003; Scholl,
2001），それでもなお，たとえば果物やコップ，椅子といった，我々が日常生活
において視覚的に認識しているものの多くが「物体」であることは疑う余地も
なく，当然の事実として受け止められている。一方，聴覚や触覚といった他の
モダリティにおいては，そもそも「物体」と呼べるものを知覚することが可能
なのか，可能なのであれば「物体」とは一体どのようなものかといった議論か
ら出発することになる（Bregman, 1994; Kubovy & van Valkenburg, 2001）。当然
ながら，感覚モダリティを超えて適用できるような汎用的な「物体」の定義が
可能かどうかは，依然として不明なままである。一部の研究者によって，複数
の感覚モダリティの情報を統合することで，多感覚的な「物体」が知覚される
という主張も行われているが，このような場合における「物体」の定義も明確
には示されていない（Busse, Roberts, Crist, Weissman, & Woldorff, 2005; Turatto,
Mazza, & Umiltà, 2005）。このことも，特徴統合理論を視覚以外の感覚モダリテ
ィや，クロスモーダル処理における情報統合の枠組みとして応用することの困
難さにつながっていると考えられる。

　つまり，感覚モダリティによる情報表現の基本的なメカニズムが異なること，
ひいては，知覚的には同種の情報であるかのように思われる，たとえば対象の
空間的位置や物体性のような概念が，感覚モダリティによって大きく異なる意
義を持つという事実が，特徴統合理論の一般化にとっては大きな障壁となった
と考えられる。

3.12　空間的注意と多感覚情報統合

　多感覚情報統合のメカニズムに関する研究において，頻繁に議論されてきた
テーマの一つは，多感覚情報統合には注意が必要か否かという問いである。こ
のことも，注意研究における特徴統合理論の見地に立ってみると，視覚内の情
報統合が空間的注意の焦点化によって行われるという Treisman らの主張を受
け，感覚モダリティを超えた一般化の可能性を探る試みの一つであったと捉え

ることができるかもしれない[7]。結論から述べると，現在のところ，少なくとも多感覚統合が生じるために，空間的注意を向けることは必要ではないという考え方が一般的である。

　視覚的注意の研究で頻繁に用いられるパラダイムを応用して，多感覚統合と空間的注意の独立性を示した例として，ピップアンドポップ現象が挙げられる（Klapetek, Ngo, & Spence, 2012; van der Burg, Olivers, Bronkhorst, & Theeuwes, 2008）。一般的に，斜めに傾いた方位を持つ多数の線分（ディストラクタ）の中から垂直または水平の線分（ターゲット）を見つける探索課題は，比較的難しく，ディスプレイ上に呈示された総アイテムの数に比例して探索時間が増加することが知られている。van der Burg et al. (2008) は，このような課題において，多数のディストラクタのうちいくつか，および時にはターゲットを含む複数の線分の色を，ランダムなタイミングで，赤と緑の間で交代するように変化させた。この時，並列に呈示される課題非関連な聴覚刺激のタイミングがターゲットの色の変化と同期していた条件では，聴覚刺激が呈示されなかった条件に比べて探索時間が大幅に短縮され，かつ探索時間は総アイテム数の増加によって変化しなかった。この聴覚刺激は，ターゲット線分の位置や方位，色などに関する手がかりを与えるものではなかったため，同期条件における探索効率の向上は，線分の色変化と聴覚刺激の時間的な同期によって，ターゲット線分の位置へと空間的注意が誘導されることを示唆すると考えられた。また，このことは，視聴覚刺激の時間的同期の検出が，視覚的注意の誘導よりも前に生じていること，つまり，時間的同期に基づく視聴覚情報の統合が前注意的な段階で行われることも意味している。これに類似した効果として，視覚的注意の誘導における，視触覚情報の時間的同期の影響を明らかにした，ポークアンドポップ現象も知られている（van der Burg, Olivers, Bronkhorst, & Theeuwes, 2009）。視覚探索課題において，視覚ターゲットの色変化と同期して触覚刺激が与えら

---

7) 多感覚情報統合における注意の必要性という普遍のテーマは，特徴統合理論の影響を考慮しなくても，非常に重要なものである。たとえば，第 2 章で紹介したように，腹話術効果の生起に視覚的注意が必要か否かを議論することは，腹話術効果が自動的に生じる知覚現象であるのか，注意によって引き起こされる比較的高次の現象であるのかを明らかにするために不可欠であった。

れることによって，探索効率が向上するというものである。ピップアンドポップ効果と同様に，視覚刺激と触覚刺激の時間的な同期の検出，および時間的同期に基づく視触覚情報の統合が，前注意的な処理段階において行われることを示すと考えられている。

　複数感覚モダリティから得られる情報の空間的な一致に基づく多感覚統合と，空間的注意の関連についても検討が行われた。Santangelo & Spence（2007）は，ディスプレイの上側または下側に呈示される視覚ターゲットの位置を回答する課題において，その左右位置を示す空間手がかりとして，単一感覚モダリティ（視覚のみ，聴覚のみ）による手がかりと，複数感覚モダリティを組み合わせた視聴覚手がかり（視覚手がかりと聴覚手がかりが同時に呈示される）の効果を比較した。また，この課題と同時に，ディスプレイ中央に高速連続呈示されるアルファベットの中から数字を検出させる副課題を課すことで，実験参加者に与えられる知覚的負荷を高めた条件と，このような知覚的負荷の存在しない条件（ディスプレイ中央には注視点が呈示されるのみ）を設けた。その結果，知覚的負荷をかけない条件においては，単一感覚モダリティによる手がかりと，多感覚モダリティによる手がかりの効果は同等であったのに対して，知覚的負荷が高い条件では，後者の視聴覚手がかりのみが効果的であることが分かった。Santangelo, Ho, & Spence（2008）は，同様の課題において，聴覚手がかりの代わりに触覚手がかりを用い，単一感覚モダリティ（視覚のみ，触覚のみ）による手がかりと，複数感覚モダリティを組み合わせた視触覚手がかり（視覚手がかりと触覚手がかりが同時に呈示される）の効果を比較した。実験の結果，やはり知覚的負荷の高い条件においては，単一感覚モダリティによる手がかりは効果を示さないのに対して，視触覚手がかりは空間的注意を誘導する効果があることが確認された。なお，このような多感覚手がかりの効果は，同時に与えられる複数の手がかりが，同一の空間的位置（右または左）に呈示された場合にのみ有効であることが確認されている（Ho, Santangelo, & Spence, 2009）。

　Ngo, Pierce, & Spence（2012）では，やや応用的な観点から，視覚ターゲットに対する多感覚手がかりの影響について検討を行った。彼らの実験では，フライトシミュレータを用いて，他の航空機の様子をモニタしつつ衝突を避けながら離陸や着陸といった航空機の操作を行う課題を実験参加者らに行わせた。

ターゲット（他の航空機）が単に視覚的な手がかりによって示される条件と，それに加えて聴覚または触覚の手がかりが同時に与えられる条件との間で，航空機の操作のパフォーマンスを測るいくつかの指標が比較された。その結果，視覚と同時に聴覚や触覚の手がかりを与えた条件においては，視覚手がかりのみの条件に比べて速くターゲットを検出し回避行動を取ることができたことが報告されている。単一感覚モダリティの手がかりに比べて，多感覚的な手がかりがより効果的であるかという点に関しては議論が重ねられてきたが，これらの研究によると，少なくとも知覚的負荷の高い状況など，注意資源が一定程度の制限を受けている状況下では，多感覚的な手がかりの優位性が確認されたと言える。視覚，聴覚，触覚の間の多感覚統合は，前注意段階において生じ，視覚ターゲットへの空間的注意の誘導を助ける役割を持つと考えられる。

第4章　感覚融合認知と質感

4.1　質感とは ……………………………………………………………………

　「質感」とは何だろうか。そもそも「質感」という言葉がカバーする範囲が多岐にわたることもあり、この問いの答えは非常に難しい。難しさの一端は、この「質感」という言葉を訳す適切な英語が見つからないことからも伺える（研究分野によって、物体の反射特性という意味で interaction of surface reflectance と訳されたり、素材知覚という意味で material perception と訳されたり、また少し異なる概念を表す意味で qualia と訳されたりすることもあるようだが、それだけにとどまる概念ではないことから、近年は、日本語でそのまま Shitsukan と訳されることも多い）。「質感とは何か」という問題についての詳しい議論は本書のカバーする範囲を超えるため、他書（たとえば小松（2016）など）を参照いただきたい。本書がカバーする知覚・認知心理学の範囲にのみ限定して考えるならば、「質感」はおおまかに、「低次質感知覚」、「高次質感認知」、「素材カテゴリー知覚」の3種類に分けることができる。

　「低次質感知覚」とは、視覚、聴覚、触覚などそれぞれの感覚から得られるもので、たとえば視覚ならば光沢感、透明感や半透明感、液体粘性、細かさなどが挙げられる。聴覚ならばたとえば音の高さや、音の濁り、音の硬さ、音の響きなど、触覚ならばたとえば滑りやすさや、粗さ、硬さ、温かさ（厳密には温覚だが）などが挙げられるだろう。本書のテーマが感覚融合認知であるため、個々の感覚モダリティの質感研究の問題については他書を参照いただきたい。ここではひとまず「低次質感知覚」とは質感知覚のうち低次の知覚情報処理によって得られるもののことを示す、と考えていただければよいと思う。

　「高次質感認知」とは、高級感、繊細さ、好き嫌い、本物感など、より高次の、選好や価値判断をも含む概念である。「芸能人格付けチェック」という、

朝日放送テレビ（ABCテレビ）の制作により，テレビ朝日系列で放映されている番組がある。ご存じの方も多いのではないかと思うが，100万円のワインと5000円のワイン，プロフェッショナルの演奏とアマチュアの演奏，1億円の本物の盆栽とお菓子で精巧に作られた偽物の盆栽を見分ける，といった課題が課されるもので，AとBの2択（時には3択）で，どちらが高級か（プロフェッショナルか，本物か）を当てるといった内容である。やや乱暴であるが語弊を恐れずに言えば，AとBの違いとして判断されるものの多く（高級感，本物感，違和感など）は，この「高次質感認知」に関連しているといってもよいかもしれない。

　「素材カテゴリー知覚」とは，素材感の知覚で，たとえば「布らしさ」，「石らしさ」，「木らしさ」，「金属らしさ」，「真珠らしさ」などのことである。素材カテゴリー知覚はシンプルなようでいて，じつは単純ではない。

　図4-1は，ジョヴァンニ・ストラッツァ（Giovanni Strazza）というイタリアの著名な彫刻家の"The Veiled Virgin"（ヴェールを被った聖母マリア）という作品である。素材は大理石であるが，大理石であることがすぐには信じられないほどに，この像を見るものは大理石だけでなく，ヴェールの部分に透けた布の質感を感じるだろう。また図4-2はフランチェスコ・クイローロ（Francesco Queirolo）という同じくイタリアの著名な彫刻家のRelease from Deception（欺網からの解放）という作品である。こちらも素材は大理石であるが，この作品は大理石の像の上にロープ（網）が絡み合っているように感じられるだろう。しかし実は像の上に網がかぶさっているのではなく，このロープ（網）のように見える部分も大理石でできている。このように，素材カテゴリー知覚は，シンプルなようで複雑である。

　素材カテゴリー知覚が一見シンプルなようでいて複雑であるというのは，彫刻のような芸術作品に限ったことではなく，日常生活においてもよく感じることである。図4-3はざるそばやおせちに見えるが実は素材はケーキである（ざるそばのように見えるものは虎屋のモンブランケーキ，おせちに見えるものは，スイーツパラダイスのケーキである）。これらがケーキでできているということは，カットして切断面を確認してみるまでおそらく信じられないのではないだろうか。なお筆者が大学で質感の講義をしたときに学生のみなさんから教えていた

図 4-1　The Veiled Virgin（Giovanni Strazza 作）所蔵：Presentation Convent, Cathedral Square, St. John's, NL. 大理石でできているが，見る人は大理石だけでなく，ヴェールの布の質感を感じる（写真出典：https://upload.wikimedia.org/wikipedia/commons/6/6c/Veiled_virgin.jpg）

図 4-2　Release from Deception（Francesco Queirolo 作）所蔵：Sansevero Chapel (Italy). 大理石でできているが，見る人は大理石だけでなく，ロープ（網）の質感を感じる。（写真出典：https://commons.wikimedia.org/wiki/File:Francesco_Queirolo_-_Il_Disinganno_%281753-54%29_-_Detail.jpg）

図 4-3　ざるそばにそっくりなモンブラン（虎屋）とおせちにそっくりなケーキ（スイ
　　　ーツパラダイス）（写真出典：虎屋　https://www.tora-ya.co.jp/i/20010-06，ス
　　　イーツパラダイス　https://www.sweets-paradise.jp/news/news/2019/11/15/
　　　10640/）

だいた情報によると，スイーツパラダイスのケーキには，おせちだけでなく，
ラーメンや餃子，すきやきなど，さまざまな種類があるとのことである。

　その他にも，たとえば本物の植物だと思って触ってみたらポリエステルやプ
ラスティックでできたフェイクグリーンだったとか，ダイヤモンドのように見
えるジュエリーが実はジルコニアだった，といったような経験は多くの方がお
持ちなのではないだろうか。

　本章は感覚融合認知における「質感」をターゲットとしているため，ここか
らは多感覚的な質感について見ていくことにする。「質感」は視覚だけでなく，
聴覚や触覚などさまざまな感覚によって得られるし，また単独の感覚モダリテ
ィだけでなく，複数の感覚モダリティの情報を統合することによっても得られ
る。また，質感は予測，意思決定，身体制御，感覚運動フィードバックなどを
含んだ，多感覚的，適応的，能動的なプロセスの結果としても生じる。本章で
はこのような多感覚的質感情報処理について概説する。

4.2　多感覚的な質感知覚　視覚の影響 ································

　「パーキングエリアで買った真っ赤なイチゴのかき氷を車の助手席で食べて
いると，トンネルに入った瞬間にかき氷が緑色に変わり，味もメロン味になっ
た（2006 年 8 月 11 日放送，ABC テレビ「探偵！ナイトスクープ」）」，というエピ
ソードをご存じの方も多いのではないだろうか。このかき氷の例のように，私
たちの食べ物の知覚は，見た目による影響を受ける。

　見た目の変化によって味やにおいの知覚が影響を受ける有名な錯覚に，ワイ
ンイリュージョン Wine Illusion）が挙げられる（Morrot, Brochet, & Dubourdieu,
2001）。これはボルドー産の白ワインをアントシアニンで赤く着色して，フラ
ンスのボルドー大学のワイン醸造学科でワインを専門に学んでいる学生に評価
させたもので，学生たちは着色された白ワインであると気づかずに，赤ワイン
を評定するときのような評価語を使って着色された白ワインを評価してしまっ
たというものである（図 4-4）。同様の結果は，ニュージーランドのワインのエ
キスパートを用いた研究（Parr et al., 2003）でも得られており，赤く着色された
白ワインに対する香りの判断は，透明なグラスで呈示された場合よりも不透明
なグラスで呈示された場合の方が正確だったとのことである。つまり，色がは
っきりと見える透明なグラスで赤く着色された白ワインが呈示されたときには，
ワインのエキスパートであっても見た目の色による影響から逃れられなかった
ということである。

　図 4-4 中の W（1）はセッション 1 で使用された白ワイン，R（1）はセッシ
ョン 1 で使用された赤ワイン，W（2）はセッション 2 で使用された白ワイン，
RW（2）はセッション 2 で使用された赤く着色された白ワインである。赤ワイ
ンの評価（R（1））と赤く着色された白ワインの評価（RW（2））の評価が類似
していることがうかがえる。

　このような食べ物の知覚における見た目の影響については，他にもさまざま
な研究が行われてきている。いくつか例を挙げると，たとえば Pangborn
（1960）は，緑色に着色された洋ナシのジュース（pear nectar）と着色されてい
ない同じジュースを用いて実験を行い，緑色に着色された洋ナシのジュースは

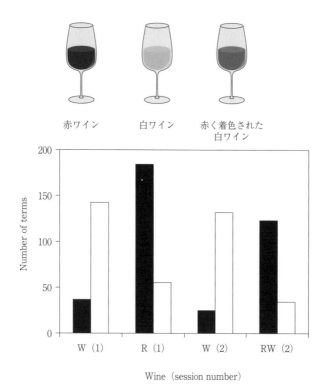

赤ワイン　　　白ワイン　　　赤く着色された
　　　　　　　　　　　　　　　白ワイン

図 4-4　Morrot et al.（2001）のワインイリュージョンの実験イメージ。グラフは Morrot
　　　et al.（2001）

　着色されていない同じジュースに比べて，甘みが少ないと評価されたことを報
告している。しかしながら，この結果は，のちに同じ研究グループ（Pangborn
& Hansen, 1963）が追試したところ再現できなかったとのことであり，頑健な
効果ではなかったようである。
　Maga（1974）は，塩味，酸味，甘味，苦味の 4 つの味の評価について，無色，
赤，緑，黄色の水溶液（ショ糖，食塩，クエン酸，カフェイン）を用いて調べ，
色によって評価が異なることを示している。甘味については，緑色は感度を増
加させ，黄色は低下させた。酸味については，黄色と緑色が感度を低下させた。
苦味については赤色が感度を低下させた。塩味については色による有意差はみ

られなかったとのことである。Johnson, Dzendolet, & Clydesdale（1983）は，イチゴのような赤い色に着色した3.2％から4.8％のショ糖を含む溶液を用いて実験を行い，色の違いによって甘味や好ましさの評価が影響を受けたと報告している。Hoegg & Alba（2007）は，黄色の食用色素を加えて濃く着色したオレンジジュースと着色していないオレンジジュースを比較し，着色したものの方が甘味をより強く感じたと報告している。また色だけでなく，フロリダ産かカリフォルニア産かといった産地やブランド名（Tropicana もしくは Winn-Dixie），価格（3.29ドルもしくは1.89ドル）などの情報によっても，判断に影響がみられたとのことである。 Blackwell（1995）は，果物のにおいと色が一致するフルーツ溶液と一致しないフルーツ溶液を用いて視覚手がかりがにおいに与える影響について調べ，一致しない場合にはにおいの判断が困難になることを報告している。Zampini, Sanabria, Phillips, & Spence（2007）も，赤，緑，オレンジに着色したフルーツ溶液（イチゴ，ライム，オレンジ）を用いた実験を行い，色と風味が一致しない条件では色の影響を受けて識別精度が低下したと報告している。

　お寿司の色をVRゴーグルで変化させるという研究も行われている。Sakai（2011; 2020）は，実験参加者にまぐろのお寿司を食べてもらいながら，VRゴーグルから見えるお寿司の色を青，赤，黄色，白というように変化させるという興味深い実験を報告している。実験参加者は4回とも同じお寿司（まぐろ）を食べたにもかかわらず，VRゴーグルで見た目を変化させると，視覚の影響を受けて口当たりの良さや魚のにおいの評価が変化したとのことである。また，食品の見た目とにおいの両方をヴァーチャルリアリティで操作する試みも行われてきており，たとえば鳴海・谷川・梶波・廣瀬（2010）は，メタクッキーと名付けられた，感覚間相互作用を用いた味覚ディスプレイを発表している（図4-5）。これは，プレーンな味のクッキーに対して，視覚情報と嗅覚情報を重畳することで，クッキーから感じられる味を数種類の別の味へ変えるというものである。このシステムではARマーカーの焼き印を付けたクッキーをシステムが認識し，その情報をもとにクッキー上にテクスチャを重畳した映像を呈示する（たとえばチョコレートクッキーの映像やレモンクッキーの映像など）。そしてエアポンプからにおいの付いた空気を呈示する（たとえばチョコレート，ストロベリー，紅茶など）ことによって，本来プレーンな味のクッキーが，チョコレ

図 4-5　感覚間相互作用を用いた味覚ディスプレイ　メタクッキー（鳴海他，2010）（写真出典：https://www.cyber.t.u-tokyo.ac.jp/~narumi/metacookie.html）

ート，アーモンド，紅茶，ストロベリー，メープル，レモンといった異なるクッキーのように感じられるとのことである。

　食品本体ではなく，食器の影響についての研究も行われている。たとえば Piqueras-Fiszman, Alcaide, Roura, & Spence（2012）は，全く同じ冷凍ストロベリームースを黒い皿と白い皿に載せて実験を行った。その結果，黒い皿に載せられた場合に比べて白い皿に載せられた場合に，冷凍ストロベリームースが 10％甘く，15％風味がよく評価されたと報告している（図 4-6）。

　カップの色が飲料の評価に与える影響についても調べられている。Van Doorn, Wuillemin, & Spence（2014）はカフェラテの評価にマグカップの色が与える影響を検討した。青いマグカップ，白いマグカップ，透明なマグカップを比較した結果（図 4-7），白いマグカップでは透明なマグカップや青いマグカップに比べて，甘さが少ないと評価されたとのことである。コーヒー飲料をお店で購入すると一般的に白いプラスティックタンブラーで提供されることが多いように思われるが，もしかしたら，さまざまな色のカバーをつけてみると，気分が変わるだけでなく，甘さが変わったように感じられるのかもしれない。

　部屋全体といった環境が飲み物に与える影響もある。Velasco, Jones, King, & Spence（2013）は，ロンドンのウィスキーテイスティングイベントにおいて，

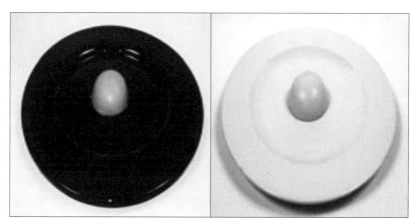

図4-6 黒い皿と白い皿に盛られた冷凍ストロベリームース (Piqueras-Fiszman et al., 2012)

図4-7 Van Doorn et al. (2014) の実験で用いられた青いマグカップ，白いマグカップ，透明なマグカップ

雰囲気や色彩の異なる3種類の部屋（グラッシー（grassy），スィート（sweet），ウッディ（woody））をセッティングし（口絵図4-8），441名の参加者がウイスキーをどのように評価するかを調べた。その結果，実際には全く同じウイスキーであるにもかかわらず，部屋によってウイスキーの草の香りや甘さ，木質の風味についての評価が異なり，また，ウッディの部屋（図4-8（C））でウイス

キーを味わうときに参加者がウイスキーを最も好んだことが示された。

　照明の色の効果についても検討されている。Spence, Velasco, & Knoeferie (2014) は，約 3000 人を集めた大規模なワインテイスティングイベントで，参加者に中の色が見えないように黒いワイングラスで提供されたワインを，白い照明の下，赤い照明の下，緑の照明の下で評価してもらった結果を報告している（一部の条件では音楽も変更）。その結果，参加者は赤い照明の下で甘い音楽が流れる中で飲むワインを最も好んだとのことである（口絵図 4-9）。

　見た目が重さ感覚に与える影響もある。子どもの頃に習い事や部活動などの大会でトロフィーを貰って，見た目は金属のようで重そうなのに，実際にはメッキを施したプラスティックで，受け取ったときにその軽さに思わず腕が上がってしまった，という経験をお持ちの方は多いのではないだろうか。このような現象は「見た目の材質感と重さの錯覚（Material Weight Illusion）」と呼ばれる。すなわち，同じ大きさ，重さであるならば，見た目の材質感が金属やガラスなど重そうに見える物体の方が，軽く感じるという錯覚である（c.f., Ellis & Lederman, 1999)。

　図 4-10 は Buckingham & Goodale (2013) が行った実験で用いられた刺激の例である。これらの立方体の重さはすべて 700 g であるが，見た目の素材と大きさが異なっている（見た目の素材は金属とポリスチレン，大きさは小さい立方体が 5×5×5 cm，大きい立方体が 10×10×10 cm）。実験の結果，重さは全く同じであるにもかかわらず，実験参加者は見た目が金属の立方体の方を見た目がポリスチレンの立方体よりも軽く感じたとのことである（つまり同じ重さならば，重そうに見える素材の方が軽く感じるという「見た目の材質感と重さの錯覚（Material Weight Illusion)」が生じている）。また，サイズについても，同じ重さならばサイズが大きい方が軽く感じるという「大きさと重さの錯覚（Size Weight Illusion)」が，金属とポリスチレンどちらの素材においても見られたとのことである。

　「見た目の材質感と重さの錯覚」も，「大きさと重さの錯覚」も，「予測」と「感覚フィードバック」のずれによって生じる。見た目のサイズが大きいことによって，もしくは材質感によって，重そうに見える物体に手を伸ばすとき，脳は「重い」と予想して，その物体を手に取るために大きな力を出す。そして

図4-10　同じ重さで見た目の材質感とサイズが異なる立方体の例（Buckingham & Goodale, 2013）

　大きな力を出したにもかかわらず，その予想が裏切られると，実際より軽く感じるのである。この錯覚は実際の重さが同じであるということを知ったあとでも生じる。

　食品のカットの仕方が食品の見た目の重さに影響を与えるという報告もある。Wada, Tsuzuki, Kobayashi, Hayakawa, & Kohyama（2007）は，視覚による重さ推定に食品の見た目が与える影響を調べるために，立方体，千切り，さいの目切りにカットしたニンジンの写真をディスプレイに呈示し，参加者に重さの評価を求めた。その結果，ブロックでは9 g，さいの目切りでは8.5 g，千切りでは7.5 g程度で10 g程度に見える，つまり千切りが最も過大評価されたことを示している。千切りにすることで見た目の体積が増えたように見えるため，重さが増えたように知覚されたと考えられる。

4.3　多感覚的な質感知覚　聴覚の影響 ································

　聴覚と触覚の興味深い相互作用の例として，「肌が羊皮紙になる錯覚（Parti-ment-Skin Illusion, Jousmaki & Hari, 1998）が挙げられる。自分の手をこすり合わせて，その時に出る音をマイクで拾ってヘッドフォンから自分にフィードバックする。そのときに音にハイパスフィルタをかけて2 kHz以上の周波数の比率を増加させたり，全体の音量を増加させたりすると，自分の手のひらがまるで紙（羊皮紙）になったかのような，カサカサした乾いた触感を感じるというものである。

　別な例として「手が大理石になる錯覚（Marble-Hand Illusion, Senna et al., 2014）」というのもある。これは，実験者が実験参加者の手を小さなハンマーで軽く叩いて，そのときに生じる音（ハンマーが手を叩く音）を徐々にハンマーが「大理石」を叩く音に置き換えていくようにフィードバックするという実験である。そうすると5分程度で，手が固く，重く，鈍く，不自然になったように感じられる（あたかも手が大理石になったかのように感じられる）ようになる，というものである（図4-11）。

　電動歯ブラシの音を変化させると歯ブラシの使い心地が変わるという研究もある。Zampini, Guest, & Spence（2003）は電動歯ブラシの音量を下げるか，高周波成分を減衰させると，歯ブラシがより心地よく感じられるようになったと報告している。このように，視覚だけでなく聴覚が質感知覚に影響を及ぼす例も多数報告されてきている。

　実は食感にも音が重要である。Zampini & Spence（2004）は，ポテトチップス錯覚と呼ばれる，興味深い錯覚を発見した。実験参加者が自分でポテトチップスを食べている「パリッ」という音をマイクで拾って，その音を高い周波数帯域が強くなるように加工し，その加工した音をポテトチップスを食べている実験参加者自身にフィードバックし，リアルタイムでヘッドフォンから聴いてもらう。そうするとポテトチップス自体は全く変わっていないにもかかわらず，ポテトチップスの食感がよりパリパリに，新鮮に感じられるようになるという錯覚である。彼らのこの研究は，2008年にイグノーベル賞（Ig Nobel Prize for

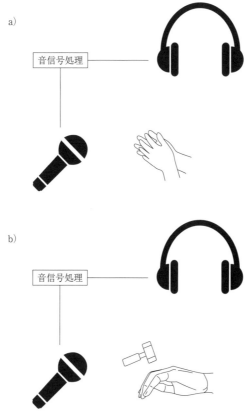

図 4-11　「肌が羊皮紙になる錯覚（Partiment-Skin Illusion）」（上）と「手が大理石にな
　　　　　る錯覚（Marble-Hand Illusion）」（下）

nutrition）を受賞している。

　ポテトチップス錯覚は大変興味深いが限界もある。それは，実験参加者本人
が食べているものの音，たとえばポテトチップスならばポテトチップス，クラ
ッカーならばクラッカーの音が必要であるということである。すなわち，この
錯覚はそのままの形では，実験参加者自身が食べている，明瞭な音がする食べ
物についてしか生じさせることができない。この錯覚が，やわらかくて明瞭な
音がしない，たとえば介護食や嚥下食のような食べ物を食べなければならない

高齢者や病気療養中の方でも使えるようになれば，食の楽しみや食べている実感を得られるようになり，QOL の向上に貢献できるのではないかと考えられる。しかし介護食や嚥下食である場合には音がしないため，音による錯覚を利用した食感を付与するためには，外部の音源を利用し，そして咀嚼運動と外部の音源を流すタイミングを合わせなければならない。そこで外耳道に高感度マイクを挿入し微小な咀嚼音を検知したり（Masuda & Okajima, 2011），または顎の動きをセンサーで検知したり（Koizumi et al., 2013）して，咀嚼の噛みはじめを何とか同定し，それをトリガーとしてあらかじめ録音しておいた咀嚼音を流すという試みが行われてきた。しかしながら噛みはじめには合うけれども噛み終わりや噛み締め強度には合わず，また咀嚼と発話を区別できないといった限界があった。

　筆者ら（Endo, Ino, & Fujsaki, 2016）はこれらの問題を克服し，咀嚼に完全に同期したフィードバック音を，あらゆる物性の食品について返すことができる画期的な手法を考案した。それは咀嚼音そのものではなく咀嚼時の「咬筋」の筋電波形を音に変換したものをフィードバックするという手法である（図4-12）。咬筋とは発話では使わず，噛むときにのみ使う筋肉である。筋電は電気の波であることから音として聴くことができ，咬筋に電極を貼って筋電計測しながら筋電波形を音としてフィードバックすると，自分が噛んだときにだけ音がするようになる。この手法は，自分自身の咬筋の筋電をそのまま利用しているため，自分自身の咀嚼と完全に同期した疑似咀嚼音をフィードバックすることができ，噛みはじめ，噛み終わり，噛み締め強度にも同期する。

　この咀嚼筋電音フィードバックシステムを用いて健康な成人を実験参加者として，図4-12 のように咀嚼筋電音フィードバックを聴きながら介護食を食べてもらう実験を行った。5種類の市販の介護食（五種野菜のきんぴら煮，かぼちゃの鶏そぼろ煮，大根の鶏そぼろあん，肉じゃが，エビと貝柱のクリーム煮）を用いた（図4-13）。50℃に温めて，一度の試行でスプーン一杯分（12 g）を食べてもらった。介護食は噛まなくても食べることができるが，実験参加者には各試行につき 10 回以上噛んでもらうように教示した。咀嚼筋電音あり・なし×介護食5種類の 10 試行を行った。実験参加者には，各試行において7件法で 18 対の形容詞（味，食感，気分）を行ってもらい，また実験の最後に実験全体の印

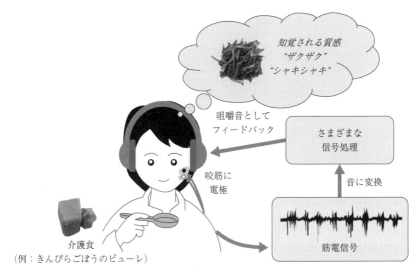

図4-12　咀嚼筋電音フィードバックシステム

象についての評価を行ってもらった。実験の結果，噛みごたえやざらざら感などの食感が変わったほか，食べる喜びや食べている実感が向上することが示された。また全体的傾向として，咀嚼筋電音フィードバックの効果は，味のような化学特性に由来する感覚よりも，噛みごたえのような機械特性に由来する感覚や，食べることへの精神的満足度において大きくなることが示された。

　しかしながら，私たちの2016年の研究において実験に参加したのは一般成人30名（20-57歳）であったため，高齢者でも同様の効果が見られるのかは不明である。また，介護食と一言でいっても，不均一な食感をもつきざみ食から，完全に均一なミキサー食まで，そのテクスチャはさまざまであり，ミキサー食のように完全にペースト状になった場合であっても音による食感向上効果が得られるのかについても不明であった。

　そこでEndo, Ino, & Fujisaki（2017）では次のステップとして，健康な高齢者にご協力いただき，きざみ食とミキサー食のそれぞれについて，咀嚼筋電音フィードバックによる食感向上効果が見られるかを調べた。

　健康な高齢者30名（男性15名，女性15名。66-75歳，平均70歳，標準偏差±3

図 4-13　Endo et al.（2016）で用いた5種類の介護食。上から順に，五種野菜のきんぴ
　　　　ら煮，かぼちゃの鶏そぼろ煮，大根の鶏そぼろあん，肉じゃが，エビと貝柱の
　　　　クリーム煮（写真の皿やスプーンは写真撮影用に食材が見えやすいものを使用
　　　　しており，実際の実験で使ったものとは異なる）

	きざみ食	ミキサー食
きんぴら		
五目豆		
筑前煮		

図 4-14　Endo et al.（2017）の実験に用いた 6 種類の介護食（食品 3 種類×調理形態 2
　　　種類）。（写真出典 https://item.rakuten.co.jp/asahimatsufoods/c/0000000009/）

歳）が実験に参加した。11 名が部分入れ歯を用いていたが，噛むことによる痛
みや不具合はなく，また日常生活での聴こえにも問題がなかった。

　実験には 6 種類の市販の介護食を用いた。図 4-14 に実験に使用した介護食
の写真を示す。

　咀嚼筋電音は，咬筋の筋電から咀嚼時の筋電を計測して音に変換し，イコラ
イザーで音の調整を行った後，ヘッドフォンから呈示した。咀嚼筋電音はすべ
ての食品で同じ音（根菜を咀嚼するような音）とした。

　実験参加者は，プライバシーに配慮された個別ブース（簡易防音室）の中に
入り，自らの咀嚼動作に同期した咀嚼筋電音を聴きながら，50℃に温めた 6 種

類の食品を7g（スプーン一杯程度）ずつ食した。介護食は本来，ほとんど噛まなくても食べられるが，実験の目的から，各食品について10回以上噛んでいただいた。実験参加者は各食品について，質問紙を使って評価を行った。またコントロールとして，咀嚼筋電音を聴かずに同じ食品について評価を行う条件も設けた。全体として，食品6種類（きざみ3，ミキサー3）×音（あり・なし）の計12試行を行った。きざみ食とミキサー食のどちらを先に食べるか，また音ありと音なしのどちらの条件を先に行うかについては，実験参加者間でカウンターバランスを行った。

　実験の結果，健康な高齢者においても，健常成人の場合と同じような咀嚼筋電音フィードバックによる食感向上効果が得られることが明らかになった。特に噛みごたえ感や食べている実感が向上することが示された。きざみ食とミキサー食の違いについては，不均一なテクスチャを持つきざみ食の方が音による噛みごたえ感の向上が得られやすいといった細かな違いはあったものの，全体として，ミキサー食でもきざみ食とほぼ同程度の音の効果を確認することができた。また，きざみ食でもミキサー食でも，食べることへのポジティブな気持ちの変化が得られていることが示された。

　本研究の結果，健康な高齢者（66-75歳）においても，咀嚼筋電音フィードバックによる食感向上効果が見られることが明らかになった。またテクスチャが均一のミキサー食であっても，細かな違いはあるものの，全体としてきざみ食とほぼ同程度の音の効果を確認することができた。また，きざみ食でもミキサー食でも食べることへのポジティブな気持ちの変化が得られていることが示された。

　加齢に伴い食べる機能（咀嚼・嚥下機能）が低下すると，誤嚥のリスクが高まり，物性値が調整された食感の乏しい食事しか食することができなくなる。自分の口から食べられるように訓練するためには，食べる楽しみを持ち続けることが重要である。しかし介護食・嚥下食は食感に乏しく，それが食べる楽しみを失う要因となっている。食べる楽しみを失うと食欲が低下し，食事量が減り，その結果，低栄養，筋力低下，活動度の低下を招き，さらなる食欲低下を招くという，いわゆるフレイル・サイクルに陥ってしまう。本研究は，介護食や嚥下食の物性値を変えることなく，音による錯覚を用いて食感を改善する試みで

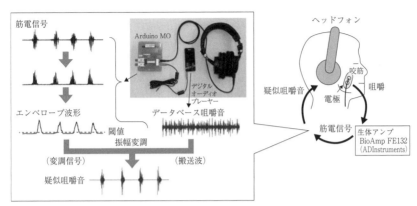

図 4-15　改良型咀嚼筋電音フィードバックシステム（Endo et al., 2017 に基づき作成）

あり，食べる意欲を低下させる心理的な要因をポジティブな方向に変化させ，食べる楽しみや喜びを取り戻すことに寄与できるだろう。本研究の限界として，実際に介護食や嚥下食を食べることを余儀なくされている患者の方のデータではなく，健康な高齢者の方のデータを取得していることが挙げられる。実際の患者の方に使っていただけるようになるまでには，装置の小型化や安全性の検証，病院の医師や臨床現場のスタッフの方々との連携など，さまざまなステップを重ねる必要があり，今後の課題であると言える。

　さらに筆者ら（Endo, Kaneko, Ino, & Fujisaki, 2017）は，図 4-15 のようにシステムを改良することに成功した。初期型と改良型の違いは，初期型では筋電信号そのものを信号処理したものをフィードバックしていたのに対して，改良型では筋電信号から噛みはじめや噛み終わり，噛み締め強度などの必要な情報を抽出してそれらを利用しつつ，咀嚼音データベースから任意の音をフィードバックできるようになったことである。筋電信号を使うメリットを生かしたまま，たとえば漬物やラスク，クラッカー，カリカリ梅，リンゴ，アーモンド，煎餅，など，任意の音をフィードバックできるようになり，食の楽しみをさらに広げることができるようになった。今後，介護食や嚥下食の食感を改善して食の喜びを拡げるだけでなく，ダイエットや健康増進，新しい食体験を楽しむエンターテイメントとしてもさまざまな展開が期待される。

　なお，筆者が現在勤めている大学の学生に，味だけでなく食感を楽しむ料理に入っているもので思いつくものを挙げてもらったところ，多種多様な料理，食感が寄せられた。その一部を表4-1，表4-2で紹介する。コリコリ／カリカリ感，プチプチ感，弾力感／嚙み応え，シャキシャキ感，パリパリ感，サクサク感など，さまざまな食感をもつバラエティ豊かな料理が楽しまれていることが伺える（「味だけでなく食感を楽しむ料理に入っているもの」という題で自由に挙げてもらったものだが，表にまとめる際に便宜的に，「サクサク感」，「シャキシャキ感」などに分けて記載した）。

4.4　視覚，聴覚，触覚による木の質感知覚 ⋯⋯⋯⋯⋯⋯⋯⋯⋯⋯⋯⋯⋯⋯

　日常生活において私たちがある商品を購入するとき，私たちはその商品の質感を，見るだけではなく，触ったり，叩いて音を聞いてみたりして，さまざまに吟味する。
　質感知覚の1つの特徴として，このような「多感覚性」が挙げられる。すなわち質感は，時間や空間と同様に，視覚だけでなく，聴覚や触覚など，複数感覚をまたぐように存在するという特徴を持つ。
　質感知覚の感覚間比較についての先行研究では，たとえば視覚と触覚のように2つのモダリティについての比較が行われてきた。しかしながら3つ以上のモダリティの質感知覚を網羅的に比較したものは，筆者らが知る限りない。視覚は主に物体表面，聴覚は主に物体内部，触覚は表面および内部についての情報を我々に提供してくれる。そのため視覚，聴覚，触覚という3つの異なるモダリティの質感知覚について，全く同じ素材，被験者，実験手法を用いて比較することは，単独，あるいは2つのモダリティを調べるだけではわからない，新しい知見を提供してくれると考えられる。
　そもそも同じ対象物の質感について，異なる感覚（視覚，聴覚，触覚）で別々に評価したとき，対象物が同じであれば，感覚が異なろうとも，大まかな質感評価は同じになるのだろうか？　Gibson（1966）は，異なる感覚から得られる情報の等価性や感覚を超越した表現について議論している。たとえば炎は，目でも，音でも，匂いでも，熱でも，それが炎であるとわかる。目の前にあるも

表 4-1 味だけでなく食感を楽しむ料理に入っているもので思いつくもの（コリコリ／カリカリ感，プチプチ感，弾力感／噛みごたえ）

コリコリ／カリカリ感	プチプチ感	弾力感／噛みごたえ
八宝菜のきくらげ	おせちの数の子	ゼリーのナタデココ
ケーキのアラザン	いくら巻きのいくら	ホットドッグのソーセージ
ブラウニーのくるみ	海鮮丼の海ブドウ	茶碗蒸しのエビ
フラペチーノのチョコチップ	海鮮丼のとびこ	ぜんざいの餅
キンバの中に入った沢庵	ちらしずしのすじこ	果肉入りゼリーの果肉
アーモンドチョコレートのアーモンド	胡麻団子のごま	おでんのちくわぶ
カレーの福神漬け	松前漬けの数の子	タコのマリネのタコ
ハンバーガーのピクルス	キヌアサラダのキヌア	パスタのモッツァレラチーズ
たこやきのたこ，紅ショウガ	麦ごはんの麦	タピオカミルクティのタピオカ
クルミパン	バジルシードドリンク	味噌汁の麩
とりごぼうつくねのごぼう		ココアにたまに入っているマシュマロ
かりかり梅おにぎりのかりかり梅		砂肝
酢豚のカシューナッツ		
中華丼のベビーコーン		
ラーメンのメンマ		
とろたく巻きの沢庵		
カルボナーラのカリカリのベーコン		
つくねに入っている軟骨		
チョコレートバーのアーモンド		
サラダの中の茎わかめ		

表 4-2　味だけでなく食感を楽しむ料理に入っているもので思いつくもの（シャキシャ
キ感，パリパリ感，サクサク感）

シャキシャキ感	パリパリ感	サクサク感
うどんのネギ	おにぎりの海苔	メロンパンのクッキー部分
ハンバーガーのレタス	お茶漬けのあられ	パフェのコーンフレーク
ねぎまのネギ	餃子の羽	アイスクリームのコーン
キムチ納豆の白菜	グラタンのおこげ	タルトの生地部分
ラーメンのもやし	サラダにかけるフライドオニオン	クッキーの入ったアイスクリーム
冷やし中華のキュウリ	パリパリ麺のサラダ	クリスピーチキン
焼きそばのもやし	クリームブリュレの上の砂糖	シーザーサラダのクルトン
海苔巻きのキュウリ	チョコもなかジャンボの中の板チョコ	クロワッサンの表面
サラダの中のヤングコーン	いちご飴の周りのパリパリした飴の部分	揚げ物の衣
らっきょうの漬物	無限キャベツの乾麺	クッキーに挟まれたラングドシャ
レタスのサンドイッチ	春巻きの皮	
カツ丼に乗ってる千切りレタス	プリンのキャラメリゼ	
アロエヨーグルトのアロエ	餡掛けやきそば	
豆腐に乗せるネギ，ミョウガ等の薬味	マドレーヌの上のアーモンド	
「野菜たっぷり坦々麺」の野菜	クランチチョコ	

のが炎であるというのは，視覚，聴覚，嗅覚，温熱感覚のどれか1つだけでも
わかるし，もちろん4つすべてが合わさってもわかる。この場合，この4つの
感覚は，たとえば視覚なら炎の色や形の変化，聴覚なら薪がパチパチとはぜる
音といったように，それぞれ別の情報を伝えているけれども，炎という情報を
伝えているという意味においては等価であると Gibson（1966）は議論している。
　Gibson 的な考え方を質感に当てはめて考えてみると，光沢や音の高さといっ
た「低次質感知覚」は個々の感覚に固有であると考えられるけれども，本物

感や高級感といった「高次質感認知」には，Gibson の言うように，感覚によ
らない，ある程度共通した表現があるかもしれない。

　このような問題を調べるため，筆者ら（Fujisaki, Tokita, & Kariya, 2015）は，
木をターゲットオブジェクトとして，全く同じ実験参加者，全く同じ質問，全
く同じ対象物を用いて，視覚，聴覚，触覚について独立に質感評価を行って比
較した。数ある素材のなかから木を選んだ理由は，身近な素材で，バリエーシ
ョンが豊富にあり，視覚，聴覚，触覚の情報を多く含むため，研究の目的に最
もかなう素材であると考えたためである。

　具体的な実験としては口絵図 4-16，口絵図 4-17，図 4-18 に示すように，視
覚，聴覚，触覚のそれぞれについて，本物（無垢），加工品，偽物を含む 22 種
類の刺激を用いて，23 対の形容詞について，実験参加者 50 名（男性 26 名，女
性 24 名）という大規模データを取得した。

　口絵図 4-16 は本研究で使用された試験片セットを示している。この実験で
は，本物，偽物とりまぜて 22 種類の素材が用いられた。その内訳は，特殊加
工を施さない本物の木材で樹種が異なるもの 14 種類，本物の木材で同一樹種
（杉）だが加工が異なるもの 4 種類，偽物の木材（木ではない素材に木目シートを
貼ったもの）4 種類であった。サイズはすべて，幅 60 mm，長さ 120 mm，厚み
9 mm に統一した。

　口絵図 4-16（a）は，樹種が異なる本物の木材 14 種類を示している。針葉樹
より 1. スギ，2. ヒノキ，3. マツの 3 種類，広葉樹より 4. ファルカタ，5. ポプ
ラ，6. ラワン，7. メープル，8. クリ，9. ウォルナット，10. チェリー，11. オー
ク，12. チーク，13. ブビンガ，14. コクタンの 11 種類を選択した。樹種の選択
にあたっては，針葉樹と広葉樹の両方を含み，また非常に柔らかいものから非
常に硬いものまでをまんべんなくカバーするように意図した。

　口絵図 4-16（b）は，加工の違いによる質感を比較するために選択した 4 種
の試験片を示している（15. 圧縮材（圧縮率 50%），16. 熱処理材，17. 不燃処理材
（薬剤付加），18. 熱処理かつ不燃処理材，樹種はすべてスギ。正面図および断面図）。
熱処理材とは，薬剤を使用せず熱と水蒸気だけで処理をおこなったものである。
不燃処理材とは，防火薬剤の加圧注入のような処理を行ったものである。熱処
理と不燃処理の両方を行った材とは，上述の熱処理の後に防火薬剤の加圧注入

木材サンプルセット

a. 触覚実験装置を横から見たところ
b. 被験者側。被験者は黒い布をかぶせた箱の中に右手を
　入れて評価を行う。
c. 実験者側。実験者が衝立の反対側から試験片を箱の中
　に差し入れる。
d. 触っている様子。右手の人さし指のみ使用。叩いたり
　ひっかいたりする動作は禁止。
e. 試験片を上から見た図。

図 4-18　本物（無垢），加工品，偽物を含む 22 種類の試験片（触覚刺激）
（Fujisaki et al., 2015 に基づき作成）

処理を行ったものである。比較のため，圧縮も加工もされていないスギ（口絵
図 4-16（a）の 1 番と同じもの）を一緒に並べている。これら 18 種類の木材（本
物かつ無加工材 14 種類＋加工材 4 種類＝18 種類）は，すべて無垢材，無塗装で統
一し，表面に同じ粗さのやすり（240 番）でやすりがけをした。

　口絵図 4-16（c）は木ではない素材に木目シートを貼った偽物素材 4 種を示し
ている（正面図および断面図）。偽物素材はスギの木目が印刷された厚み 0.13-
0.16 mm のオレフィン系シートを両面テープで貼って作成したもので，偽物素
材は，19. MDF，20. 合板，21. スチレンボード，22. 人工大理石であった。前
者の 2 つは我々の日常生活で実際に利用されることの多い組み合わせであるが，
後者の 2 つは実際にほとんど利用されない組み合わせである。比較のため，非
圧縮，無加工のスギ（口絵図 4-16（a）と同じもの）を並べている。

　本物，偽物を含めた 22 種類すべての素材の加工はエキスパートによって行

われた。各素材について，最低4つの試験片が作成され，それらの試験片のなかから特に状態がよいものを2つ選び，試行1と2に振り分け，本実験に使用した。

　実験に使用する前に，室温23.9℃，湿度63%の条件で，すべての試験片の重量を測定した。同じサイズに加工してあるため，重さはその素材の密度に対応する。本物の木材の試験片の中ではファルカタが最も軽く，コクタンが最も重かった。スギおよびスギ加工品の中では熱処理材が最も軽く，非圧縮材，不燃（薬剤付与），熱処理＋不燃（薬剤付与）の順となった。偽物素材の中ではスチレンボード，合板，MDF，人工大理石の順となり，スチレンボードは本物偽物を問わずすべての刺激の中で最も軽く，大理石は最も重かった。試験片の劣化や，材温の変化が質感に与える影響を排除するため，実験期間中，これらの試験片は，温度が約25℃（±2℃）に保たれた部屋で24時間管理された。

　視覚刺激として，22種類の試験片セットのそれぞれを撮影した写真を呈示した。写真撮影は暗室内に撮影用テントと照明2台を立てて行った。撮影用テントの中に試験片を表面が正面になるように設置し，フォトテントの外側，両サイドから挟み込むように2台の照明を当てて，拡散光が試験片にあたるようにした状態で，デジタルカメラで撮影した。そして撮影したデータを写真編集ソフトで編集した。試験片のエッジの部分から数ミリ程度内側のところで，試験片を縦横比が1:2になるように切りだした。そして，同じ照明条件で撮影した背景（撮影テント部分）から色をサンプルして作ったマットグレーの背景の上に重ねて視覚刺激ファイルを作成した。エッジを切り取ったのは，被験者が本物，偽物の判断をエッジの部分で行わないようにするためと，撮影によってどうしても生じてしまう試験片間のわずかな大きさの違いや歪みを同じサイズに統制するためである。視覚刺激の大きさは実験時にディスプレイの表面において，本物と同じサイズになるように呈示された。

　聴覚刺激としては，視覚刺激として用いた試験片と全く同じものをマレットで叩いた音を用いた。口絵図4-17に本研究で使用された刺激試験片セット22種を叩いた時の音を採録したスペクトログラム及び波形を示す。視覚刺激の場合と同様に，本物の木材で樹種が異なるもの14種類，本物の木材で同一樹種（スギ）だが加工が異なるもの4種類，偽物の木材（木ではない素材に木目シート

を貼ったもの）4種類を作成した。防音室内にマイクロフォンとマイクアンプを
設置し，防音室外に設置したサウンドカード経由でパソコンで音編集ソフトウェ
アを用いて音の取り込みを行った。可能な限り同じ条件で試験片を打鍵するた
めに，口絵図4-17（d）に示すような打鍵装置を作成した。これは木琴の板
の部分をすべて外してフレームのみを残したもので，音を録音したい試験片板
を所定の位置に乗せて，マレットをてこの原理を利用して動かして，試験片板
を叩く，という構造になっている。試験片板の中央を作用点とし，22 cm のと
ころに支点，36 cm のところに力点を置いた。防音室内で，1人の人が力点の
部分を，マレットの球の下部から板の表面までの距離が1 cm になるように指
で押し下げたあと指を離し，その結果マレットが試験片板に当たって音が鳴り，
板面から約30 cm 上部に設置したマイクロフォンから録音を行った。もう1人
が防音室の外でパソコンを操作した。すべての試験片について，最低10回の
音を録音し，その中から平均的な音を各試験片について1つ選んだ。

　映像刺激，音刺激には，写真および録音したデジタル刺激を用いたが，触覚
のみは，実際の試験片を触覚刺激として用いた。視覚刺激，聴覚刺激作成に用
いた試験片と同じものをそのまま触覚刺激とした。図4-18 に触覚実験の実験
風景および刺激例を示す。図4-18（e）に示すような段ボールの箱を特注し，
すべての試験片をこの箱に入れた。箱のサイズは，内寸法 130 mm×70 mm×
15 mm で，上側に 40 mm×88 mm のアール窓をあけた。この窓から，被験者
に右手の人差し指を入れて，試験片に触ってもらった。指で触った際に箱の中
で板が動かないように，試験片と箱の間に段ボール片を詰めて固定した。実験
の途中で被験者の指先からでる皮脂などの影響で試験片が汚れた場合は，実験
者が240番の粗さのやすりで薄く表面をけずり，布で磨いて，新しい面が常に
表に出るようにした。

　評価語は先行研究で用いられている評価語を参考に，23 の形容詞対を選んだ。
評価語は，［偽物らしい−本物らしい］，［なめらかな−ざらざらした］，［冷た
い−あたたかい］，［やわらかい−硬い］，［軽い−重い］，［乾いた−しっとりし
た］，［密度の低い−密度の高い］，［安っぽい−高級な］，［汚い−きれい］，［古
い−新しい］，［不快な−快適な］，［緊張した−リラックスした］，［壊れやす
い−丈夫な］，［ありふれた−めずらしい］，［そぼくな−洗練された］，［たいく

つな－面白い]，[嫌い－好き]，[光沢がない－光沢がある]，[表面が暗い－表
面が明るい]，[表面がぼんやりした－表面がはっきりした]，[音が響かない－
音が響いた]，[音が鈍い－音が鋭い]，[音が濁った－音が澄んだ]であった。

　[偽物らしい－本物らしい]の形容詞については，「木」として本物らしいか
否かを判断してもらうように教示した。触覚関連形容詞については，触覚以外
の条件ではその素材を触ったとき（持ち上げたとき）を想像して判断してもら
うように教示した。価値判断や美的判断に関する形容詞については，その素材
についてどう感じるかを評価してもらうように教示した。その中で特に［緊張し
た－リラックスした］については，その素材が自分の身のまわりのもの，家具，
インテリア，家やオフィスの壁や床などに使われている場合を想像して，自分
が緊張するかリラックスするかで判断を行うように教示した。視覚形容詞につ
いては，たとえば光沢がある，ないなど，映像以外の条件（聴覚，触覚）では
判断できない場合，その素材の状態を（音を聞いた感じ，触った感じから）「想像
して」答えるように教示した。聴覚形容詞についても同様に，音が響いたなど，
聴覚以外の条件（視覚，触覚）で判断できない場合，その素材を叩いた時を（映
像を見た感じ，触った感じから）「想像して」答えるように教示した。評価は1.非
常に，2.かなり，3.やや，4.どちらでもない，5.やや，6.かなり，7.非常に，
の7件法とした。

　聴覚条件以外の時には音は呈示されなかったが，外部の音の遮音のため，被
験者は聴覚だけでなくすべての条件でヘッドフォンをかけた。触覚条件の前に
は，実験条件の統制のため，右手の人差し指をウェットティッシュで拭いて，
その後乾いたティッシュで拭いてから実験を開始した。

　視覚条件と聴覚条件では，実験刺激の呈示はすべてコンピュータで行われた。
触覚条件では，コンピュータ画面にはランダム化された試験片番号が被験者に
は見えないように実験者に呈示され，実験者がその番号の試験片を被験者に差
し出した。実験者が衝立の反対側から黒いカーテン（布）で覆われた箱の中に
差し入れ，被験者は黒いカーテンで覆われた箱の下部から手を入れて，紙のケー
スの上部に開いた窓から右手の人差し指で素材を優しく触って，その素材の
質感についての判断を行った。被験者には指で触って（撫でて）評価を行うよ
うに（爪で引っかいたり，叩いたりはしないように）教示した。

　得られたデータについて，まず木の質感評価に用いた23の形容詞対のうち，似たような評価パターンを持つ形容詞を要約することを目的として，視覚条件，聴覚条件，触覚条件のそれぞれについて因子分析を行った。その結果，視覚条件では，第1因子は，「高級感，希少性」，第2因子は，「快適性，リラックス感」などに関わる因子がまとまった。感性的質感形容詞を含まない第3因子は，知覚特性に関する因子であると考えられる。聴覚条件については，第1因子に知覚特性を示す項目がまとまり，第2因子に「高級感，希少性」，第3因子に「快適性，リラックス感」を示す項目がまとまった。

　触覚条件についても，聴覚同様第1因子に知覚特性を示す項目がまとまり，第2因子に「高級感，希少性」，第3因子に「快適性，リラックス感」を示す項目がまとまった。

　興味深いことに，因子の順番は異なるものの，視覚，聴覚，触覚という全ての感覚を通じて，「高級感と希少性」，「快適性とリラックス感」という要素が別の因子として見出されていた。このことは，少なくとも木の質感評価においては，視覚，聴覚，触覚の評価は，独立に行っても，おおまかには類似していることを示している。そして，視覚，聴覚，触覚の全てにおいて，高級と評価される木が必ずしも快適とは評価されないことを示唆している。

　私たちの日常に，高級感と快適性が連動するものは様々ある。たとえば飛行機は，エコノミークラスよりもビジネスクラス，ビジネスクラスよりもファーストクラスというように高級になればなるほど快適性も上がるだろう。しかしながら，木の質感知覚においては，同様の単純な連動関係はみられないようである。細かく見ていくと高級感はアンティーク家具のように古さや希少性と関連しており，快適性は新しさや清潔感と関連していた。このような知見は，たとえば視覚的な高級感を演出したいときにはこの木材，触覚的な快適性を演出したいときにはこの木材，視覚，聴覚，触覚すべてでリラックス感を演出したいときにはこの木材，というように，住宅やオフィス空間などを設計するときに活用できるだろう。

　なお，因子の構成は視覚，聴覚，触覚で類似していたが，具体的にどの樹種が「高級」あるいは「快適」と評価されたかについては，各感覚によって異なっていた。高級感を例に挙げると，もっとも高い評価を得たのは，視覚ではコ

クタン，聴覚ではラワン，触覚ではスギ（非圧縮）であった。

　重回帰分析を用いて，視覚，聴覚，触覚それぞれの知覚的質感から感性的質感を説明できるかを検討した結果，たとえば「光沢」があり「表面が暗く」「表面がはっきりした」木が「高級」「洗練された」「珍しい」「面白い」「丈夫」と評価されるというように，ある程度，低次の知覚的質感と高次の感性的質感を対応付けることができた。しかしながら本研究で見ているのは心理量と心理量の対応関係であり，物理量との対応関係が見られているわけではない。今後，たとえば平均輝度や輝度ヒストグラム，ラフネスやシャープネス，摩擦係数や接触冷温感といった物理量と知覚的質感，そして感性的質感とを対応付けることができれば，より有用な知見となるだろう。

　被験者間の回答の類似性をみた被験者間相関分析においては，視覚の場合，「表面が暗い−明るい」の判断が突出して値が高かった。聴覚の場合，全般的に被験者間相関の値が低めであったが，それでも，「音の鋭さ」「音の響き」「音の澄み具合」は値が高かった。触覚においては，「ざらざらした−滑らかな」が最も値が高かった。また，興味深いことに，どの感覚モダリティにおいても「新しい−古い」の判断の値が比較的高かった。重回帰分析の結果から，視覚では「表面の明るさ」，聴覚では「音の鋭さ」，触覚では「滑らかさ」がそれぞれ「新しさ」への貢献が高いこと示されている。もしかしたら「新しさ」の判断は，それぞれの状況，それぞれの感覚において，もっとも判断しやすい低次の知覚特性を利用しているのかもしれない。

　なお，Kanaya, Kariya, & Fujisaki（2016）は，Fujisaki, Tokita, & Kariya（2015）のデータセットの一部を用いて，表面の明るさ，音の鋭さ，なめらかさの評定値について，視覚，聴覚，触覚間の感覚間協応が生じていたかどうかについて調べている。前述したように，実験参加者は，視覚形容詞（表面の明るさなど）について，映像以外の条件（聴覚，触覚）では判断できない場合，その素材の状態を（音を聞いた感じ，触った感じから）「想像して」答えていた。聴覚形容詞や触覚形容詞についても同様であった。したがってこのデータセットを用いることによって，木材という私たちの身近にある自然素材の評価において，視覚，聴覚，触覚間の感覚間協応が生じていたかどうか，もし生じていたならばどの組み合わせでどのように生じていたのかを調べることができる。

　分析の結果，感覚モダリティの組み合わせによって結果が異なり，聴覚と触覚には正の相関がみられ，視覚と触覚にも部分的に正の相関がみられたが，視覚と聴覚では有意な相関が見られなかったことが示された。視覚と聴覚には有意な相関がみられず，聴覚と触覚で有意な正の相関がみられ，視覚と触覚にも部分的に正の相関がみられたという本研究の結果は，私たちが環境において，たとえば木製のテーブルをさわったり叩いたり，木製の床を歩いたりして，視覚，聴覚，触覚の共起を経験していく中で，「叩いてその音を聴く（触覚と聴覚の共起）」とか，「見ながら触る（視覚と触覚の共起）」というような，能動的，探索的な経験に基づいた統計的な学習が，「見ながら聴く（視覚と聴覚の共起）」という視覚と聴覚の組み合わせの学習よりも多く起きていることを示唆しているのかもしれない。視覚と聴覚は遠感覚であるのに対して，触覚は近感覚であり，触覚だけは，対象が身体に接触していないと感じることができない。そのため，環境に働きかけてそのフィードバックを得るときに，触覚となにか別のモダリティ，という組み合わせの学習が起こりやすいのかもしれない。ただし，今回分析に用いたのは木材についてのデータセットであったため，木という材質の特殊性が反映されている可能性については考慮しておく必要があるだろう。今後，木以外の素材を用いたさらなる検討が必要であろう。

4.5　多感覚質感情報統合の論理 ··

　目の前にあるものの素材が何であるかを推定するとき，私たちが自然にとる行動の一つは，叩いてその音を聴くということである。叩いた時の音はその材質の内部状態を知る鍵になる。たとえばプロフェッショナルな打検師は，缶詰を外側から叩いて，その音のフィードバックを利用することによって不良缶詰を識別することができるという。実際，ガラスと木材といった，おおまかな素材カテゴリーは，その素材を叩いた音を聴くだけでも感じられる。では，このような聴覚的な素材情報と視覚的な素材情報の統合はどのように行われるのだろうか。

　筆者ら（Fujisaki, Goda, Motoyoshi, Komatsu, & Nishida, 2014）は，まず，コンピュータグラフィックスで作られたガラス，陶器，金属，石，樹皮のない木材，

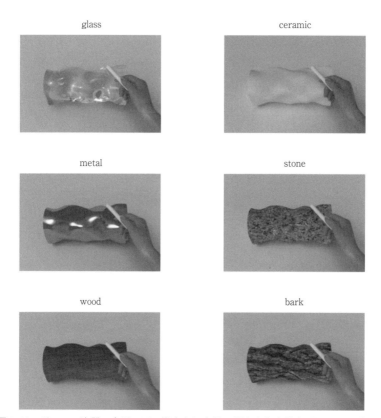

図 4-19 ガラス，陶器，金属，石，樹皮なし木材，樹皮あり木材を叩いている動画例
（Fujisaki et al., 2014）

樹皮付きの木材の6種類の物体をスティックで叩くという映像（図4-19）に，
ガラス，陶器，金属，石，木，野菜（パプリカ），プラスティック，そして紙を
叩いた時の8種類の音（口絵図4-20）を組み合わせて，視聴覚で様々な素材が
組みあわされた動画を作成した。視覚刺激7種（6種＋コントロールの黒画面）×
聴覚刺激9種（8種＋コントロールの無音）の63通りのうち，視覚刺激も聴覚刺
激もコントロールの1種類を抜いた，62通りの組み合わせの動画を作成し，こ
れらの刺激について，素材カテゴリー判断を行った。

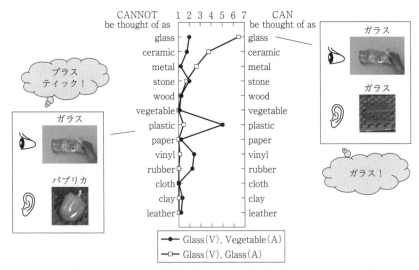

図 4-21　聴覚による素材知覚の変容の例。ガラスの動画と野菜（パプリカ）の音を組み合わせると「ガラスではなくプラスティックと思える」という評価が高くなっている（Fujisaki et al., 2014 に基づき作成）

　質問項目は材質についての項目が 13 対（ガラスと思える－ガラスと思えない，陶器と思える－陶器と思えない，など），視覚形容詞についての項目が 5 対，聴覚形容詞についての項目が 7 対，その他の形容詞についての項目が 9 対，組み合わせの自然さについての形容詞が 1 対の，計 35 対であった。評価は 7 件法を用いた。

　実験の結果，視聴覚を組み合わせることによって，素材知覚は劇的に変化した。たとえばガラスの映像に野菜（パプリカ）の音を組み合わせると，「ガラスではなくプラスティックと思える」という評価が高くなった（図 4-21）。同じガラスの映像にガラスの音を組み合わせると，「ガラスと思える」という評価が高くなった。すなわち同じ視覚刺激に対して異なる聴覚刺激を組み合わせることで，素材の判断が大きく変化したのである。また，木を叩く音を木の映像と組み合わせた時は「木と思える」という評価が高くなったが，木を叩く音をガラスの映像と組み合わせると「プラスティックと思える」という評価が高

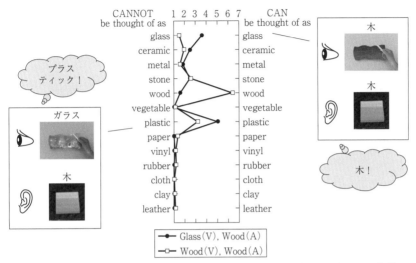

図 4-22 　視覚による素材知覚の変容の例。ガラスの動画と木の音を組み合わせると「ガラスではなくプラスティックと思える」という評価が高くなっている（Fujisaki et al., 2014 に基づき作成）

くなった（図4-22）。これは，同じ聴覚刺激に対して，異なる視覚刺激を組み合わせることで，素材の判断が変化した例である。

　視覚単独，聴覚単独の評定から，実は，それぞれの感覚のみでは，素材カテゴリーの候補がそれぞれ複数存在していることが分かった。たとえば透明な物体は，視覚的には，ガラスかもしれないし，氷かもしれないし，水晶かもしれないし，ゴムかもしれない。同様に「カーン」という聴覚的な音は，ガラスを叩いた音かもしれないし，陶器を叩いた音かもしれないし，金属を叩いた音かもしれない。このように単独の感覚では解消できない素材カテゴリーの曖昧性が，視覚と聴覚の論理積をとるような形で解消されたと見ることができる。すなわち「相補的な情報統合」である。このような論理積統合は，材質のカテゴリー知覚のデータ全体に見られる傾向であった。

　また，材質のカテゴリー知覚と，材質の特性知覚では，統合のルールが異なっていることが判った。材質カテゴリー知覚における視聴覚統合論理は，従来，

多感覚情報統合で言われてきたような重みづけ平均やwinner-take allではなく，上述のような強い非線形論理積タイプの相補的な情報統合であることが示されたが，一方で材質の特性知覚にはそのような非線形性は見られず，従来の多感覚情報統合の研究で報告されているような，重みづけ平均で説明できることが示唆された。

　では，人間は，いつごろから，どのように，モノの素材の音と視覚の結びつきが分かるようになるのだろうか。Ujiie, Yamashita, Fujisaki, Kanazawa, & Yamaguchi（2018）は，言語獲得前の乳児について，近赤外分光法（NIRS）を用いて，モノの質感の視聴覚統合に関連した脳内処理の有無を調べた。具体的には，木や金属を叩く音とその表面材質（視覚刺激）が一致した刺激と不一致の刺激を観察したときの，左右側頭領域の脳血流反応を近赤外分光法（NIRS）によって計測した。これらの視聴覚刺激はFujisaki et al.（2014）が作成した刺激セットの一部を，本研究の乳児の実験のために抜き出して使用したものである。生後4か月から8か月の乳児32名が，母親の膝の上で，実験に参加した。

　実験の結果，モノの素材の見た目と音の関係が生後4ヶ月から脳の右半球で処理されるようになり，経験とともに処理できる素材が増えることが示された。さらに，このような脳内処理は，木の素材に対しては生後4ヶ月から，金属の素材では生後6ヶ月からみられ，素材によって獲得時期が異なることを明らかにした。このことは，その素材が乳児にとってどの程度身近であったか，その接触経験が，素材質感の視聴覚統合の獲得時期に影響することを示唆している。

第5章　様相内融合認知と五感融合認知

5.1　様相内，様相間，五感全体

　マルチモーダル認知とか，クロスモーダル認知と呼ばれる分野の研究が活発に行われるようになってから，すでにかなり長い時間が経過している。このような研究の多くは，独立した複数の感覚が単純な加算として処理されるのではなく，融合して新たな解釈を生み出すような現象を取り上げている。視聴覚の融合認知としてのマガーク効果や視触覚の融合認知としてのラバーハンド錯覚は感覚融合認知の代表的現象と言えるだろう。たとえば，第2章で取り上げあげたマガーク効果は，聴覚刺激としては「バ」，視覚刺激としては「ガ」を呈示したとき，聴覚刺激や視覚刺激それぞれから導き出される解釈とは異なる「ダ」という新たな解釈として感じる現象であるが，視聴覚情報が融合した認知現象として捉えることができる。ラバーハンド錯覚は，別に呈示した手や腕が自分の手や腕でないにもかかわらず，自分の手や腕のように感じられる，視触覚融合認知に基づく身体所有感の変容として，「身体と空間の表象」巻第5章で詳細に取り上げている。これらの典型的な現象例が示すように，五感の中の2つのモダリティ（様相）が関わる認知処理としてのマルチモーダル認知（多様相認知）の研究が盛んに行われて，統制された実験により，2者関係で創発される表象は，それぞれのモダリティに基づく結論とは異なる，外界に対する総合的で妥当な解釈につながることを明らかにしてきた。

　このような，五感の中の2つのモダリティが関わるマルチモーダル認知の研究が行われる前から，それぞれの様相内の融合認知研究が行われてきた。様相内の融合認知とは，同様相内に，複数の独立した感覚器官があり，それぞれに得られた情報が融合した認知現象を指す。五感のうち，複数の独立した感覚器官が存在するのが視覚と聴覚である。すなわち，視覚は左右両眼，聴覚は左右

両耳という感覚器官が独立して存在する。鼻は1つだけであるけれども，鼻孔は左右存在するが，視覚や聴覚と同様に，嗅覚に独立した複数の感覚器官が存在するとして扱うことは難しいだろう。もちろん，嗅覚において左右の鼻孔に異なるにおい刺激を与えると，どちらかのにおいのみが知覚され，周期的に交代するので，左右の鼻孔で独立してにおいを捉えられることは分かっている。また，鼻サイクル（交代性鼻閉）という自律神経の働きによる現象があり，それは両側の嗅覚損傷が起こらないような，ある種の防御作用と考えられており，鼻孔が左右存在する意味は当然ながら存在するが，左右の鼻孔から入力された嗅覚情報の感覚融合認知について取り上げるべき現象は少ない。残りの感覚モダリティである味覚と触覚には，左右の独立した感覚器官があるわけではない。そこで，本章ではまず，様相内融合認知としての視覚と聴覚に関する現象を取り上げる。ただし，様相内の融合認知には，脳内の結び付け問題に関わるような融合認知は取り上げないことにする。結び付け問題とは，視覚系の情報処理でいえば，ある事物に対する明暗，色彩，運動などの視覚特徴がそれぞれ独立して脳内で特徴抽出されるときに，最終的にどのように結び付けて1つの対象として認識するかという問題であり，脳科学においていまだに主要問題の1つであるが，この問題に関しては，特徴統合理論（Treisman & Gelade, 1980）など，認知心理学的には注意の問題として扱われるので，感覚融合認知の問題として含めないことにする。

　視覚において，左右両眼から得られる感覚情報の融合認知の代表が立体視である。左右両眼で得られる視覚情報の差異を視差として捉えることで，視覚対象までの距離としての奥行き情報に変換する過程により立体視が成立すると考えられてきた。重要なのは，空間上の1点の定位を算出するだけではなく，必ずしも連続的ではない空間全体の奥行き情報を一瞬にして解釈できるメカニズムにある。視差に基づく奥行きだけではなく，明暗，色，運動などの視覚特徴が脳内の初期段階では独立処理されていることもよく知られている。そこで，たとえば両眼の明度差を操作することで奥行きの違いとして解釈されるプルフリッヒ効果が生じるが，これも感覚融合認知の代表的現象であろう。すなわち，明暗特徴と運動特徴の融合認知により，本来は単眼では不定であるはずの空間的位置について，連続的変化に関する解釈が与えられる。ただし，左右両眼で

得られる視覚情報は，視差として融合するだけではないという主張もあり，融合による左右両眼情報の補完過程の可能性にも言及したい。

　聴覚において，左右両耳から得られる感覚情報の融合認知の代表がステレオ聴であろう。左右両耳で得られる聴覚情報の差異を距離差と捉え，聴覚対象までの距離としての音源定位する過程により，ステレオ聴が成立する。2つの外耳道を通じて得られる聴覚刺激入力に基づく空間的な印象は，音波の合成によって生じる両耳間の位相差と強度差に基づく一種の錯覚と位置付ける立場もある。5.3 では，空間全体の奥行き情報としての音場を一瞬にして解釈できるメカニズムに言及するとともに，実際にその場にいるかのような感覚を指す臨場感を取り上げ，高い臨場感が，適切に再現された刺激音のバランスによって実現されていることを明らかにする。

　感覚融合認知に関する研究を，上述のような様相内の感覚融合認知と，他章で取り上げた様相間，特に視聴覚，視触覚など，2つの様相間の融合認知だけではなく，3つ目の区分として五感全体の融合認知を位置付けたい。その場合，五感全ての感覚融合認知として当然ながら，嗅覚と味覚を含むことになるので，食体験における現象を取り上げることになる。そもそも五感と言いながら，独立した感覚処理過程として扱うのが難しいのが，嗅覚と味覚に基づく味覚判断である。もちろん，嗅覚には鼻という感覚器官，味覚には舌という感覚器官が独立して存在する。ところが，嗅覚はともかく，我々が味覚として感じているのは，舌から得られる感覚情報とは異なっている場合が多いのだが，日常生活の中でそれに気づくことは比較的難しい。ただ，鼻をつまんで，何かを食べてみれば，物理的には舌から得られる味覚について何も妨害していないにも関わらず，美味しいと感じることがとても難しいことがすぐに分かるだろう。美味しいと判断するために重要な要素，いわゆる風味という感覚は，味覚には重要であるが，それは嗅覚と味覚の融合認知に基づいているので，味覚単体では正しく機能しない。コロナ禍において，感染後の後遺症として深刻な問題になったのは味覚障害であるが，これは実際には嗅覚神経細胞の損傷による嗅覚障害であり，嗅覚と味覚の融合認知が成立していないためである。5.4 では，まず風味を中心とする嗅覚と味覚の融合認知としての「味覚」について取り上げ，五感全体の融合認知として食体験における現象を取り上げる。

5.2　両眼融合認知 ∙∙∙

　我々人間は，水平方向に約6センチ離れて位置する2つの眼を持っている（塩入，2007）。その両眼に投影される像にはわずかな違いがあり，この両眼網膜像の違い，すなわち水平網膜像差が外界空間の理解のための手がかりとなる。両眼で注視している点（注視点）と同じ奥行きにある刺激は，左右の網膜上の同じ位置に投影されるのに対し，注視点と異なる奥行きにある刺激は水平方向にずれた位置に投影される。この網膜像の位置のずれのことを両眼視差という（一般には単に視差と呼ばれる）。両眼視差の量は刺激と注視点の奥行き距離に比例し，刺激が注視点より手前にある場合と，奥にある場合とで両眼視差の方向（符号）は逆になる。

　視差のある2枚の情景を横に並べて，立体鏡と呼ばれる呈示装置を使って呈示すると，情景に存在する建物にはそれぞれ異なる奥行きを感じることができる。たとえば，複数の建物が写った情景において，左右に呈示される情景写真で，近くにある建物と，遠くにある建物では，視差と呼ばれる位置関係が微妙にずれているために，そのずれを建物までの距離に変換する感覚融合メカニズムにより，立体的な情景として空間把握することができる。視差のみを手がかりにして奥行きを知覚できることはホイートストンが19世紀前半にハプロスコープと呼ぶミラー式両眼視システムを考案して証明したが，基本的にこれと同じ処理過程により，日常的な情景理解において，左右両眼を通じて射影された網膜像を元に，外界の空間把握をしているのが立体視である。

❖視差と奥行きの関係

　水平網膜像差は，外界の2点が左右眼の網膜に射影されるときの水平方向の差分として定義される。この水平網膜像差が奥行量の手がかりとなる。図5-1に示したように，2点の対象間の水平網膜像差と知覚的奥行き量の関係において，奥行き知覚が生じるための水平網膜像差の閾値，網膜像差量と知覚量が線形の関係を保つ範囲，奥行き知覚が生じる水平網膜像差の上限が存在する。また，左右眼の像が融合する限界，すなわち単一像に知覚される網膜像差量の限

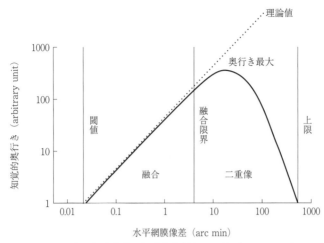

図 5-1　水平網膜像差と知覚的奥行きの関係（Tyler, 1991）

界は，奥行きが知覚される網膜像差量の上限とは別に存在する。

　立体視のための水平網膜像差の閾値は，最もよい条件下では，視角にして数秒になる。これは，視距離 1 m において約 0.5 mm の奥行き量に対応し，非常に小さい。水平網膜像差が閾値を超えると，知覚的奥行き量が網膜像差量に比例して増加するようになる。これは，網膜像差と実際の奥行き量の幾何学的な関係から予測することができる。さらに網膜像差が増加すると，知覚的奥行き量の増加が幾何学的な予測より小さくなり，やがて奥行き量が減少し，左右眼の像が融合されなくなり，二重像として知覚される。さらに，立体視のための網膜像差の上限は，数度程度である。したがって，日常生活において比較的小さな奥行きの差異を知覚するために網膜像差は用いられると考えられる。

　両眼網膜像差の水平成分はもちろんのこと，垂直成分も空間理解に関わっている。対象が正中線以外に存在する場合の垂直網膜像差は，対象の方位に比例し，視距離に反比例する。したがって，垂直網膜像差は方位と視距離の手がかりになりうるが，水平網膜像差のように対象の奥行き量の直接的な情報ではなく，対象を観察するときの視方向，眼球位置，視距離などの情報として，間接的に空間理解に寄与する。

✣ランダムドットステレオグラム

　日常的な情景理解において，視差以外の情報からも，遠近感を得ることができる。大小遠近（大きさ変化），線遠近（線状透視，すなわち遠点の点への収斂），大気遠近（遠点でのぼけ），重なりによる遮蔽，陰影，テクスチャ勾配（遠点は細かいきめ）などが奥行き感の形成に利用されており，絵画的奥行き手がかりと呼ばれ，絵画における遠近感の表現に利用されている（横澤，2010）。ただし，立体視のメカニズムを検討する上で重要だったのは，このような絵画的奥行き手がかりを排除した場合でも，立体視が可能であることが明らかになったことである。すなわち，視差を持った2枚の情景画像の対応関係は，画像内の物体ごとに個別に視差を調べることなく，さらに物体認知されなくても，両眼視差の検出が可能であることが，ランダムドットステレオグラムによって明らかになった（Julesz, 1960）。

　ランダムドットステレオグラムの作成法としてはまず，図5-2のように，ランダムな位置にドットを配置したパターンを2枚作成する。基本的に両者には，同じ位置にドットを配置するのだが，部分的に左右どちらかに少しずらして配置する。このときできた空き領域には，やはりランダムな位置に配置したドットを加える。この2枚を立体鏡で見ると，ずらして配置した領域の奥行きが違って見える。このようなランダムドットステレオグラムの各ランダムドットパターンには形状情報は一切含まれていないにもかかわらず，それらを融合したときに3次元パターンが見えることから，立体視の過程において，物体認知せずに両眼視差の検出が可能であることが明らかになった。今ではコンピュータを利用して心理実験刺激を作成することは当たり前になってしまったが，ランダムドットステレオグラムは，ランダムな位置にドットを配置するという計算が必要なために，コンピュータを利用した最初の心理実験刺激となったといわれている。

　ランダムドットステレオグラムが立体的に見えるということは，その中の対応ドットによる水平網膜像差により，各ドットの奥行きが確定したことで，奥行き形状が知覚されたことを意味する。逆にいえば，左右の網膜像の対応点を決定するためには，単眼像から明確な形状が知覚されなくても可能であることを示している。しかし，左右2つの単眼像から，対応ドットによる水平網膜像

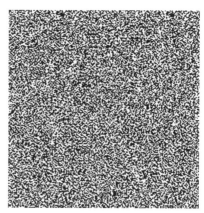

図5-2 ランダムドットステレオグラムの例（横澤，2010）

差を比較し，視差を確定するというのは気の遠くなるような作業が必要なはずである。たとえば，図5-3のように，左右の網膜上の水平方向に等間隔に4点が映っていたとすると，外界では奥行きを持つ16点の候補位置が存在することになる。すなわち，点数の二乗倍の候補位置，たとえば100点に対して1万候補位置が存在することになる。ランダムドットステレオグラムにおいて，ランダムドット1つの正しい対応関係を見つけるには，同時に数多くの誤対応の候補をしりぞける必要がある。近傍では同じような奥行きを持つという制約条件を仮定すれば，1対1に対応した1つの解に収束するのだが，そのような制約条件に基づいて，ドットのわずかな位置ずれから多数のドットの奥行きを同時に決定するという優れたメカニズムが必要となる。

❖両眼網膜像差の検出モデル

　両眼網膜像差を検出するためには，1つの対象によって生み出される，左右両網膜像の対応点を決定する必要があるがあり，これが両眼網膜像の対応問題と呼ばれる。ここでは，ランダムドットステレオグラムにおける網膜像差を検出するアルゴリズムに関する代表的なモデルについて述べる。

　すでに述べたように，ランダムドットステレオグラムにおいて，ランダムド

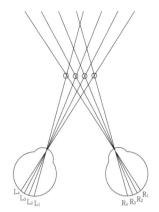

図5-3　左右の網膜像の対応点候補

ット1つの正しい対応関係を見つけるには，同時に数多くの誤対応の候補をし
りぞける必要がある。整合する属性を持つ左右眼の1点ずつを選び（適合性の
制約），左眼の1点は右眼の1点と対応し（一意性の制約），近傍では同じよう
な奥行きを持つ（連続性の制約）という3つの制約条件を満足すれば，たいて
いの場合その対応は物理的に正しいと考えられる（Marr, 1982）。特に重要と考
えられる，周囲と滑らかな奥行きを形成しているという連続性の制約条件のも
とに，われわれはほとんどの誤対応の候補をしりぞけていると考えられている。
　　Marr は，これらの制約条件を満たす2つのアルゴリズムを提案している。
まずは，第1アルゴリズムと呼ばれるモデルを紹介する（Marr & Poggio, 1976）。
図5-4（a）において，Lx と Rx は左右の像における記述要素（たとえば，ラン
ダムドット）の位置を表わし，垂直および水平の実線は左右眼からの視線を示
す。これらの線の交点はある視差での左右眼の対応候補を表している。斜めの
破線は視差一定の線であるので，協調的アルゴリズムでは各節点において，実
線が抑制性の相互作用を，破線が興奮性の相互作用を及ぼす。図5-4（a）のネ
ットワークの各節点における局所構造が図5-4（b）に示されているが，このア
ルゴリズムが2次元画像全体に拡張されるので，図5-4（c）に示す局所構造を
持つことになる。このとき図5-4（c）における楕円形は，連続性の制約を満た
す近傍での相互作用範囲を表している（図5-4（a）の視差の範囲が限定されてい

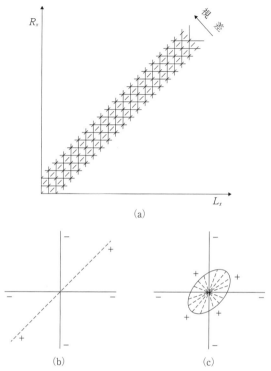

図5-4　両眼網膜像差検出に関する Marr & Poggio（1976）の第1アルゴリズム

るのも，同様の理由による）。このような制約条件を満たすネットワーク，すなわち自己組織化する協調的アルゴリズムに基づいて，ドットのわずかな位置ずれから多数のドットの奥行きを同時に決定するという優れた処理が可能となり，ランダムドットステレオグラムの対応問題は解決することができる。このような並列処理によって，それぞれの点の対応関係が確定すれば，ランダムドットステレオグラムが立体的に見えるのである。ただし，このアルゴリズムは基本的にランダムドットステレオグラムのような，要素がドットに限定された状況で機能することに注意しなければならない。

　そこで，第2アルゴリズムでは，両眼像対応の基本特徴を，各点ではなく左右像に含まれる輝度エッジとし，近傍にありコントラストの極性と方位がほぼ

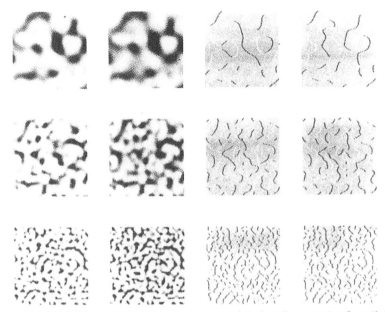

図5-5 両眼網膜像差検出に関する Marr & Poggio（1979）の第2アルゴリズムの途中結果

同じエッジが対応するとした（Marr & Poggio, 1979）。両眼融合において乗り越えねばならない基本的問題は誤対応を除去あるいは回避することである。もし，特徴が画像上にごく少数しかなければ，整合の探索は，誤対応に出会うまでに広い視差範囲をカバーできる。すなわち，与えられた視差範囲に対して，もし照合問題を単純化したいならば，整合しうる特徴対の発生率を減らさねばならない。これは，画像上に存在するすべての特徴の密度を劇的に減らすために，画像を精査するときの空間的解像度を下げることによって可能である。そこで，まず低空間周波数のフィルタによる粗い位置の対応づけになるので，対応範囲を狭めることができる。図5-5左側の縦2列は上からそれぞれ左右の画像を徐々に細かいフィルタでたたみ込みした結果を示す。図5-5右側の2列は左側のたたみ込みから得られたゼロ交差を示す。粗いフィルタによって得られたゼロ交差，すなわち輝度エッジの量が少ないことは明らかである。

　徐々にフィルタの周波数を上げて対応づけをすることにより，精密な網膜像差を検出する。このアルゴリズムでは，各点ではなく輝度エッジを基本単位とすることにより基本単位の個数と対応の可能性の数が大幅に減少し，対応づけが効率的となる。そこで，両眼融合問題を解く第2アルゴリズムは以下のような図式となる。

(1) 各画像は，粗さの異なる周波数チャンネルを通して分析され，まずは粗い周波数チャンネルの解像度において，両眼の対応する視差が照合される。

(2) 粗い周波数チャンネルで得られた視差に基づいて輻輳運動を制御し，細かい周波数チャンネルで対応範囲が決定される。粗い特徴を先に照合して，そこで得た情報を用い，徐々に細かい解像度に基づく範囲で，照合過程を反復する。

(3) 対応が決められれば，それは保持され，同一の奥行き平面と判断されれば，表面のどの部分であろうとも視差が決まり，容易に融合できる。

　左右像それぞれに対し，方位選択性や大きさの異なる数多くの空間フィルタをかけ，それらの出力によって構成されるベクトルによって像の各位置における局所的構造を特徴づけるモデルも提案されている（たとえば，Jones & Malik, 1992）。いずれにしても，誤対応を少なくするために，両眼の網膜に射影された像の特異性をもとに，我々の立体視メカニズムは情景全体の奥行き理解に至る処理を実現させていることになる。

✢奥行き手がかりの統合

　網膜からの視覚処理経路において，左右両眼に受容野をもつ細胞は初期視覚野であるV1野で初めて現れ，刺激の両眼視差がある範囲に入るときには強く応答し，それ以外のときにはあまり応答しない特性，すなわち両眼視差選択性を示す。V1野で抽出された両眼視差情報がMT野に送られ，その情報にもとづいて粗い奥行きの弁別が行われる一方，VI野からV2野を経て，V4野，IT野へと伝達される間に，視野局所の視差情報から，大域的な相対視差情報へと変換され，奥行きをもった面の知覚につながると考えられる（藤田，2007）。す

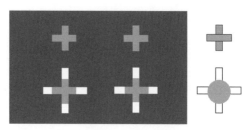

図5-6　レディース・シュピルマン図形（Redies & Spillmann, 1981）

なわち，V4野やIT野のニューロンが，相対視差の検出を必要とする細かい奥行きの検出，対応点問題の解決を必須とする奥行き面の知覚に関わっていると考えられている。一方，頭頂葉経路の視覚野も3次元的な構造や奥行きを知覚する際に寄与していることも明らかになり，頭頂葉の損傷患者が，風景が平板に見えるとか，舞台の書き割りのように感じると述べるような症例と合致する。このように，単に初期視覚野での両眼視差情報の抽出を持って，奥行きが得られ，立体視が成立しているわけではない。同様に，ランダムドットステレオグラムは，両眼視差単独で奥行き感が得られることを示しているが，色や形や明るさの情報と共同で働くことを否定したわけでない。たとえば，図5-6左上段の灰色の十字をステレオグラムとして両眼融合すると，水平のバーが垂直のバーの上に浮かんでいるように見える。ところが，この同じ十字の先端に，白い短いバーを付け足しただけの図5-6下段のステレオグラムを両眼融合すると，灰色の水平バーではなく，灰色の半透明の円盤が白い大きな十字に浮かんで見える（Redies & Spillmann, 1981）。この十字は，レディース・シュピルマン図形と呼ばれるが，同じ形，同じ両眼視差をもった十字でありながら，そのまわりにあるものによって，両眼融合したときに，まったく異なる面の構造が見えることから，立体視において，色，明るさ，形，両眼視差に関する情報が互いに影響しあっていることを示している。

　正確な両眼視差が得られなくても，さらには両眼視差が存在しなくても，様々な奥行き手がかりによって奥行き感が生じる。大小遠近，線遠近，大気遠近，重なりによる遮蔽，陰影，テクスチャ勾配など，絵画的奥行き手がかりと呼ばれる様々な手がかりによって，奥行きを総合的に判断することができるこ

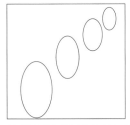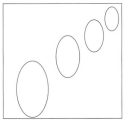

図 5-7 水平網膜像差と絵画的奥行き手がかりの関係（Howard & Rogers, 2002）

とはすでに述べた（横澤，2010）。大小遠近とは，同じ物体ならば近くの物体の方が遠くの物体より大きいことに基づく手がかりである。線遠近とは，遠方の1点へ収斂する線が3次元空間における平行線に知覚される手がかりであり，ルネッサンス以後の西洋絵画に盛んに用いられた。大気遠近とは，大気中の光の散乱，吸収などにより遠点で明暗の差が少なくなることに基づく手がかりである。重なりとは，たとえば手前の山が遠くの山を隠してしまうような関係に基づく手がかりである。陰影とは，照明が上方から来ることを仮定することで，表面の凹凸，すなわち奥行きの手がかりとなる。テクスチャ勾配とは，構成要素の形状変化や密度変化が遠近の手がかりとなる。絵画では遠近感を表現するために絵画的奥行き手がかりが積極的に利用されているので，われわれは絵画から豊かな3次元世界を感じることができる。ランダムドットステレオグラムのような，単眼からの情報では奥行き手がかりがまったくないという状況は日常的には稀であるので，奥行き情報を得るために絵画的奥行き手がかりを日常的に利用していると考えられる。

　視差や絵画的手がかりによる複数の奥行き情報に矛盾があるときには，感覚融合認知により，つじつまの合った解釈を瞬時に導き出していると考えられる。たとえば，図5-7左図を単独で見ると，大きさおよびテクスチャ勾配から上方にある小さい円が遠くに知覚されるが，図5-7左図と右図を融合して水平網膜像差が逆向きの奥行きを示すようにすると，知覚は水平網膜像差に基づいて決まり，大きさおよびテクスチャ勾配による絵画的奥行き手がかりは抑制されたように知覚される。また，視差が遮蔽など，他の手がかりによって抑制される場合もある。各手がかりによる奥行き情報の統合は単純な加算ではなく，融合

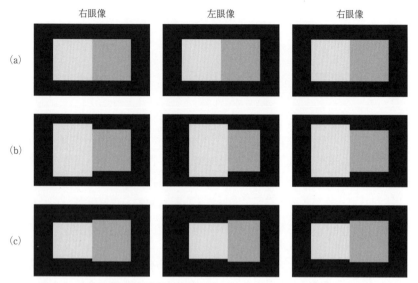

図5-8　水平網膜像差と奥行き情報の曖昧性（Grove, Ono, & Kaneko, 2003）

認知における手がかりごとの加重変化は，各手がかりの信頼性に依存していると考えられる（Howard & Rogers, 2002）。

　図5-8図（a），（b），（c）は，灰色部分に異なる大きさ比を持っているので，中央のエッジの遮蔽手がかりにより，図5-8（a）では隣接する白色部分のエッジの高さは灰色部分と同じなので，対象の前後関係に関する情報は持たず，白矩形と灰矩形の前後関係は曖昧である。左右像を融合して，たとえば白矩形が背景に対して交差性網膜像差を持つ状態で観察すると，図5-8（a）は灰色矩形が平面または段差面として曖昧，図5-8（b）は平面，図5-8（c）は段差面として知覚される（Grove, Ono, & Kaneko, 2003）。遮蔽手がかりが視差による空間構造の候補から1つを限定するために用いられることを示していることになる。ある手がかりが持つ奥行き情報の曖昧性，奥行き量の曖昧性，回転方向の曖昧性，面の傾きの曖昧性などを，他の手がかりから得られる情報によって限定し，明確化されていることになる。

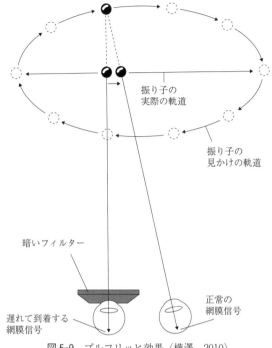

振り子の
実際の軌道

振り子の
見かけの軌道

暗いフィルター

遅れて到着する
網膜信号

正常の
網膜信号

図 5-9　プルフリッヒ効果（横澤，2010）

❖プルフリッヒ効果

　奥行き手がかりの統合現象の 1 つが，プルフリッヒ効果（Pulfrich Effect）である。左右眼の入力情報を操作すると，運動と奥行きの間には興味深い現象が生起する。図 5-9 のような振り子を作り，左右に振ってみる。そして，片眼をサングラス等で減光すると，単に左右に振れるのではなく，楕円軌道を描いているように見える。この現象をプルフリッヒ効果と呼ぶ。これは，暗順応時に時間的解像度を犠牲にして明るさの感度を上げるような視覚系の仕組みに起因すると考えられてきた。すなわち，薄暗いと時間的な解像度が悪くなっているので知覚が遅れ，片眼が減光されると，両眼の知覚結果に時間差ができることになる。知覚結果の時間差，すなわち現在と過去を見る事になり，振り子の位置が両眼で異なる。左右に振れている振り子は揺れの中央で速度を上げるので，

この場所で遅れが最も大きくなるはずである。結果的に，視差のある振り子を立体視することと同様の事態となり，左右に動く振り子が楕円を描くように回転して見えると考えることができる。ただし，運動と奥行きを同時に符号化するような受容野を持つ神経細胞が存在することから，時間的な遅延がそのまま奥行きの違いと判断されている可能性も指摘されている（Anzai, Ohzawa, & Freeman, 2001）。

❖パナムの融合領域

　両眼融合の問題は，両眼の網膜像が1つに融合していることを前提としている。目の前に指を立てその指を見つめたとき，その後方数十 cm の対象を観察すると二重像が見えるが，視差が大きい場合には両眼網膜像は融合しないので，視差のある2つの網膜像が1つに知覚にされるためには，視差の大きさはある範囲に入っている必要がある。そこで，パナム（Panum）の融合領域と呼ばれる，単一の対象として知覚できる限界視差が明らかにされている（Howard & Rogers, 1995）。パナムの融合範囲は視差量で表されるが，融合の可否は，視差量だけでは決まらず，時空間周波数，網膜位置，周辺刺激の有無などの刺激条件に依存し，視角数分から数度と大きく変化する。一般に，視野の中心部では非常に狭いが，視野の周辺部にいくにしたがって広くなり，空間低周波数であるほど融合範囲は広く（Schor & Tyler, 1981），周囲の刺激の影響は大きく，同じ視差であってもすぐそばに異なる視差を持つ他の刺激がある場合，融合ができなくなる（Burt & Julesz, 1980）。

　実世界において，前景を見ているときはその距離に調節が合っているため，背景には焦点が合わず，背景がぼけると二重像になっていても意識されにくく，ぼけにより背景の像が低空間周波数成分のみで構成されることになるため，パナムの融合領域が拡大し，背景も融像されやすくなる。しかし，3次元映像の場合は，両眼像は前景も背景も同じ画面上のため，前景に調節が合っていれば背景も鮮明に見えてしまう。これは実空間ではあり得ない状況であり，その違和感から疲労を引き起こすと考えられている。

✣同一視と視野闘争

異なる左右両眼網膜像が1つのものとして捉えられることを同一視と呼ぶが，異なる左右両眼網膜像が1つに見えることと，両眼立体視が成立することは独立である。たとえば，明るさや色などの特徴が左右両眼で異なる場合，差異が小さい場合には混色して1つに見え，大きい場合は視野闘争する。具体的にいえば，右眼に赤，左眼に緑の刺激が呈示されると，いわゆる視野闘争が起こるが，赤と少し黄色みがかった赤という類似した色刺激の場合は，両者が混ざり混色され，物理的な混色と見分けられないほどの融合認知となる。すなわち，両眼混色する色差には融合限界が存在し，その限界を越えれば，視野闘争が生じるのである。赤と緑，青と黄といった反対色の組み合わせは両眼混色せず，無彩色との両眼混色では，彩度が高くなると混色しないことが明らかにされている (Ikeda & Nakashima, 1980; Ikeda & Sagawa, 1979)。

明るさについては，左右両眼の加算効果が知られており，左右両眼の明るさが異なるときは，線形な加算効果がある。すなわち，両眼の輝度を単純に加算していることを示す結果が得られている (Levelt, 1965)。さらに，左右両眼に極端に明暗の違う刺激，たとえば左眼には白い刺激，右眼には黒い刺激を呈示すると視野闘争は起こるが，刺激の大きさをある程度大きくすると，視野闘争が起こらず，光沢感のある見えになる。このような現象の重要性は，具体例に基づくと理解しやすい。たとえば，両眼間で明るさが異なる状況は，照明光に照らされた白い物体への光が反射する際に，一方の眼には鏡面反射光が入射しても，もう一方の眼には拡散反射光が入射する状況である。このような場合には，両眼間で明るさが異なってしまうため，視野闘争が生じてもおかしくないが，我々は視野闘争でなく光沢を知覚することになる。すなわち，両眼間で明るさの異なった刺激でも，その状況を2つの異なった刺激と解釈するのではなく，1つの光沢感のある表面であると解釈するために，視野闘争が生じないと考えられる。

ステレオグラムを作成する際に，片眼の白い（黒い）部分に対応する，もう片眼の対応部分を黒（白）にするように，左右の像の輝度を反転させてしまうと，輝度反転ランダムドットステレオグラムとなる。このようなステレオグラムでも，左右像の間に幾何学的に対応する点は存在するが，面は見えず，全体

としての奥行きははっきりせず，奥行き位置のちがうドットが雲のような塊になって見え，すこしぎらついて見える。輝度反転ステレオグラムでは明白な面構造が見えないことは，右眼像と左眼像の間で黒か白かが対応する点同士を結びつけ，ステレオグラム画像全体にわたってなめらかな面を構成するような対応づけが存在しないことに起因している。

❖透視可能な重層認知

　両眼の融合認知とは，異なる両眼網膜像が1つの知覚像として認知されることであり，必ずしも奥行き知覚と同一ではない。すなわち，両眼網膜像の感覚融合認知に関して，立体視とはかなり違った役割もあると考えられている。水平方向に約6センチ離れて位置する両眼に投影される網膜像は，たとえば部分的に開放された柵を通してみれば，図5-10左図のように全く重なり合わない情景が両眼網膜像に射影されていることになる。図5-10右図のような具体例で考えてみると，手前にある短冊状の柵の向こう側の部分的な顔画像が，左右眼それぞれに射影されているが，お互いに一致する部分はない。このようなときでさえ，奥行きの異なる柵と顔画像として知覚され，左右眼で統合された顔画像として認知することができる（Forte, Peirce, & Lennie, 2002）。柵と顔画像が異なる2層の奥行きと判断されることにより，立体視が成立していることになる。このことの重要性は，部分的にしろ，不透明な柵が存在するにもかかわらず，透視するかのように，柵の向こう側の顔画像全体を統合することができることにある。すなわち，部分的に遮蔽されているような情景においても，視差のある両眼網膜像の再構成によって，遮蔽されていない情景を捉えることができることになる。日常的に，このような両眼視で透視しているような状況は誰でもすぐに確認できる。片眼を閉じて，鼻側の下部をみてもらえば，自分の鼻が視界をかなり遮っていることがすぐに確認できる。左右逆に，片眼を閉じても同様だろう。ところが，両眼視すれば，自分の鼻で視界が遮られていることなど全く気づかずに，いわば鼻を透視しているように，外界を見ていることが確認できる。

　このような現象を元に，両眼視の重要性に対して，立体視とは別の解釈をすることができる（Changizi, 2009）。視界を遮るような障害物のない情景において，

図 5-10　重なり合わない両眼網膜像の例（Forte, Peirce, & Lennie, 2002）

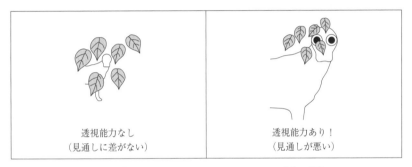

図 5-11　動物の大きさと透視能力（Changizi, 2009）

単眼でも両眼でも射影されている物体が同じならば，視差を別にすれば，物体認知の結果に違いはないだろう。進化の観点に立って，植物が生えておらず，枝や葉などに邪魔されないような状態を想定してみよう。棲息地に枝や葉が茂っていないか，あるいは棲息地の葉に比べ両眼の間隔が狭いなら，両眼視には利点があまりない。棲息環境に葉がよく茂っていて，なおかつ動物の両眼の間隔が葉の幅よりも狭い，見通しが悪い棲息地では，自分の身体を隠しながら，両眼視で透視し，障害物をうまく透かして見られる。図 5-11 のように，見通しの悪い場所にいるとき，前向きの眼を持つ動物は，障害物の向こう側にあるものをほぼすべて観察できるのに対して，横向きの眼を持つ動物は，半分しか観察できない。障害物の後ろにあるために，横向きの目を持つ動物にとっては認識するのが厄介なものを，前向きの眼を持つ動物は簡単に認識できることになる。

図5-12　横向きの目を持つ動物と前向きの目を持つ動物の視覚認知領域（Changizi, 2009）

❖両眼視領域での融合認知

　横向きの目を持つ動物と比較したときの，前向きの目を持つ動物の利点は，動物を囲む領域のうち，ものの認識が可能な範囲を比べると明らかになる。見通しの悪い棲息地で前向きの目から期待できる典型的なあるいは標準的な利点を証明するため，図のような葉の茂みをごく規則的に配置した森を示す。動物がそれを認識できる領域で，視覚認知領域と呼ぶとすると，片目では障害物の向こう側にあるものがあまり見えないので，そこに何かが突然現れたときに，それが何か認識できないような状況とする。

　図5-12（a）左は，ほぼ真横を向いている目を持つ動物において，重なっている2つの半円が，左右両眼の視野で，正面に狭い両眼視領域がある。図5-12（a）右は，ものが現れたときに，この動物が認識できる領域を示している。ここで，両眼視では障害物を透かして，その向こうのものを認識できるが，単眼では視野が遮られてものが十分見えず，認識できないと仮定している。ほぼ真横を向いている目を持つ動物の両眼視領域は局所的で，障害物を通り抜ける「スポットライト」のように働くことになる。もし，両眼視領域がまったくなければ，灰色の視覚認知領域は，動物自身が立っている領域の中だけに限定されてしまう。

　一方，図5-12（b）左はやはり，ほぼ真正面を向いている目を持つ動物において，重なっている2つの半円が，左右両眼の視野を示しており，正面に広い両眼視領域がある。図5-12右（b）は，ほぼ真正面を向いている目を持つ動物がものを認識できる領域を示している。この動物が前方のものを認識できる領域を合わせると，図5-12（a）の横を向いた目を持つ動物が認識できる領域を合わせたものより，両眼視領域がはるかに広い。すなわち，図5-12（a）より

(b) の灰色領域がはるかに広く，前向きの目を持つ動物は両眼視領域が広いので，自分が立っている領域に限らず，遮蔽された前方の広い領域のほとんどどこにあるものでも認識できる。見通しの悪い環境では，ほぼ真正面を向いている目を持つ動物の透視能力が与えてくれる利点が，ほぼ真横を向いている目を持つ動物の後ろまで見通せる能力の利点に圧倒的に優ることを示している。

5.3　両耳融合認知 ··

　聴覚は，環境を把握し，コミュニケーションを成り立たせるために欠かせない情報処理機構であるとともに，感情に直結する感覚世界を構成する重要な要素でもあり，その背後には緻密な生理学的機構がある（古川, 2021）。そのような生理学的機構について，本節では，その詳細を説明するのではなく，両耳に独立して入力される聴覚情報の感覚融合認知に関する現象の紹介に留める。

❖両耳で得られた聴覚情報の加算
　ラウドネスとは，音の知覚的大きさを表す感覚量である。両耳呈示された音に対するラウドネスは，その音が片耳にのみ呈示された場合よりも大きくなるので，ラウドネスが両耳間である程度加算されることを示している。一方，両耳音のラウドネスは，片耳ずつのラウドネスの単純和よりも小さく，同一音圧レベルの刺激が呈示された場合，ラウドネスが単純に加算されるならば，その比は2となるはずであるが，両耳刺激に対するラウドネスと，片耳刺激に対するラウドネスの比は，おおむね 1.4 〜 1.7 倍になる（Scharf & Fishken, 1970）。両耳間のラウドネス加算が不完全であるのは，ラウドネス知覚に両耳の相互抑制メカニズムが寄与しているためと考えられる。片耳への刺激に対する興奮が，対側耳への入力によって抑制されるメカニズムが聴覚中枢に存在し，音源定位の手がかりの一つである両耳間レベル差の処理などに貢献するといわれている。

❖方向知覚と音源定位
　音の方向定位の知覚を方向知覚と呼ぶことにするが，左右の両耳における音のレベル差，時間差，そして音色の違いの3つの要素によって決まることが知

られている（Blauert, 1997）。耳は頭部の側面に付いているので，音が側方から入射すると到達時間および音圧に差が生じる。音色の違いは，耳介での反射や頭の周りの回折などに基づくものであり，特に上下方向の方向知覚に寄与する。水平方向での音の方向知覚に対して支配的な要素は両耳間の音のレベル差と時間差であり，少なくとも 700 Hz より低い周波数帯域では時間差が支配的となり，高い周波数になるほどレベル差が支配的になる。いずれにしても，両耳からの聴覚情報に基づく感覚融合認知としての音源定位の主な手がかりは，両耳間時間差（interaural time difference: 以下 ITD）および両耳間レベル差（interaural level difference: 以下 ILD）である。たとえば，両耳間時間差と入射方位角の関係は，音源が受聴者から十分離れていて，入射波が平面波だとみなせるとすると，両耳間時間差（ITD）は入射方位角（ϕ）と両耳間距離によって図5-13のような関係として図示することができる。

　両耳間時間差と左右音像方向の関係を図5-14左に示すが，左右の方向知覚は，両耳間時間差に対してほぼ線形に変化する（Blauert, 1997）。図5-14左の横軸は両耳間時間差で，縦軸は線形軸上に割りつけた耳間偏移の量を示し，0は頭の中央すなわち正面方向に，5は外耳道入口すなわち側方に音像を知覚したことを意味している。時間差0 ms で正面方向に知覚し，約1 ms で側方に収束している。また，その間はほぼ線形な関係で推移していることがわかる。また，両耳の頭部インパルス応答から求めた，水平面内の音源の両耳間時間差の実測例を図5-14右に示す（飯田・森本，2010）。正面では 0 ms，耳軸方向（側方）で約1 ms であり，図5-14左の実験結果とよく一致している。すなわち，両耳間時間差の絶対値は，正面および真後ろではほぼゼロで，側方では数百 μs ある。ただし，両耳入力信号の波形そのものの時間差が左右方向の知覚の手がかりとなるのは 1600 Hz 以下の成分に限られる。聴神経発火が位相固定する周波数には上限があり，これを超える周波数においては聴神経発火の時間情報に反映されないためであると考えられる。それ以上の周波数帯域では，両耳入力信号の包絡線の時間差が手がかりになる。

　一方，音源の方位角により両耳間レベル差もほぼ線形に変化する。両耳間レベル差の絶対値は，正面および真後ろでほぼ0となり，側方で最大となる。両耳間レベル差が0 dB のときに正面方向に，±10 dB 程度で側方に知覚する。

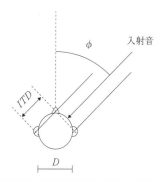

図 5-13　両耳間隔と両耳間時間差の関係（飯田・森本，2010）

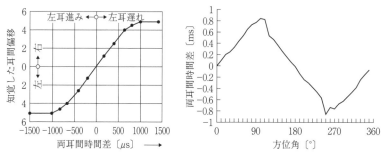

図 5-14　両耳間時間差と左右音像方向の関係（Blauert, 1997; 飯田・森本，2010）

　また，入射方位角が同じでも周波数が高くなるほど両耳間レベル差の絶対値は大きくなる。両耳間レベル差は，可聴周波数全域にわたって左右方向の知覚の手がかりとなる。ただし，音源が低周波成分を含む広帯域信号である場合，両耳間時間差が両耳間レベル差より優位に働くことが知られている（Wightnman & Kistler, 1992）。

　前後上下方向の音源定位においては，左右両方の耳入力信号のスペクトルが寄与し，音源が正中面から側方に離れるほど音源側の耳の入力信号スペクトルの寄与が大きくなる（Gardner & Gardner, 1973）。両耳入力信号スペクトルから前後上下方向の手がかりを抽出する過程としては，頭部伝達関数の単耳振幅スペクトルから総合的に前後上下方向を知覚していると考えられる。なお，方向

知覚の弁別閾から，弁別閾が音源方向によって異なることが知られており，前方と後方では，上下方向の違いに比べて左右方向の違いを知覚しやすく，側方では前後方向の違いに比べて上下方向の違いを知覚しやすく，上方では前後方向の違いに比べて左右方向の違いを知覚しやすい。

　両耳情報が聴覚オブジェクトの形成に貢献することが示されている。たとえば，音階の周波数に対応する8つの成分に対して，同一の両耳間時間差をつけてヘッドフォンで呈示すると，1カ所に定位される。ここで8つのうち一つの正弦波に対して，残りの成分とは別の両耳間時間差を与えると，その成分だけが別の位置に浮かび上がって聞こえる。すべての成分を持続的に呈示しつつ，異なった両耳間時間差を与える成分を短時間で切り換えていくと，それによって旋律を知覚させることができる（Kubovy, Cutting, & McGuire, 1974）。この旋律は，両耳間時間差の違いのみによって形成された聴覚オブジェクトであり，片耳ずつで聞いてもまったく浮かび上がらない。また，基本周波数が半音異なる2つの母音は，それぞれの母音に異なった両耳間時間差もしくは両耳間レベル差を与えて別々の位置から聞こえるようにすると，同定成績が向上する（Shackleton, Meddis, & Hewitt, 1994）。

　ただし，実環境では，周囲に壁や床などの反射物があることが多く，それぞれの音源について，直接音に加えて，反射による間接音がさまざまな方向から到来するので，聴覚フィルタで分析された個々の周波数成分について両耳間時間差や両耳間レベル差を調べただけでは，その成分がどの音源に由来するものかを定位するのは困難である。

✣両耳聴モデル

　音源方向の情報は，主として両耳間時間差と両耳間レベル差に含まれている。音源方向に関する聴覚現象を説明するための両耳聴モデルとして，Jeffress-Colburn モデルが提案されている。Jeffress（1943）は，左右両耳信号に対応した2つの遅延路と両遅延路間を結ぶ乗算器により相互相関処理を行うことで音源方向を推定できると考えた。Jeffress のモデルを構成する3要素として，同時性検出（両耳からの入力の同期の度合いに応じて出力を変える検出素子が存在），内部遅延（両耳に届いた音の情報が脳内で伝わる際に，左右それぞれの経路で適切

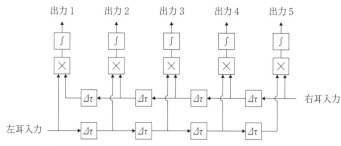

図5-15　Jeffress-Colburn の両耳聴モデル（Colburn, 1996）

な時間遅延の生起），両耳間時差の脳内位置表現（遅延線に沿って配置された同時性検出器のうち出力最大になるものの位置が，両耳間時差によって決定）があり，音源の方向を脳内で変換する仕組みに関する仮説である。Colburn は Jeffress のモデルを拡張し，図5-15のような Jeffress-Colburn モデルを構築した（Colburn, 1996）。図5-15中の $\Delta\tau$ は一定時間の遅延，x は乗算器，∫ は処理結果の時間平滑を行うための積分器を示している。両耳間時間差が0の場合には遅延路の中心に対応する"場所"の出力が極大となり，両耳間時間差が変化すればそれに対応し出力が極大になる"場所"が変化することになる。このモデルには，両耳間レベル差による音源方向情報を反映する機能は明示的には示されていないが，音のレベルが大きくなるにつれ遅延 $\Delta\tau$ を小さくすることにより，両耳間レベル差を両耳間時間差に置き換えて表現できる。

　Bodden（1993）がカクテル・パーティ・プロセッサとして，音源方向推定機能のみならず特定方向の信号抽出機能を持たせたモデルは，両耳信号をいくつかの周波数帯域に分割し，各帯域で両耳間相互相関を求めることにより，音源方向を抽出するとともに，特定方向の信号成分の抽出を行っている。図5-16中のAはフィルタバンク，Bは有毛細胞モデル，Cは両耳間相互相関器，Dはパラメータ抽出器を示している。Jeffress-Colburn モデルやそれを展開したカクテル・パーティ・プロセッサは，基本的にバンドパスフイルタを利用した周波数分析を行い時間領域で処理を行っているが，カクテル・パーティ・プロセッサは両耳間レベル差の影響を両耳間時間差に反映させるための機能を実現している点などに特徴がある。

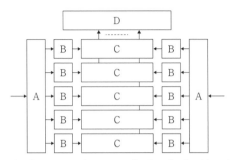

図 5-16　カクテル・パーティ・プロセッサ（Bodden, 1993）

✢合成音像とステレオ音響

　両耳間レベル差を応用したものがステレオシステムである。2つのスピーカーの出力レベルを変化させ，両耳に届く音の大きさの差を制御することで，左右の方向感を実現している。すなわち，2チャネルのステレオがもたらす空間的な印象は，2つのスピーカーからの音波の合成によって生じる両耳間の位相差と強度差に基づく一種の錯覚である（Show, 1953）。同一の信号を2つのスピーカーから再生して，1つの音像が知覚されるとき，その音像を合成音像と呼ぶ。合成音像の方向は，図 5-17 に示すように，2つのスピーカーの出力レベルを変化させることによって，2つのスピーカーを結ぶ線分上の任意の位置に制御することができる。ブルムライン方式と呼ばれる初期のステレオ音響方式では，音像を定位させるために2つのスピーカー入力信号の間に時間差を与えても効果がなく，2つのスピーカー入力信号を同位相にしてレベル差のみを与えることで，受聴位置において両耳間の位相差と強度差が得られることを指摘し，2つのマイクロフォン間で生じた位相差を強度差に変換してスピーカーを駆動させた。図 5-17 の点線のように，2チャネルスピーカー再生では，左（右）のスピーカー音は，受聴者の左（右）耳だけでなく右（左）耳にも漏れ届くクロストーク現象が生じるので，クロストークキャンセラーなどの機能により，クロストーク音の発生を防ぐ必要がある。

　なお，2つのスピーカーを側方の前後に配置しても，安定した合成音像はできず，両耳間レベル差で前後方向を知覚できるとはいえない。前後・上下方向

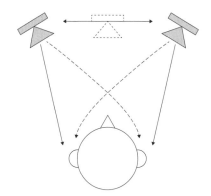

図5-17 クロストーク現象（飯田・森本, 2010）

の定位精度は左右方向と比較して低く，日常生活においてもしばしば前後誤判定が生じる。前後・上下方向の知覚の手がかりは，左右方向のように単純ではなく，頑健でもない。

　2チャネルステレオは，前方に配置した2つのスピーカー間に音場を再現するものであり，そのスピーカー間隔は60°が最適とされ，これ以上広げると中抜けが生じる。また，2つのスピーカーから等間隔でない位置で聴取する場合，たとえば左スピーカー寄りの位置で聴取すると音像が左に寄るとともに，再生される音のフィールドが狭まる。

　また，両耳聴システムは数十μsの単位で耳入力信号を処理しているが，一方で1秒間に数回の頻度で変化する両耳間時間差および両耳間レベル差に対して，音像の変化として追従して知覚することができない。音源方向の時間的変化に対する音像追従精度は低く，特に，側方の音源や移動速度の早い音源の方向の変化に対する感度が低い。これは両耳聴システムが必要とする積分時間に由来するものと考えられ，数十msから数百msの継続長の時間窓の移動平均に基づくと考えられている（Culling & Colburn, 2000）。

❖臨場感とマルチチャネル音響
　臨場感とは，実際にその場にいるかのような感覚を指すが，音場としてそれ

を再現する場合には，オブジェクト臨場感とフィールド臨場感に分けて検討されている。オブジェクト臨場感とは，明確な対象物がもたらす臨場感であり，屋外の鳥の鳴き声，コンサートにおける各楽器の音，人間の声などのオブジェクト音によってもたらされる臨場感である。一方，フィールド臨場感とは，場の雰囲気によってもたらされる臨場感であり，風が野を渡る音，コンサートホールの響きなど，明確な方向性を持たないこれらの音をフィールド音と呼ぶ。音場再現方式は，本来臨場感の高い音を再現するために開発されたものであり，高い臨場感は，適切に再現されたオブジェクト音とフィールド音のバランスの良い組合せにより実現される（安藤，2014）。

　2チャネルステレオにおける臨場感不足の問題を解決するために提案されたのが，マルチチャネル音響である。まず，左右のスピーカーの中央にもう1つスピーカーを配することにより，音の定位が安定するとともにフィールド感が維持できる。特に映画では，広いスクリーンの中央に登場人物が映し出された場合に，その声を中央に音像定位させる必要があるため，センターチャネルは重要な役割を果たすことができる。

　センターチャネルに加え，さらに左右の後方に2つのスピーカーを配置すると，より高いフィールド臨場感が得られる。この5つのチャネルに，大音圧が必要な特殊効果のための低域専用チャネルを加えたのが，5.1チャネル方式である。5.1チャネルは，図5-18に示すように，L（left），R（right），C（center），LS（left surround），RS（right surround）の5つのチャネルのほか，低域専用のLFE（low frequency effect）チャネルを有する。LFEチャネルは120 Hz以下の帯域をカバーする。「5.1」の「0.1」は，LFEチャネルを数えるときに慣例として利用される。5.1チャネルが再現する音場は，左右だけでなく前後にも広がっており，2チャネルステレオよりも優れたフィールド臨場感をもたらす。一方オブジェクト臨場感という観点からすると，LチャネルとLSチャネル間，あるいはRチャネルとRSチャネル間での音像定位は不安定である。また，各スピーカーから等距離の位置から聴取位置がずれるとフィールド臨場感も損なわれる。

　5.1チャネルの問題は，チャネル数を増やすことによって改善される。その一例が7.1チャネルであり，前方の3チャネルは5.1チャネルと同じ配置であ

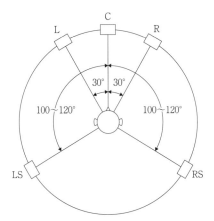

図 5-18 5.1 チャネル方式のスピーカー配置（安藤，2014）

るが，後方に 2 チャネルを追加し，これに伴い LS，RS のチャネルを側方に動かすことで，側方の音の方向定位が改善される。このように，マルチチャネル音響では，チャネル数を増やすことによりフィールド臨場感は確かに向上するが，オブジェクト臨場感の観点からすると，あるオブジェクトを移動させる場合，そのオブジェクト位置がスピーカー位置と一致すると，とたんに音像がクリアになり，スピーカー位置から外れると，音像がぼやけて音色も変化する問題はなかなか解消できない。このような問題が残されているものの，マルチチャネル音響は最も質の高い臨場感を提供できる。

　マルチチャネル音響では，チャネル数を増やすことによって音の空間的な解像度を向上させ，より高い臨場感をもたらす音響空間を構築することができるが，ヘッドフォンやイヤホンなどを用いて両耳の入口部分で音圧を再現することによって，臨場感のある音響を再現する方式はバイノーラル方式と呼ばれている。通常は，上半身を模した人形の耳の入口部分にマイクロフォンを設置したダミーヘッドによって音を収録し，この音をヘッドフォンで再生するのが一般的である。耳に音が到達するまでには，たとえば耳介の凹凸など，音が反射したり回折したりする，頭部伝達関数と呼ばれる特性があり，人間はこの反射や回折によって変化した音を両耳の鼓膜で拾い，聴覚系の情報処理を経て脳に

伝えられる。そのため人間の耳付近の音を録音してヘッドフォンで聞けば，あたかも録音したときそのままの音が再現される。バイノーラル録音した音源をスピーカーで再生すると，本来左あるいは右の耳だけに到達して欲しいのに左の耳には右の音，右の耳には左の音が聞こえてしまい，バイノーラル独特の立体感は得られない。

5.4　「味覚」を中心とする五感融合認知 ……………………………………………

「味覚」融合認知とは，味わうという感覚（以下では括弧付きの「味覚」）としての感覚融合認知を指し，味覚と他モダリティとの融合認知，すなわちマルチモーダル認知として位置付けられるが，取り上げる現象の多く，たとえば風味などはモダリティ間の融合認知というより，そもそも一体の感覚という色合いが強い。まずは，括弧無しの味覚の基本特性を確認した上で，「味覚」融合認知の代表的な現象を取り上げる。

❖基本味の融合

　味覚は，生命活動を維持するため必要な栄養素を確実に探す手がかりという重要な役目があるとともに，腐敗した食物など，忌避されるべき物質を排除しなければならない。味覚の基本になる要素には，甘味，塩味，うま味，酸味，苦味という5つの基本味があり，いずれも生命活動の維持に必要な栄養素であるので，食事などでは全ての基本味を融合して，美味しさを味わっていることになる。

　味覚受容器である味蕾のどれもが，5つの基本味全てを感じることができ，基本味の融合認知として飲食物の味を認識している。いわゆる，味覚地図にしたがって，甘味は舌の先で，苦味は舌の根元だけで，酸味は両側で感じるなどと言われてきたが，これは根本的な間違いで，味覚地図のように，個別の領域が舌に存在しているわけではない（スペンス，2018）。味蕾の中の味細胞は5つの基本味を有する物質と選択的に結合する受容体をもっているので，互いに独立した別の味であることが証明されている。したがって，それぞれの基本味を混ぜ合わせても別の基本味をつくり出すことができない。第1次の大脳皮質味

覚野は，前頭から頭頂にかけての弁蓋部と島に存在し，視床の味覚野からの直接の味覚情報の入力を受けるが，基本味のいずれかに応じる細胞が局在することから，味質応答局在性と呼ぶ（山本，2017）。5基本味のそれぞれに対する第1次味覚野の応答にはモザイク様の味質応答局在性が認められる（Schoenfeld et al., 2004）。

　異なる基本味の溶液を混合して，別の基本味を精製することができないという意味で，それぞれの基本味は独立であるが，組合せによってお互いに強め合ったり，弱めあったりする場合がある。このような複数の基本味の相互作用による融合認知には，視覚現象などと同様の対比効果，相乗効果，抑制効果がある。対比効果とは，別の基本味の影響で本来の味がより際立つようになる現象である。たとえば，スイカに塩をかけて食べるような，甘味に少量の塩味を加えると，甘味が増強されるような同時対比や，酸味や苦味の後に水が甘く感じられる継時的対比などがある。相乗効果とは，アミノ酸系のうま味（たとえば，昆布）と，核酸系のうま味（たとえば，鰹節）を混合すると，うま味の強度が7〜8倍増強されることが知られている。抑制効果には，苦いコーヒーに砂糖などの甘味を加えると苦味が弱められたり，酸味の強い夏みかんに砂糖をふりかけて酸味を弱めたりするような，1つの基本味で別の基本味の強さを抑える現象を指す。

❖味覚に関する選択の見落とし

　人間の味覚は，他の感覚に比べ，鈍くて分解能も低く，長期記憶にも適していないと考えられている。すなわち，味覚の仕組みだけでは十分な味の判断ができず，美味しいと感じる根拠さえかなり曖昧であることは，味覚に関する選択の見落としという現象で確認することができる。選択の見落としと呼ばれる現象は，自らの行為として示される選択結果が意図していた選択結果と変わっているのにもかかわらず，それを見落とす現象であるが，味覚においても選択の見落としが生じる（Hall, Johansson, Tärning, Sikström, & Deutgen, 2010）。たとえば，スーパーマーケットを訪れた買い物客に味覚評価に協力してもらうように頼み，協力に同意してくれた買い物客に色と口当たりが似たカシスジャムとブルーベリージャムの2種類のジャムを評価し，お気に入りのジャムを選ん

でもらう。その後，同じものをもう一度食べてもらい，どうしてそれを選んだのか，もう一方のジャムに比べて何が優れているのか，説明してもらう。すると買い物客は，どうしてそれが気に入ったのかといった説明や，この味のジャムをトーストに塗ると特に美味しいといった話を調査員に熱心に話して聞かせてくれる場合がある。ただし実は，買い物客が選んだお気に入りのジャムを2回目に食べるとき，調査員がそれをもう一方のジャムにすり替えていたのだが，買い物客の多くはそれに気づかずに，後付けの説明をしていた。これが，味覚に関する選択の見落としである。

❖オーラル・リファラル

　味覚は，味覚受容器である味蕾から得られる基本味の感覚融合認知であるばかりではなく，他の感覚との融合認知であることは疑いようもない。目隠しをして（視覚遮断），鼻をつまんで（嗅覚遮断），ワインやジュースを飲むと，ワインが高級かどうかはもちろんのこと，どの果物のジュースかさえほとんど区別できなくなる。かき氷のさまざまなシロップは香料の違いだけ，すなわち香りと色の違いだけで作られているのだが，われわれはイチゴ味やメロン味として感じることが知られていて，味覚の錯覚であることに気づくことはほとんどない。これらの例は，味覚と嗅覚の融合認知，味覚と視覚の融合認知，すなわちいわゆるマルチモーダル認知として位置付けることも可能だが，ここでは味わうという感覚としての「味覚」融合認知として取り上げることにする。それは，上述の例でも明らかなように，そもそも我々が味覚として日常的に感じるのは，味覚受容器の情報のみから得られた結論と解離しているためである。特に，食べ物の香りの大部分は，鼻ではなく口で，つまり舌そのもので知覚されているかのように感じられるからである。このように，香りを口で感じているように錯覚することはオーラル・リファラル（oral referral）と呼ばれる。

　オーラル・リファラルのように，われわれが食べ物や飲み物に感じる「味覚」は，嗅覚との融合認知であることをほとんど意識しない。しかしながら，嗅覚には異なるオルソネーザル（orthonasal, 前鼻腔性嗅覚）とレトロネーザル（retronasal. 後鼻腔性嗅覚）という2つの嗅覚経路があり，いずれも「味覚」に大きな影響を与えている。周りの空気に含まれるにおいを鼻先で感じるオルソ

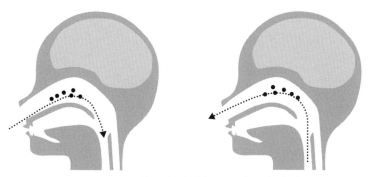

図 5-19 オルソネーザル経路とレトロネーザル経路

ネーザルと呼ばれる鼻腔香気の入力経路と，飲食物を飲み込むときに，戻り香，口中香，あと香などと呼ばれる，口の奥から鼻に流れ込む揮発性の芳香分子を嗅ぎ取る，レトロネーザルと呼ばれる口腔香気の入力経路である。食べ物のたち香を嗅ぐことで，オルソネーザル経路を通じて，脳はその食べ物がどんな味がするか，好みに合っているかなどの予想を立てることができ，それが味覚にも影響を与える。一方，レトロネーザル経路を通じて得られる，食べ物を飲み込むときに感じるあと香が，味や好き嫌いといった実際の食体験に影響する。たとえば，においを感じること無しにそれぞれ，玉ねぎとりんご，赤ワインと冷めたコーヒーを見分けるのは驚くほど難しいことが，鼻をつまみ，レトロネーザル経路を遮断すれば簡単に確認できるが，ほとんどの場合，自分の舌で感じていると考える味覚のうち，実際にはどの程度レトロネーザル経路を伝わってもたらされているのか，全く気づけない。このことから，食べ物の香りの大部分は，鼻ではなく口で，つまり舌そのもので知覚されているかのように感じられるように錯覚する現象がオーラル・リファラルと呼ばれる感覚融合認知である。

　飲食物を摂取するとき，通常はその飲食物固有の「味覚」が生じるために，レトロネーザル経路を通じて得られた一体化した風味が感覚融合認知としてそれぞれの飲食物の味となり，その味が記憶されている（山本，2017）。嗅覚の識別能力が高いので，食物を特徴付けて同定できるのは，嗅覚によるところが大

きく，味覚は味の成分を細かく識別することが難しい反面，美味しい，まずいという情動性の評価には優れていて，即座に判断できる。どちらかの感覚が感じられないと，美味しさが弱まることを意味する（スペンス，2018）。

✛サクサク感

　味覚の仕組みだけでは十分な「味覚」の判断ができないということは，同じものを食べても，より美味しいと感じさせることが可能であることになる。たとえば，前章でも取り上げられた，ポテトチップスを噛み砕いたときの音，特にその高周波成分を増幅させると，自分が食べているポテトチップスが実際より15％ほどサクサク感が増し，新鮮であると感じられる現象が報告されている。音には，空気の振動が外耳道を通じて聞こえる音と，顎の骨を伝わって内耳に届く音の2種類があり，飲食物を口に入れたときに生じる感覚，いわゆる食感と結びつけられているが，ソニックチップという研究はその仕組みをうまく利用し，外耳道から入った音によって口の中の食感が変わってしまうことを明らかにしたことで，イグノーベル栄養学賞を受賞している（Zampini & Spence, 2004）。このような例からも聴覚情報の増幅による感覚融合認知が「味覚」に影響することは明らかである。

　サクサク感を感じるとなぜ美味しく感じるのかについては，サクサク感が果物や野菜の新鮮さを見分ける重要な情報を反映するからだと考えられていて，逆に言えば，サクサク感のない，しけたポテトチップスは栄養成分が変わらないのに美味しいとは感じない理由も，この観点から説明することができる。そこで，高周波成分を増幅させた聴覚情報の付加は，高齢者など，咀嚼能力に問題があって食感を味わいにくい人の食経験の改善に生かせるのではないかと考えられている。ポテトチップスの多くがガサガサと音のする袋に詰められているのも，実は消費者の購買行動を誘導していることに気づくことは難しいが，たとえば中身が同じポテトチップスでも，ガサガサと音のする袋に詰められたポテトチップスは，そのサクサク感が増すことが報告されている。ポテトチップスのサクサク感を例にして説明したが，ポテトチップスに限らず，様々な食品や料理の食感は，レストラン，もしくは食卓周辺の環境，特に音響環境に影響を受けるので，騒音と言えるようなレベルの音は一般的には食体験を損なう

ことになるかもしれないことを，料理などの提供者は常に注意を払う必要があ
る。このような現象を含め，特殊な音や音楽を使って飲食物の味を意図的に変
える様々な方法は，音響調理（Sonic Seasoning）と呼ばれている。

❖フードポルノ

上述したような味覚，嗅覚，聴覚に関わる「味覚」融合認知に加え，視覚も
「味覚」判断に関与している。前章でも取り上げられた，普通のクッキーを食
べてもらうときに，人工現実感が体験できるような装置によって，見た目をチ
ョコレートクッキーに変え，さらにチョコレートの香りを嗅がせると，ほとん
どの人は普通のクッキーをチョコレート味と感じてしまう現象などはその典型
例である。

視覚の影響が少なくないことは，料理の盛り付けの重要性を示すことでも証
明できる。美しく盛り付けた料理は，美味しそうに見えるだけでなく，その対
価にも影響する。たとえば，大学のレストランに集められた160人の食事客に，
ごく普通のミックスサラダと，口絵図5-20のような，まるでカンディンスキ
ーの絵画のように盛り付けたサラダを出してみた結果，人々は見た目に優れた
料理に倍以上の対価を支払っても良いと考えることが報告されている。

きれいに盛り付けられた美味しそうな料理を目の前にして，自らの意思で食
欲をコントロールすることはとても難しい。料理番組や商品の宣伝で，カロリ
ーや脂肪分の高い食品にもかかわらず，食欲をそそるような演出で紹介するこ
とは，フードポルノと呼ぶことがあり，健康への悪影響や肥満に結びつきやす
い料理写真や投稿を表す言葉としても使われている。

聴覚や視覚などで得られた情報も統合することで，「味覚」の判断を常にし
ているので，このことが逆に現代人が味覚以外の情報に依存してしまいがちに
なることにつながってしまうとも考えられる。特に，現代人にとってコマーシ
ャルや安全表示などの情報による先入観が，美味しさを判断する重要な部分を
占めるようになっていることが容易に推定できる。たとえば，あらかじめ美味
しいとわかっているパンを4つ用意し，その中に1つカラシを入れたと説明し，
4つのパンのうち1つを選び，その場で食べるように指示すると，ある種の先
入観により，不安顔でパンをとって眺め回し，異変がないかとにおいを嗅ぎ，

なんら異変を見つけられなかった実験参加者は，仕方なく1つのパンを選び，恐る恐る一口食べ，大丈夫ならばもう一口食べ，それでも大丈夫ならば，やっとパンの半分くらいを一度に食べるようになる。このような食べ方は野生動物と同じだと報告されている（伏木亨，2008）。実はどれにもカラシを入れていない欺瞞実験（実験の目的や教示を偽って実施する実験）なので，そもそも視覚的にも，嗅覚的にも，食べてみなければ識別できるはずがない。このような不安な状況では，美味しさを感じることが困難であることがわかる。野生動物とは異なり，事前に安心できる状況で味わうことができることが，人間が美味しさを感じることができる要因になっている。未使用の検尿コップには，毒物は入っていないし，市販の紙コップと同様に清潔だが，検尿コップに飲み物を入れて飲むことはためらうし，特にビールを入れて飲むことは著しい抵抗感が伴う。これらはある種の錯覚だが，五感全てに関わるこれまでの経験や知識が飲食行動に大きな影響を与えていることは明らかである。

5.5　様相内融合認知と様相間融合認知の比較 ……………………………………

　本章では，両眼融合認知，両耳融合認知，「味覚」融合認知の代表的な現象を順番に説明してきた。最後に，他章で取り上げられた典型的なマルチモーダル認知，すなわち視聴覚融合認知，視触覚融合認知などとの共通点と相違点を確認しておきたいが，様相内融合認知と様相間融合認知に関して，現象としての相違点はあまりないのではないかと思われる。当然ながら，それぞれに対応する精巧な処理メカニズムは異なるが，様相内融合認知と様相間融合認知に分けて説明すべき点は見当たらない。

　そこで，様相内融合認知と様相間融合認知の現象としての共通点だけを確認しておきたい。マガーク効果に代表される視聴覚融合認知や，ラバーハンド錯覚に代表される視触覚融合認知は，両様相で出された結論が合致しないときに，瞬時に総合的な1つの解を導き出す現象であった。総合的な解は，それぞれの様相での結論を無視し，異なる結論を出すことも厭わないし（視聴覚それぞれの結論とは異なる音声と解釈するマガーク効果），経験上あり得ない結論を出すことも容認してしまう（ゴム製の手を自分の手と解釈するラバーハンド錯覚）。ただ

し，重要なのは1つの事象だという前提を崩さないという制約条件があったことも併せて知っておかなければならない。たとえば，マガーク効果にしても，ラバーハンド錯覚にしても，様相間の時間的同期が必要条件であるので，どのような状況でも感覚融合認知が生じるわけではない。このような点は，両眼融合認知や両耳融合認知に融合限界があることと対応した共通点と考えられる。あり得ない結論を瞬時に出すメカニズムが用意されていることも感嘆に値する。ランダムドットステレオグラムから3次元構造を抽出したり，2つの外耳道というトンネルを通過する聴覚刺激に臨場感を感じたりする様相内感覚融合認知は，異なる様相間でも融合認知が成立する現象は，秩序ある外界を瞬時に理解するために，高度な制約条件を駆使しなければ，成り立たないことは明白である。

　経験的にはよく知られていたと考えられるが，「味覚」融合認知に五感全てが関わっていることが明らかになってきたのは最近である。このような現象が日常生活に影響しているにもかかわらず，明示的に意識することなく，暮らしていることが背景にはある。すなわち，様相内にしても，様相間にしても，感覚融合認知は当たり前で，取り立てて特別でない現象であることも共通しているように思われる。マガーク効果という現象を確認するための統制された状況は日常的にはあり得ないが，雑音の中で，口元の動きも勘案して，音声認識をしているのは日常的な行動だと思われる。これまでの認知心理学において，五感を別々の様相に分けて研究してきた長い歴史があって，そうすることで多くの知見が蓄積されてきたが，感覚融合認知としてそれぞれの様相で得られてきた知見を総合的に考え，我々の日常的な行動原理として理解することの重要性を再認識する必要があると思う。

おわりに

　著者を代表して，感覚融合巻の内容を振り返ってみたいと思います。まず，「はじめに」では，感覚融合認知という造語について，その定義を説明した上で，様々な現象を包含するけれども，本書の中でそのすべてを網羅することを目指すわけでもないという立場を取っていることを明らかにしています。すなわち，研究テーマを大胆に取捨選択しているわけですが，類書に比べ，本書の特徴をどのように捉えることができるのかということを考えてみたいと思います。感覚融合認知が，複数の感覚情報が融合した事象認知を指すと定義していますので，すでに膨大な研究の蓄積があることに間違いありません。そのような背景の中で，各著者が限られた紙面において，感覚融合認知の本質に迫るような研究テーマを取捨選択している点が本書の特徴であり，各章でどのような現象を取り上げているのかに注目いただければ良いのではないかと思います。

　第1章では，感覚融合認知において最も重要と考えられる時間的な同時性・同期性について取り上げています。主観的な同時性が固定的なものではなく，さまざまな要因の影響を受けて変化するという適応性は，我々が外界を理解する上で，どのような意味合いで最適な設定になっていると考えれば良いのかについて，様々な研究成果を元に整理されています。まず，事象時間，脳時間，主観時間という分類があることを知った上で，心理現象において重要な主観時間について理解を深めておくことは，このような研究分野を理解するためには必須なのだろうと思います。

　第2章では，感覚融合認知に関する代表的な現象である腹話術効果を取り上げ，腹話術効果が「知覚」現象であるという点を明らかにすることから説明されていますが，膨大な数の先行研究の蓄積から未解決な問題まで，改めて時空間的な視聴覚融合認知における腹話術効果の重要性を総合的に理解できると思います。聴覚関連の現象であると取り扱われることが多かった腹話術効果の分

析結果が，多感覚情報統合に関するモデルや神経科学メカニズムを考える際に果たしてきた役割を知ることができます。

第3章は，多感覚的な処理と注意の関係を取り上げています。視覚など，単一の感覚モダリティで蓄積されてきた注意研究の成果からの類推による解明の限界を指摘し，そもそも多感覚情報統合に注意が必要か否かという根本的な問題に立ち返って検討が行われています。改めて，単一の感覚モダリティにおける注意と，多感覚情報統合における注意について比較するとき，共通点と相違点を元に，両者がどのような関係にあるかと考えるきっかけにしてもらえれば良いのではないかと思います。

第4章では，質感知覚を取り上げていて，感覚融合認知という観点で捉えると，非常に興味深い研究テーマであることが分かります。質感に直接相当する英単語がないことからも明らかなように，研究テーマとしての取り扱い方がいまだに固定されているわけではありませんが，低次質感，高次質感，素材カテゴリー知覚に分けた上で，多感覚的な質感知覚の特徴を明らかにしています。質感に関する研究は1つの研究分野として，予想以上に大きな広がりを見せている訳ですが，当然ながら様々な素材を使った研究に取り組む余地が残っているので，この分野は益々発展していくように思います。

第5章では，両眼視や両耳聴など，感覚モダリティ内の融合認知研究と，五感全体の融合認知研究を取り上げていて，感覚融合認知の両極端の研究テーマを1つの章で取り扱っているところに特徴があると思います。感覚モダリティ内か，感覚モダリティ間かは，融合対象となる感覚情報が同質か，異質かという点で根本的に違うのですが，空間もしくは時間を再構成するという点では，感覚モダリティ内でも，感覚モダリティ間でも，問題の所在は変わらないように思います。このような観点から典型的な両眼視や両耳聴を改めて取り上げている点は，複数の感覚モダリティの融合認知を取り上げている他章との比較をしてもらいたいと思っています。

シリーズ統合的認知の最後に発刊される「感覚融合認知」巻は，統合的認知の本質的な研究課題を全て含んでいるといっても過言ではなく，今後も大きな発展が期待されています。これまでに蓄積された研究成果を厳選して取り上げた本書が，研究分野のさらなる発展の一助になることを願ってやみません。

引用文献

はじめに

岩宮眞一郎（2014）．視聴覚融合の科学　コロナ社

O'Callaghan, C. (2019). *A multisensory philosophy of perception*. Oxford University Press.

Sathian, K., & Ramachandran, V. S. (2020). *Multisensory perception -From Laboratory to Clinic*. Academic Press

Spence, C., & Driver, J. (2004). *Crossmodal space and Crossmodal attention*. Oxford University Press

Stein, B. E. (Ed.) (2012). *The handbook of multisensory processing*. The MIT Press.

田中章浩（2022）．顔を聞き，声を見る―私たちの多感覚コミュニケーション　共立出版

Velasco, C., & Obrist, M. (2020). *Multisensory experiences where the senses meet technology*. Oxford University Press

第1章

Alais, D., & Burr, D. (2003). The "flash-lag" effect occurs in audition and cross-modally. *Current Biology*, **13**, 59–63.

Alais, D., & Burr, D. (2004). The ventriloquist effect results from near-optimal bimodal integration. *Current biology*, **14**(3), 257–262.

Alais, D. & Carlile, S. (2005). Synchronizing to real events: subjective audiovisual alignment scales with perceived auditory depth and speed of sound. *Proceedings of the National Academy of Sciences of the United States of America*, **102**(6), 2244–2247.

Arnold, D. H., Johnston, A., & Nishida, S. (2005). Timing sight and sound. *Vision research*, **45**(10), 1275–1284.

Arrighi, R., Alais, D., & Burr, D. (2005). Perceived timing of first- and second-order changes in vision and hearing. *Experimental brain research*, **166**(3-4), 445–454.

Baldo, M. V., Ranvaud, R. D., & Morya, E. (2002). Flag erros in soccer games: the flash-lag effect brought to real life. *Perception*, **31**, 1205–1210.

Dennett, D. C., & Kinsbourne, M. (1992). Time and the observer: The where and when of consciousness in the brain. *Behavioral and Brain Sciences*, **15**(2), 183–247.

Dixon, N. F., & Spitz, L. (1980). The detection of auditory visual desynchrony. *Perception*, **9**, 719–721.

Engel, G. R., & Dougherty, W. G. (1971). Visual-auditory distance constancy. *Nature*, **234**(5327), 308.

Fendrich, R., & Corballis, P. M. (2001). The temporal cross-capture of audition and vision. *Percept Psychophys*, **63**(4), 719–725.

Fujisaki, W., Koene, A., Arnold, D., Johnston, A., & Nishida, S. (2006). Visual search for a target changing in synchrony with an auditory signal. *Proceedings of the Royal Society of London. Series B, Biological Sciences*, **273**(1588), 865-874.

Fujisaki, W., & Nishida, S. (2005). Temporal frequency characteristics of synchrony-asynchrony discrimination of audio-visual signals. *Experimental Brain Research*, **166**(3-4), 455-464.

Fujisaki, W., & Nishida, S. (2007). Feature-based processing of audio-visual synchrony perception revealed by random pulse trains. *Vision research*, **47**(8), 1075-1093.

Fujisaki, W., & Nishida, S. (2008). Top-down feature-based selection of matching features for audio-visual synchrony discrimination. *Neuroscience letters*, **433**(3), 225-230.

Fujisaki, W., & Nishida, S. (2009). Audio-tactile superiority over visuo-tactile and audio-visual combinations in temporal resolution of synchrony perception. *Experimental Brain Research*, **198**(2-3), 245-259.

Fujisaki, W., & Nishida, S. (2010). A common perceptual temporal limit of binding synchronous inputs across different sensory attributes and modalities. *Proceedings of the Royal Society of London. Series B, Biological Sciences*, **277**(1692), 2281-2290.

Fujisaki, W., Shimojo, S., Kashino, M., & Nishida, S. (2004). Recalibration of audiovisual simultaneity. *Nature Neuroscience*, **7**(7), 773-778.

Hanson, J. V. M., Heron, J., & Whitaker, D. (2008). Recalibration of perceived time across sensory modalities. *Experimental Brain Research*, **185**, 347-352.

Harrar, V., & Harris, L. R. (2005). Simultaneity constancy: Detecting events with touch and vision. *Experimental Brain Research*, **166**, 465-473.

Heron, J., Whitaker, D., & McGraw, P. V. (2004). Sensory uncertainty governs the extent of audio-visual interaction. *Vision research*, **44**(25), 2875-2884.

Hidaka, S., Manaka, Y., Teramoto, W., Sugita, Y., Miyauchi, R., Gyoba, J., Suzuki, Y., & Iwaya, Y. (2009). Alternation of sound location induces visual motion perception of a static object. *PLoS One*. Dec 7; 4(12): e8188. doi: 10.1371/journal.pone.0008188.

Johnston, A., & Nishida, S. (2001). Time perception: brain time or event time?, *Current Biology*, **11**, R427-430.

Kanaya, S., Fujisaki, W., Nishida, S., Furukawa, S., & Yokosawa, K. (2015). Effects of frequency separation and diotic/dichotic presentations on the alternation frequency limits in audition derived from a temporal phase discrimination task. *Perception*, **44**(2), 198-214.

King, A. J. (2005). Multisensory integration: strategies for synchronization. *Current Biology*, **15**(9), R339-341.

Kopinska, A., & Harris, L. R. (2004). Simultaneity constancy. *Perception*, **33**(9), 1049-1060.

Lewald, J., & Guski, R. (2004). Auditory-visual temporal integration as a function of distance: no compensation for sound-transmission time in human perception. *Neuroscience letters*, **357**(2), 119-122.

Miyazaki, M., Yamamoto, S., Uchida, S., & Kitazawa, S. (2006). Bayesian calibration of simultaneity in tactile temporal order judgment. *Nature Neuroscience*, **9**, 875-877.

Morein-Zamir, S., Soto-Faraco, S., & Kingstone, A. (2003). Auditory capture of vision: examining temporal ventriloquism. *Brain research. Cognitive brain research*, **17**(1), 154-163.

Moutoussis, K., & Zeki, S. (1997). A direct demonstration of perceptual asynchrony in vision. *Proceedings of the Royal Society of London. Series B, Biological Sciences*, **264**, 393-399.

Nijhawan, R. (1994). Motion extrapolation in catching. *Nature*, **370**, 256-257.

Nijhawan, R. (2002). Neural delays, visual motion and the flash-lag effect. *Trends in Cognitive Sciences*, **6**, 387–393.

Nishida, S., & Johnston, A. (2002). Marker correspondence, not processing latency, determines temporal binding of visual attributes. *Current Biology*, **12**, 359–368.

Recanzone, G. H. (2003). Auditory influences on visual temporal rate perception. *Journal of Neurophysiology*, **89**(2), 1078–1093.

Repp, B. H., & Penel, A. (2002). Auditory dominance in temporal processing: new evidence from synchronization with simultaneous visual and auditory sequences. *Journal of Experimental Psychology: Human Perception and Performance*, **28**(5), 1085–1099.

Sekuler, R., Sekuler, A. B., & Lau, R. (1997). Sound alters visual motion perception. *Nature*, **385** (6614), 308.

Shams, L. Kamitani, Y., & Shimojo, S. (2000). Illusions. What you see is what you hear. *Nature*, **408** (6814), 788.

Shipley, T. (1964). Auditory Flutter-Driving of Visual Flicker. *Science*, **145**, 1328–1330.

Spence, C., Shore, D. I., & Klein, R. M. (2001). Multisensory prior entry. *Journal of Experimental Psychology: General*, **130**, 799–832.

Spence, C., & Squire, S. (2003). Multisensory integration: maintaining the perception of synchrony. *Current Biology*, **13**(13), R519–521.

Stone, J. V., Hunkin, N. M., Porrill, J., Wood, R., Keeler, V., Beanland, M., Port, M., & Porter, N. R. (2001). When is now? Perception of simultaneity. *Proceedings of the Royal Society of London. Series B, Biological Sciences*, **268**(1462), 31–38.

Sugita, Y., & Suzuki, Y. (2003). Audiovisual perception: Implicit estimation of sound-arrival time. *Nature*, **421**(6926), 911.

Tappe, T., Niepel, M., & Neumann, O. (1994). A dissociation between reaction time to sinusoidal gratings and temporal-order judgment. *Perception*, **23**(3), 335–347.

van de Par, S., Kohlrausch, A., & Juola, F. (2002). Some methodological aspects for measuring asynchrony detection in audio-visual stimuli. in Forum Acusticum Sevilla. Sevilla.

Van Eijk, R. L., Kohlrausch, A., Juola, J. E., & van de Par, S. (2007). Causal relationships affect audiovisual asynchrony detection: Opposite trends for different stimuli. Poster presented at the Eighth International Multisensory Research Forum, Sydney, Australia.

Vatakis, A., Navarra, J., Soto-Faraco, S., & Spence, C. (2007). Temporal recalibration during audiovisual speech perception. *Experimental Brain Research*, **181**(1), 173–181.

Vroomen, J., Keetels, M., de Gelder, B., & Bertelson, P. (2004). Recalibration of temporal order perception by exposure to audio-visual asynchrony. *Brain research. Cognitive brain research*, **22**(1), 32–35.

Whitney, D., & Murakami, I. (1998). Latency difference, not spatial extrapolation. *Nature Neuroscience*, **1**, 656–657.

Yamamoto, S., Miyazaki, M., Iwano, T., & Kitazawa, S. (2012). Bayesian calibration of simultaneity in audiovisual temporal order judgments. *PLoS ONE*, **7**: e40379.

Zampini, M., Shore, D. I., & Spence, C. (2005). Audiovisual prior entry. *Neuroscience Letters*, **381**, 217–222.

第 2 章

Alais, D., & Burr, D. (2004a). The ventriloquist effect results from near-optimal bimodal integration. *Current Biology*, 14(3), 257-262.

Alais, D., & Burr, D. (2004b). No direction-specific bimodal facilitation for audiovisual motion detection. *Cognitive Brain Research*, 19(2), 185-194.

Alink, A., Euler, F., Kriegeskorte, N., Singer, W., & Kohler, A. (2012). Auditory motion direction encoding in auditory cortex and high-level visual cortex. *Human Brain Mapping*, 33(4), 969-978.

Alink, A., Singer, W., & Muckli, L. (2008). Capture of Auditory Motion by Vision Is Represented by an Activation Shift from Auditory to Visual Motion Cortex. *Journal of Neuroscience*, 28(11), 2690-2697.

Aller, M., & Noppeney, U. (2019). To integrate or not to integrate: Temporal dynamics of hierarchical Bayesian causal inference. *PLOS Biology*, 17(4), e3000210.

Arrighi, R., Marini, F., & Burr, D. (2009). Meaningful auditory information enhances perception of visual biological motion. *Journal of Vision*, 9(4), 25.

Barbin, J., Seetha, V., Casillas, J. M., Paysant, J., & Pérennou, D. (2016). The effects of mirror therapy on pain and motor control of phantom limb in amputees: A systematic review. *Annals of Physical and Rehabilitation Medicine*, 59(4), 270-275.

Baumann, O., & Greenlee, M. W. (2007). Neural Correlates of Coherent Audiovisual Motion Perception. *Cerebral Cortex*, 17(6), 1433-1443.

Ben-Artzi, E., & Marks, L. E. (1995). Visual-auditory interaction in speeded classification: Role of stimulus difference. *Perception & Psychophysics*, 57(8), 1151-1162.

Berger, C. C., & Ehrsson, H. H. (2013). Mental Imagery Changes Multisensory Perception. *Current Biology*, 23(14), 1367-1372.

Berger, C., & Ehrsson, H. H. (2018). Mental Imagery Induces Cross-Modal Sensory Plasticity and Changes Future Auditory Perception. *Psychological Science*, 29(6), 926-935.

Bertelson, P., & Aschersleben, G. (1998). Automatic visual bias of perceived auditory location. *Psychonomic Bulletin & Review*, 5(3), 482-489.

Bertelson, P., & Aschersleben, G. (2003). Temporal ventriloquism: crossmodal interaction on the time dimension: 1. Evidence from auditory–visual temporal order judgment. *International Journal of Psychophysiology*, 50(1-2), 147-155.

Bertelson, P., Frissen, I., Vroomen, J., & de Gelder, B. (2006). The aftereffects of ventriloquism: Patterns of spatial generalization. *Perception & Psychophysics*, 68(3), 428-436.

Bertelson, P., Pavani, F., Ladavas, E., Vroomen, J., & de Gelder, B. (2000). Ventriloquism in patients with unilateral visual neglect. *Neuropsychologia*, 38(12), 1634-1642.

Bertelson, P., & Radeau, M. (1981). Cross-modal bias and perceptual fusion with auditory-visual spatial discordance. *Perception & Psychophysics*, 29(6), 578-584.

Bertelson, P., Vroomen, J., de Gelder, B., & Driver, J. (2000). The ventriloquist effect does not depend on the direction of deliberate visual attention. *Perception & Psychophysics*, 62(2), 321-332.

Bertenthal, B. I., Banton, T., & Bradbury, A. (1993). Directional Bias in the Perception of Translating Patterns. *Perception*, 22(2), 193-207.

Blakemore, S.-J., Frith, C. D., & Wolpert, D. M. (1999). Spatio-Temporal Prediction Modulates the Perception of Self-Produced Stimuli. *Journal of Cognitive Neuroscience*, 11(5), 551-559.

Blakemore, S.-J., Wolpert, D. M., & Frith, C. D. (1998). Central cancellation of self-produced tickle sensation. *Nature Neuroscience*, 1(7), 635-640.

Blauert, J. (1997). *Spatial Hearing: The Psychophysics of Human Sound Localization*. The MIT Press.

Bonath, B., Noesselt, T., Krauel, K., Tyll, S., Tempelmann, C., & Hillyard, S. A. (2014). Audio-visual synchrony modulates the ventriloquist illusion and its neural/spatial representation in the auditory cortex. *NeuroImage*, 98, 425-434.

Bonath, B., Noesselt, T., Martinez, A., Mishra, J., Schwiecker, K., Heinze, H. J., & Hillyard, S. A. (2007). Neural Basis of the Ventriloquist Illusion. *Current Biology*, 17(19), 1697-1703.

Bremmer, F., Schlack, A., Shah, N. J., Zafiris, O., Kubischik, M., Hoffmann, K. P., Zilles, K., & Fink, G. R. (2001). Polymodal Motion Processing in Posterior Parietal and Premotor Cortex: A Human fMRI Study Strongly Implies Equivalencies between Humans and Monkeys. *Neuron*, 29(1), 287-296.

Brooks, A., van der Zwan, R., Billard, A., Petreska, B., Clarke, S., & Blanke, O. (2007). Auditory motion affects visual biological motion processing. *Neuropsychologia*, 45(3), 523-530.

Bruns, P., Maiworm, M., & Röder, B. (2014). Reward expectation influences audiovisual spatial integration. *Attention, Perception, & Psychophysics*, 76(6), 1815-1827.

Bruns, P., & Röder, B. (2015). Sensory recalibration integrates information from the immediate and the cumulative past. *Scientific Reports*, 5(1), 1-9.

Burr, D., Banks, M. S., & Morrone, M. C. (2009). Auditory dominance over vision in the perception of interval duration. *Experimental Brain Research*, 198(1), 49-57.

Callan, A., Callan, D., & Ando, H. (2015). An fMRI Study of the Ventriloquism Effect. *Cerebral Cortex*, 25(11), 4248-4258.

Chen, Y.-C., & Spence, C. (2017). Assessing the Role of the 'Unity Assumption' on Multisensory Integration: A Review. *Frontiers in Psychology*, 8, 445.

Colin, C., Radeau, M., Deltenre, P., & Morais, J. (2001). Rules of intersensory integration in spatial scene analysis and speechreading. *Psychologica Belgica*, 41(3), 131-144.

Cuppini, C., Shams, L., Magosso, E., & Ursino, M. (2017). A biologically inspired neurocomputational model for audiovisual integration and causal inference. *European Journal of Neuroscience*, 46(9), 2481-2498.

Delong, P., Aller, M., Giani, A. S., Rohe, T., Conrad, V., Watanabe, M., & Noppeney, U. (2018). Invisible Flashes Alter Perceived Sound Location. *Scientific Reports*, 8(1), 1-9.

Ehrenstein, W. H., & Reinhardt-Rutland, A. H. (1996). A Cross-Modal Aftereffect: Auditory Displacement following Adaptation to Visual Motion: *Perceptual and Motor Skills*, 82(1), 23-26.

Ehrsson, H. H., Geyer, S., & Naito, E. (2003). Imagery of Voluntary Movement of Fingers, Toes, and Tongue Activates Corresponding Body-Part-Specific Motor Representations. *Journal of Neurophysiology*, 90(5), 3304-3316.

Ernst, M. O., & Banks, M. S. (2002). Humans integrate visual and haptic information in a statistically optimal fashion. *Nature*, 415(6870), 429-433.

Ernst, M. O., & Bülthoff, H. H. (2004). Merging the senses into a robust percept. *Trends in Cognitive Sciences*, 8(4), 162-169.

Freeman, E., & Driver, J. (2008). Direction of Visual Apparent Motion Driven Solely by Timing of a Static Sound. *Current Biology*, 18(16), 1262-1266.

Frissen, I., Vroomen, J., de Gelder, B., & Bertelson, P. (2003). The aftereffects of ventriloquism: Are they sound-frequency specific? *Acta Psychologica*, 113(3), 315-327.

Frissen, I., Vroomen, J., de Gelder, B., & Bertelson, P. (2005). The aftereffects of ventriloquism: Generalization across sound-frequencies. *Acta Psychologica*, 118(1-2), 93-100.

Garrido, M. I., Kilner, J. M., Stephan, K. E., & Friston, K. J. (2009). The mismatch negativity: A review of underlying mechanisms. *Clinical Neurophysiology*, 120(3), 453-463.

Getzmann, S. (2007). The Effect of Brief Auditory Stimuli on Visual Apparent Motion. *Perception*, 36(7), 1089-1103.

Gleiss, S., & Kayser, C. (2014). Oscillatory mechanisms underlying the enhancement of visual motion perception by multisensory congruency. *Neuropsychologia*, 53(1), 84-93.

Godfroy, M., Roumes, C., & Dauchy, P. (2016). Spatial Variations of Visual—Auditory Fusion Areas. *Perception*, 32(10), 1233-1245.

Hagen, M. C., Franzén, O., McGlone, F., Essick, G., Dancer, C., & Pardo, J. v. (2002). Tactile motion activates the human middle temporal/V5 (MT/V5) complex. *European Journal of Neuroscience*, 16(5), 957-964.

Hairston, W. D., Wallace, M. T., Vaughan, J. W., Stein, B. E., Norris, J. L., & Schirillo, J. A. (2003). Visual Localization Ability Influences Cross-Modal Bias. *Journal of Cognitive Neuroscience*, 15(1), 20-29.

Hartcher-O'Brien, J., & Alais, D. (2011). Temporal Ventriloquism in a Purely Temporal Context. *Journal of Experimental Psychology: Human Perception and Performance*, 37(5), 1383-1395.

Hay, J. C., Pick, H. L., & Ikeda, K. (1965). Visual capture produced by prism spectacles. *Psychonomic Science*, 2(1), 215-216.

Hidaka, S., Manaka, Y., Teramoto, W., Sugita, Y., & Miyauchi, R. (2009). Alternation of sound location induces visual motion perception of a static object. *Plos ONE*, 4(12), e8188-undefined.

Hidaka, S., Teramoto, W., Kobayashi, M., & Sugita, Y. (2011). Sound-contingent visual motion aftereffect. *BMC Neuroscience*, 12(1), 1-6.

Jack, C. E., & Thurlow, W. R. (1973). Effects of degree of visual association and angle of displacement on the "ventriloquism" effect. *Perceptual and Motor Skills*, 37(3), 967-979.

Jackson, C. v. (1953). Visual factors in auditory localization. *Quarterly Journal of Experimental Psychology*, 5(2), 52-65.

Kafaligonul, H., & Oluk, C. (2015). Audiovisual associations alter the perception of low-level visual motion. *Frontiers in Integrative Neuroscience*, 9, 26.

Kanaya, S., & Yokosawa, K. (2010). Perceptual congruency of audio-visual speech affects ventriloquism with bilateral visual stimuli. *Psychonomic Bulletin & Review*, 18(1), 123-128.

Kim, R., Peters, M. A. K., & Shams, L. (2011). 0 + 1 > 1: How Adding Noninformative Sound Improves Performance on a Visual Task. *Psychological Science*, 23(1), 6-12.

Kitagawa, N., & Ichihara, S. (2002). Hearing visual motion in depth. *Nature*, 416, 172-174.

Kobayashi, M., Teramoto, W., Hidaka, S., & Sugita, Y. (2012). Indiscriminable sounds determine the direction of visual motion. *Scientific Reports*, 2(1), 1-6.

Kopčo, N., Lin, I.-F., Shinn-Cunningham, B. G., & Groh, J. M. (2009). Reference Frame of the Ventriloquism Aftereffect. *Journal of Neuroscience*, 29(44), 13809-13814.

Körding, K. P., Beierholm, U., Ma, W. J., Quartz, S., Tenenbaum, J. B., & Shams, L. (2007). Causal Inference in Multisensory Perception. *PLOS ONE*, 2(9), e943.

Kosslyn, S. M., Ganis, G., & Thompson, W. L. (2001). Neural foundations of imagery. *Nature Reviews Neuroscience*, 2(9), 635-642.

Krebber, M., Harwood, J., Spitzer, B., Keil, J., & Senkowski, D. (2015). Visuotactile motion congruence enhances gamma-band activity in visual and somatosensory cortices. *NeuroImage*, 117, 160-169.

Kuang, S., & Zhang, T. (2014). Smelling directions: Olfaction modulates ambiguous visual motion perception. *Scientific Reports*, 4(1), 1-5.

Lewald, J. (2002). Rapid adaptation to auditory-visual spatial disparity. *Learning and Memory*, 9(5), 268-278. https://doi.org/10.1101/LM.51402

Lewald, J., & Guski, R. (2003). Cross-modal perceptual integration of spatially and temporally disparate auditory and visual stimuli. *Cognitive Brain Research*, 16(3), 468-478.

Lewis, J. W., Beauchamp, M. S., & DeYoe, E. A. (2000). A Comparison of Visual and Auditory Motion Processing in Human Cerebral Cortex. *Cerebral Cortex*, 10(9), 873-888.

Maeda, F., Kanai, R., & Shimojo, S. (2004). Changing pitch induced visual motion illusion. *Current Biology*, 14(23), R990-R991.

Magosso, E., Cuppini, C., & Ursino, M. (2012). A Neural Network Model of Ventriloquism Effect and Aftereffect. *PLOS ONE*, 7(8), e42503.

Maiworm, M., Bellantoni, M., Spence, C., & Röder, B. (2012). When emotional valence modulates audiovisual integration. *Attention, Perception, & Psychophysics*, 74(6), 1302-1311.

Mateeff, S., Hohnsbein, J., & Noack, T. (1985). Dynamic Visual Capture: Apparent Auditory Motion Induced by a Moving Visual Target: *Perception*, 14(6), 721-727.

Meyer, G., & Wuerger, S. (2001). Cross-modal integration of auditory and visual motion signals. *Neuroreport*, 12(1), 2557-2560.

Meyer, G. F., Wuerger, S. M., Röhrbein, F., & Zetzsche, C. (2005). Low-level integration of auditory and visual motion signals requires spatial co-localisation. *Experimental Brain Research*, 166, 538-547.

Morein-Zamir, S., Soto-Faraco, S., & Kingstone, A. (2003). Auditory capture of vision: examining temporal ventriloquism. *Cognitive Brain Research*, 17(1), 154-163.

Munhall, K. G., Gribble, P., Sacco, L., & Ward, M. (1996). Temporal constraints on the McGurk effect. *Perception & Psychophysics*, 58(3), 351-362.

O'Craven, K. M., & Kanwisher, N. (2000). Mental Imagery of Faces and Places Activates Corresponding Stimulus-Specific Brain Regions. *Journal of Cognitive Neuroscience*, 12(6), 1013-1023.

Pages, D. S., & Groh, J. M. (2013). Looking at the Ventriloquist: Visual Outcome of Eye Movements Calibrates Sound Localization. *PLOS ONE*, 8(8), e72562.

Parise, C. V., & Spence, C. (2009). 'When Birds of a Feather Flock Together': Synesthetic Correspondences Modulate Audiovisual Integration in Non-Synesthetes. *PLOS ONE*, 4(5), e5664.

Park, H., & Kayser, C. (2019). Shared neural underpinnings of multisensory integration and trial-by-trial perceptual recalibration in humans. *ELife*, 8.

Radeau, M., & Bertelson, P. (1977). Adaptation to auditory-visual discordance and ventriloquism in semirealistic situations. *Perception & Psychophysics*, 22(2), 137-146.

Radeau, M., & Bertelson, P. (1978). Cognitive factors and adaptation to auditory-visual discordance. *Perception & Psychophysics*, 23(4), 341-343.

Radeau, M., & Bertelson, P. (1987). Auditory-visual interaction and the timing of inputs. *Psychological Research*, 49(1), 17-22.

Radeau, M., & Bertelson, P. (2007). The after-effects of ventriloquism. *Quarterly Journal of Experimental Psychology*, 26(1), 63-71. http://Dx.Doi.Org/10.1080/14640747408400388

Recanzone, G. H. (1998). Rapidly induced auditory plasticity: The ventriloquism aftereffect. *Proceed-

ings of the National Academy of Sciences, **95**(3), 869-875.

Recanzone, G. H. (2003). Auditory Influences on Visual Temporal Rate Perception. *Journal of Neurophysiology*, **89**(2), 1078-1093. https://Doi.Org/10.1152/Jn.00706.2002

Recanzone, G. H., Makhamra, S. D. D. R., & Guard, D. C. (1998). Comparison of relative and absolute sound localization ability in humans. *The Journal of the Acoustical Society of America*, **103**(2), 1085.

Rohde, M., Dam, L. C. J. van, & Ernst, M. O. (2016). Statistically Optimal Multisensory Cue Integration: A Practical Tutorial. *Multisensory Research*, **29**(4-5), 279-317.

Rohe, T., & Noppeney, U. (2015). Cortical Hierarchies Perform Bayesian Causal Inference in Multisensory Perception. *PLOS Biology*, **13**(2), e1002073.

Rohe, T., & Noppeney, U. (2016). Distinct Computational Principles Govern Multisensory Integration in Primary Sensory and Association Cortices. *Current Biology*, **26**(4), 509-514.

Sadaghiani, S., Maier, J. X., & Noppeney, U. (2009). Natural, Metaphoric, and Linguistic Auditory Direction Signals Have Distinct Influences on Visual Motion Processing. *Journal of Neuroscience*, **29**(20), 6490-6499.

Sato, Y., Toyoizumi, T., & Aihara, K. (2007). Bayesian Inference Explains Perception of Unity and Ventriloquism Aftereffect: Identification of Common Sources of Audiovisual Stimuli. *Neural Computation*, **19**(12), 3335-3355.

Scheef, L., Boecker, H., Daamen, M., Fehse, U., Landsberg, M. W., Granath, D. O., Mechling, H., & Effenberg, A. O. (2009). Multimodal motion processing in area V5/MT: Evidence from an artificial class of audio-visual events. *Brain Research*, **1252**, 94-104.

Sekiyama, K. (1994). Differences in auditory-visual speech perception between Japanese and Americans: McGurk effect as a function of incompatibility. *Journal of the Acoustical Society of Japan* (*E*), **15**(3), 143-158.

Sekuler, R., Sekuler, A., & Lau, R. (1997). Sound alters visual motion perception. *Nature*, **385**, 308-309.

Shams, L., Kamitani, Y., & Shimojo, S. (2000). What you see is what you hear. *Nature*, **408**(6814), 788-788.

Shimojo, S., Scheier, C., Nijhawan, R., Shams, L., Kamitani, Y., & Watanabe, K. (2001). Beyond perceptual modality: Auditory effects on visual perception. *Acoustical Science and Technology*, **22**(2), 61-67.

Shipley, T. (1964). Auditory Flutter-Driving of Visual Flicker. *Science*, **145**(3638), 1328-1330.

Slutsky, D., & Recanzone, G. (2001). Temporal and spatial dependency of the ventriloquism effect. *Neuroreport*, **12**(1), 7-10.

Soto-Faraco, S., Kingstone, A., & Spence, C. (2004). Cross-Modal Dynamic Capture: Congruency Effects in the Perception of Motion Across Sensory Modalities. *Journal of Experimental Psychology: Human Perception and Performance*, **30**(2), 330-345.

Soto-Faraco, S., Lyons, J., Gazzaniga, M., Spence, C., & Kingstone, A. (2002). The ventriloquist in motion: Illusory capture of dynamic information across sensory modalities. *Cognitive Brain Research*, **14**(1), 139-146.

Soto-Faraco, S., Spence, C., & Kingstone, A. (2005). Assessing automaticity in the audiovisual integration of motion. *Acta Psychologica*, **118**(1-2), 71-92.

Spence, C. (2011). Crossmodal correspondences: A tutorial review. *Attention, Perception, & Psychophysics*, **73**(4), 971-995.

Stekelenburg, J. J., & Vroomen, J. (2009). Neural correlates of audiovisual motion capture. *Experimental Brain Research*, **198**(2-3), 383-390.

Takeshima, Y., & Gyoba, J. (2013). Complexity of visual stimuli affects visual illusion induced by sound. *Vision Research*, **91**, 1-7.

Teramoto, W., Hidaka, S., & Sugita, Y. (2010). Sounds Move a Static Visual Object. *PLOS ONE*, **5** (8), e12255.

Teramoto, W., Manaka, Y., Hidaka, S., Sugita, Y., & Miyauchi, R. (2010). Visual motion perception induced by sounds in vertical plane. *Neuroscience Letters*, **479**(3), 221-225.

Thomas, J. P., & Shiffrar, M. (2010). I can see you better if I can hear you coming: Action-consistent sounds facilitate the visual detection of human gait. *Journal of Vision*, **10**(12), 14.

Tsakiris, M., & Haggard, P. (2005). The rubber hand illusion revisited: Visuotactile integration and self-attribution. *Journal of Experimental Psychology*: *Human Perception and Performance*, **31** (1), 80-91.

Tsuchiya, N., & Koch, C. (2004). Continuous flash suppression. *Journal of Vision*, **4**(8), 61.

van der Zwan, R., MacHatch, C., Kozlowski, D., Troje, N. F., Blanke, O., & Brooks, A. (2009). Gender bending: auditory cues affect visual judgements of gender in biological motion displays. *Experimental Brain Research*, **198**(2), 373-382.

Vroomen, J., Bertelson, P., & de Gelder, B. (1998). *A visual influence in the discrimination of auditory location*. Proceedings of The International Conference on Auditory-Visual Speech Processing (AVSP'98).

Vroomen, J., Bertelson, P., & de Gelder, B. (2001). The ventriloquist effect does not depend on the direction of automatic visual attention. *Perception & Psychophysics*, **63**(4), 651-659.

Vroomen, J., & de Gelder, B. (2000). Sound enhances visual perception: Cross-modal effects of auditory organization on vision. *Journal of Experimental Psychology*: *Human Perception and Performance*, **26**(5), 1583-1590.

Vroomen, J., & de Gelder, B. (2004). Temporal ventriloquism: Sound modulates the flash-lag effect. *Journal of Experimental Psychology*: *Human Perception and Performance*, **30**(3), 513-518.

Vroomen, J., & Gelder, B. de. (2003). Visual motion influences the contingent auditory motion aftereffect. *Psychological Science*, **14**(4), 357-361.

Wada, Y., Kitagawa, N., & Noguchi, K. (2003). Audio–visual integration in temporal perception. *International Journal of Psychophysiology*, **50**(1-2), 117-124.

Wallace, M. T., Roberson, G. E., Hairston, W. D., Stein, B. E., Vaughan, J. W., & Schirillo, J. A. (2004). Unifying multisensory signals across time and space. *Experimental Brain Research*, **158**(2), 252-258.

Wanrooij, M. M. van, Bremen, P., & Opstal, A. J. van. (2010). Acquired prior knowledge modulates audiovisual integration. *European Journal of Neuroscience*, **31**(10), 1763-1771.

Watanabe, K., & Shimojo, S. (2001). When sound affects vision: effects of auditory grouping on visual motion perception. *Psychological Science*, **12**(2), 109-116.

Welch, R. B., DutionHurt, L. D., & Warren, D. H. (1986). Contributions of audition and vision to temporal rate perception. *Perception & Psychophysics*, **39**(4), 294-300.

Welch, R. B., & Warren, D. H. (1980). Immediate perceptual response to intersensory discrepancy. *Psychological Bulletin*, **88**(3), 638-667.

Williams, D. W., & Sekuler, R. (1984). Coherent global motion percepts from stochastic local motions (abstract only). *ACM SIGGRAPH Computer Graphics*, **18**(1), 24.

Wozny, D. R., & Shams, L. (2011). Recalibration of Auditory Space following Milliseconds of Cross-Modal Discrepancy. *Journal of Neuroscience*, **31**(12), 4607-4612.

Wuerger, S. M., Hofbauer, M., & Meyer, G. F. (2003). The integration of auditory and visual motion signals at threshold. *Perception & Psychophysics*, **65**(8), 1188-1196.

Zierul, B., Röder, B., Tempelmann, C., Bruns, P., & Noesselt, T. (2017). The role of auditory cortex in the spatial ventriloquism aftereffect. *NeuroImage*, **162**, 257-268.

Zierul, B., Tong, J., Bruns, P., & Röder, B. (2019). Reduced multisensory integration of self-initiated stimuli. *Cognition*, **182**, 349-359.

Zvyagintsev, M., Nikolaev, A. R., Thönnessen, H., Sachs, O., Dammers, J., & Mathiak, K. (2009). Spatially congruent visual motion modulates activity of the primary auditory cortex. *Experimental Brain Research*, **198**(2), 391-402.

第 3 章

Bregman, A. S. (1994). *Auditory Scene Analyis: Perception of organization of sound*. MIT Press.

Broadbent, D. E. (1958). Effect of Noise on an "Intellectual" Task. *The Journal of the Acoustical Society of America*, **30**(9), 824-827.

Busse, L., Roberts, K. C., Crist, R. E., Weissman, D. H., & Woldorff, M. G. (2005). The spread of attention across modalities and space in a multisensory object. *Proceedings of the National Academy of Sciences*, **102**(51), 18751-18756.

Chambers, C. D., Payne, J. M., & Mattingley, J. B. (2007). Parietal disruption impairs reflexive spatial attention within and between sensory modalities. *Neuropsychologia*, **45**(8), 1715-1724.

Chan, J. S., Merrifield, K., & Spence, C. (2005). Auditory Spatial Attention Assessed in a Flanker Interference Task. *Acta Acustica United with Acustica*, **91**(3), 554-563.

Cherry, E. C. (1953). Some Experiments on the Recognition of Speech, with One and with Two Ears. *The Journal of the Acoustical Society of America*, **25**(5), 975-979.

Cinel, C., Poli, R., & Humphreys, G. W. (2002). Cross-Modal Illusory Conjunctions between Vision and Touch. *Journal of Experimental Psychology: Human Perception and Performance*, **28**(5), 1243-1266.

Corbetta, M., Kincade, J. M., & Shulman, G. L. (2002). Neural Systems for Visual Orienting and Their Relationships to Spatial Working Memory. *Journal of Cognitive Neuroscience*, **14**(3), 508-523.

Corbetta, M., Patel, G., & Shulman, G. L. (2008). The Reorienting System of the Human Brain: From Environment to Theory of Mind. *Neuron*, **58**(3), 306-324.

Downar, J., Crawley, A. P., Mikulis, D. J., & Davis, K. D. (2000). A multimodal cortical network for the detection of changes in the sensory environment. *Nature Neuroscience*, **3**(3), 277-283.

Driver, J., & Grossenbacher, P. G. (1996). Multimodal spatial constraints on tactile selective attention 16: Information integration in perception and communication. In T. Inui & J. L. McClelland (Eds.), *Attention and performance* (pp. 209-235).

Driver, J., & Spence, C. (1998). Crossmodal links in spatial attention. *Philosophical Transactions of the Royal Society of London. Series B: Biological Sciences*, **353**(1373), 1319-1331.

Eimer, M., Velzen, J. van, & Driver, J. (2002). Cross-Modal Interactions between Audition, Touch, and Vision in Endogenous Spatial Attention: ERP Evidence on Preparatory States and Sensory Modulations. *Journal of Cognitive Neuroscience*, **14**(2), 254-271.

Eriksen, B. A., & Eriksen, C. W. (1974). Effects of noise letters upon the identification of a target letter in a nonsearch task. *Perception & Psychophysics*, **16**(1), 143-149.

Eriksen, C. W. & Hoffman, J. E. (1972). Temporal and spatial characteristics of selective encoding from visual displays. *Perception & Psychophysics*, **12**(2), 201-204.

Evans, P. M., & Craig, J. C. (1991). Tactile attention and the perception of moving tactile stimuli. *Perception & Psychophysics*, **49**(4), 355-364.

Evans, P. M., Craig, J. C., & Rinker, M. A. (1992). Perceptual processing of adjacent and nonadjacent tactile nontargets. *Perception & Psychophysics*, **52**(5), 571-581

Feldman, J. (2003). What is a visual object? *Trends in Cognitive Sciences*, **7**(6), 252-256.

Frings, C., & Spence, C. (2010). Crossmodal congruency effects based on stimulus identity. *Brain Research*, **1354**, 113-122.

Groh, J. M., & Sparks, D. L. (1996). Saccades to somatosensory targets. I. behavioral characteristics. *Saccades to Somatosensory Targets. I. Behavioral Characteristics. Journal of Neurophysiology*, **75**(1), 412-427.

Hall, M. D., Pastore, R. E., Acker, B. E., & Huang, W. (2000). Evidence for auditory feature integration with spatially distributed items. *Perception & Psychophysics*, **62**(6), 1243-1257.

Ho, C., Santangelo, V., & Spence, C. (2009). Multisensory warning signals: when spatial correspondence matters. *Experimental Brain Research*, **195**(2), 261-272.

Holmes, N. P., Calvert, G. A., & Spence, C. (2004). Extending or projecting peripersonal space with tools? Multisensory interactions highlight only the distal and proximal ends of tools. *Neuroscience Letters*, **372**(1-2), 62-67.

Holmes, N. P., & Spence, C. (2004). The body schema and multisensory representation (s) of peripersonal space. *Cognitive Processing*, **5**(2), 94-105.

Hötting, K., Rösler, F., & Röder, B. (2003). Crossmodal and intermodal attention modulate event-related brain potentials to tactile and auditory stimuli. *Experimental Brain Research*, **148**(1), 26-37.

Kida, T., Inui, K., Wasaka, T., Akatsuka, K., Tanaka, E., & Kakigi, R. (2007). Time-Varying Cortical Activations Related to Visual-Tactile Cross-Modal Links in Spatial Selective Attention. *Journal of Neurophysiology*, **97**(5), 3585-3596.

Klapetek, A., Ngo, M. K., & Spence, C. (2012). Does crossmodal correspondence modulate the facilitatory effect of auditory cues on visual search? *Attention, Perception, & Psychophysics*, **74**(6), 1154-1167.

Kramer, A. F., & Hahn, S. (1995). Splitting the Beam: Distribution of Attention Over Noncontiguous Regions of the Visual Field. *Psychological Science*, **6**(6), 381-386.

Kubovy, M., & van Valkenburg, D. (2001). Auditory and visual objects. *Cognition*, **80**(1-2), 97-126.

Lakatos, S., & Shepard, R. N. (1997). Time-distance relations in shifting attention between locations on one's body. *Perception & Psychophysics*, **59**(4), 557-566.

Laurienti, P. J., Burdette, J. H., Wallace, M. T., Yen, Y. F., Field, A. S., & Stein, B. E. (2002). Deactivation of sensory-specific cortex by cross-modal stimuli. *Journal of Cognitive Neuroscience*, **14**(3), 420-429.

Lee, J., & Spence, C. (2017). On the spatial specificity of audiovisual crossmodal exogenous cuing effects. *Acta Psychologica*, **177**, 78-88.

Macaluso, E. (2012). Spatial Constraints in Multisensory Attention. In *The Neural Bases of Multisensory Processes* (pp. 485-507). CRC Press/Taylor & Francis.

Macaluso, E., Eimer, M., Frith, C. D., & Driver, J. (2003). Preparatory states in crossmodal spatial attention: spatial specificity and possible control mechanisms. *Experimental Brain Research*, 149(1), 62–74.

Macaluso, E., Frith, C. D., & Driver, J. (2000a). Modulation of human visual cortex by crossmodal spatial attention. *Science*, 289(5482), 1206–1208.

Macaluso, E., Frith, C., & Driver, J. (2000b). Selective Spatial Attention in Vision and Touch: Unimodal and Multimodal Mechanisms Revealed by PET. *Journal of Neurophysiology*, 83(5), 3062–3075.

Macaluso, E., Frith, C. D., & Driver, J. (2002a). Directing Attention to Locations and to Sensory Modalities: Multiple Levels of Selective Processing revealed with PET. *Cerebral Cortex*, 12(4), 357–368.

Macaluso, E., Frith, C. D., & Driver, J. (2002b). Supramodal Effects of Covert Spatial Orienting Triggered by Visual or Tactile Events. *Journal of Cognitive Neuroscience*, 14(3), 289–401.

MacLeod, C. M. (1991). Half a century of reseach on the stroop effect: An integrative review. *Psychological Bulletin*, 109(2), 163–203.

Maravita, A., Spence, C., & Driver, J. (2003). Multisensory integration and the body schema: close to hand and within reach. *Current Biology*, 13(13), R531–R539.

Maravita, A., Spence, C., Kennett, S., & Driver, J. (2002). Tool-use changes multimodal spatial interactions between vision and touch in normal humans. *Cognition*, 83(2), B25–B34.

Martinez, A., DiRusso, F., Anllo-Vento, L., Sereno, M. I., Buxton, R. B., & Hillyard, S. A. (2001). Putting spatial attention on the map: timing and localization of stimulus selection processes in striate and extrastriate visual areas. *Vision Research*, 41(10–11), 1437–1457.

Mayer, A. R., Harrington, D., Adair, J. C., & Lee, R. (2006). The neural networks underlying endogenous auditory covert orienting and reorienting. *NeuroImage*, 30(3), 938–949.

Moray, N. (1959). Attention in dichotic listening: Affective cues and the influence of instructions. *Quarterly Journal of Experimental Psychology*, 11(1), 56–60.

Ngo, M. K., Pierce, R. S., & Spence, C. (2012). Using Multisensory Cues to Facilitate Air Traffic Management: *Human Factors*, 54(6), 1093–1103.

Nobre, A. C., Coull, J. T., Frith, C. D., & Mesulam, M. M. (1999). Orbitofrontal cortex is activated during breaches of expectation in tasks of visual attention. *Nature Neuroscience*, 2(1), 11–12.

Occelli, V., Spence, C., & Zampini, M. (2009). Compatibility effects between sound frequency and tactile elevation. *NeuroReport*, 20(8), 793–797.

Pavani, F., Spence, C., & Driver, J. (2000). Visual Capture of Touch: Out-of-the-Body Experiences With Rubber Gloves. *Psychological Science*, 11(5), 353–359.

Posner, M. I. (1978). *Chronometric explorations of mind*. Oxford: Lawrence Erlbaum.

Posner, M. I. (1980). Orienting of Attention. *Quarterly Journal of Experimental Psychology*, 32(1), 3–25.

Posner, M. I., Rafal, R. D., Choate, L. S., & Vaughan, J. (1985). Inhibition of return: Neural basis and function. *Cognitive Neuropsychology*, 2(3), 211–228.

Posner, M. I., Snyder, C. R., & Davidson, B. J. (1980). Attention and the detection of signals. *Journal of Experimental Psychology: General*, 109(2), 160–174.

Reuter-Lorenz, P. A., Jha, A. P., & Rosenquist, J. N. (1996). What Is Inhibited in Inhibition of Return? *Journal of Experimental Psychology: Human Perception and Performance*, 22(2), 367–378.

Rhodes, G. (1987). Auditory attention and the representation of spatial information. *Perception & Psychophysics*, **42**(1), 1-14.

Santangelo, V., Ho, C., & Spence, C. (2008). Capturing spatial attention with multisensory cues. *Psychonomic Bulletin & Review*, **15**(2), 398-403.

Santangelo, V., & Spence, C. (2007). Multisensory Cues Capture Spatial Attention Regardless of Perceptual Load. *Journal of Experimental Psychology: Human Perception and Performance*, **33**(6), 1311-1321.

Saygin, A. P., & Sereno, M. I. (2008). Retinotopy and Attention in Human Occipital, Temporal, Parietal, and Frontal Cortex. *Cerebral Cortex*, **18**(9), 2158-2168.

Schmitt, M., Postma, A., & Haan, E. H. F. de. (2001). Cross-modal exogenous attention and distance effects in vision and hearing. *European Journal of Cognitive Psychology*, **13**(3), 343-368.

Scholl, B. J. (2001). Objects and attention: the state of the art. *Cognition*, **80**(1-2), 1-46.

Soto-Faraco, S., Ronald, A., & Spence, C. (2004). Tactile selective attention and body posture: Assessing the multisensory contributions of vision and proprioception. *Perception & Psychophysics*, **66**(7), 1077-1094.

Spence, C., & Driver, J. (1994). Covert spatial orienting in audition: Exogenous and endogenous mechanisms. *Journal of Experimental Psychology: Human Perception and Performance*, **20**(3), 555-574.

Spence, C., & Driver, J. (1996). Audiovisual Links in Endogenous Covert Spatial Attention. *Journal of Experimental Psychology: Human Perception and Performance*, **22**(4), 1005-1030.

Spence, C., & Driver, J. (1997). Audiovisual links in exogenous covert spatial orienting. *Perception & Psychophysics*, **59**(1), 1-22.

Spence, C., & Driver, J. (1998a). Auditory and audiovisual inhibition of return. *Perception & Psychophysics*, **60**(1), 125-139.

Spence, C., & Driver, J. (1998b). Inhibition of return following an auditory cue The role of central reorienting events. *Experimental Brain Research*, **118**(3), 352-360.

Spence, C., & McGlone, F. P. (2001). Reflexive spatial orienting of tactile attention. *Experimental Brain Research*, **141**(3), 324-330.

Spence, C., Nicholls, M. E. R., Gillespie, N., & Driver, J. (1998). Cross-modal links in exogenous covert spatial orienting between touch, audition, and vision. *Perception & Psychophysics*, **60**(4), 544-557.

Spence, C., Pavani, F., & Driver, J. (2000). Crossmodal links between vision and touch in covert endogenous spatial attention. *Journal of Experimental Psychology: Human Perception and Performance*, **26**(4), 1298-1319.

Spence, C., Pavani, F., & Driver, J. (2004). Spatial constraints on visual-tactile cross-modal distractor congruency effects. *Cognitive, Affective, & Behavioral Neuroscience*, **4**(2), 148-169.

Spence, C., Ranson, J., & Driver, J. (2000). Cross-modal selective attention: On the difficulty of ignoring sounds at the locus of visual attention. *Perception & Psychophysics*, **62**(2), 410-424.

Spence, C., & Walton, M. (2005). On the inability to ignore touch when responding to vision in the crossmodal congruency task. *Acta Psychologica*, **118**(1-2), 47-70.

Sperling, G. (1960). The information available in brief visual presentations. *Psychological Monographs: General and Applied*, **74**(11), 1-29.

Tan, H. Z., Gray, R., Spence, C., Jones, C. M., & Rosli, R. M. (2009). The haptic cuing of visual spatial attention: evidence of a spotlight effect. *Proc. SPIE 7240, Human Vision and Electronic Imag-*

ing XIV, 7240, 72400I-undefined.

Tassinari, G., & Campara, D. (1996). Consequences of covert orienting to non-informative stimuli of different modalities: A unitary mechanism? *Neuropsychologia*, **34**(3), 235–245.

Teder-Sälejärvi, W. A., Münte, T. F., Sperlich, F. J., & Hillyard, S. A. (1999). Intra-modal and cross-modal spatial attention to auditory and visual stimuli. An event-related brain potential study. *Cognitive Brain Research*, **8**(3), 327–343.

Thompson, W. F., Hall, M. D., & Pressing, J. (2001). Illusory conjunctions of pitch and duration in unfamiliar tone sequences. *Journal of Experimental Psychology: Human Perception and Performance*, **27**(1), 128–140.

Treisman, A. M., & Gelade, G. (1980). A feature-integration theory of attention. *Cognitive Psychology*, **12**(1), 97–136.

Treisman, A., & Schmidt, H. (1982). Illusory conjunctions in the perception of objects. *Cognitive Psychology*, **14**(1), 107–141.

Turatto, M., Mazza, V., & Umiltà, C. (2005). Crossmodal object-based attention: Auditory objects affect visual processing. *Cognition*, **96**(2), B55–B64.

van der Burg, E., Olivers, C. N. L., Bronkhorst, A. W., & Theeuwes, J. (2008). Pip and Pop: Nonspatial Auditory Signals Improve Spatial Visual Search. *Journal of Experimental Psychology: Human Perception and Performance*, **34**(5), 1053–1065.

van der Burg, E., Olivers, C. N. L., Bronkhorst, A. W., & Theeuwes, J. (2009). Poke and pop: Tactile–visual synchrony increases visual saliency. *Neuroscience Letters*, **450**(1), 60–64.

Walton, M., & Spence, C. (2003). Cross-modal congruency and visual capture in a visual elevation-discrimination task. *Experimental Brain Research*, **154**(1), 113–120.

Walton, M., & Spence, C. (2004). Cross-modal congruency and visual capture in a visual elevation-discrimination task. *Experimental Brain Research*, **154**(1), 113–120.

Woods, D. L., & Alain, C. (1993). Feature processing during high-rate auditory selective attention. *Perception & Psychophysics*, **53**(4), 391–402.

Woods, D. L., Alain, C., & Ogawa, K. H. (1998). Conjoining auditory and visual features during high-rate serial presentation: Processing and conjoining two features can be faster than processing one. *Perception & Psychophysics*, **60**(2), 239–249.

Woods, D. L., Diaz, R., Alain, C., Ogawa, K. H., & Rhodes, D. (2001). Location and frequency cues in auditory selective attention. *Journal of Experimental Psychology: Human Perception and Performance*, **27**(1), 65–74.

Wu, C. T., Weissman, D. H., Roberts, K. C., & Woldorff, M. G. (2007). The neural circuitry underlying the executive control of auditory spatial attention. *Brain Research*, **1134**(1), 187–198.

Zimmer, U., & Macaluso, E. (2007). Processing of multisensory spatial congruency can be dissociated from working memory and visuo-spatial attention. *European Journal of Neuroscience*, **26**(6), 1681–1691.

第 4 章

Blackwell, L. (1995). Visual cues and their effects on odour assessment. *Nutrition and Food Science*, **95**(5), 24–28.

Buckingham, G., & Goodale, M. A. (2013). Size Matters: A Single Representation Underlies Our Perceptions of Heaviness in the Size-Weight Illusion. *PLoS ONE*, **8**(1). https://doi.org/10.1371/

journal.pone.0054709

Ellis, R. R., & Lederman, S. J. (1999). The material-weight illusion revisited. *Perception and Psychophysics*, **61**(8), 1564-1576.

Endo, H., Ino, S., & Fujisaki, W. (2016). The effect of a crunchy pseudo-chewing sound on perceived texture of softened foods. *Physiology & Behavior*, **167**, 324-331.

Endo, H., Ino, S., & Fujisaki, W. (2017). Texture-dependent effects of pseudo-chewing sound on perceived food texture and evoked feelings in response to nursing care foods. *Appetite*, **116**, 493-501.

Endo, H., Kaneko, H., Ino, S., & Fujisaki, W. (2017). An attempt to improve food/sound congruity using an electromyogram pseudo-chewing sound presentation system. *Journal of Advanced Computational Intelligence and Intelligent Informatics*, **21**, 342-349.

Fujisaki, W., Goda, N., Motoyoshi, I., Komatsu, H., & Nishida, S. (2014). Audiovisual integration in the human perception of materials. *Journal of Vision*, **14**(4), Article 12. https://doi.org/10.1167/14.4.12

Fujisaki, W., Tokita, M., & Kariya, K. (2015). Perception of the material properties of wood based on vision, audition, and touch. *Vision Research*, **109**(Pt B), 185-200.

Gibson, J. J. (1966). *The Senses Considered as Perceptual Systems*. Westport, Connecticut: Greenwood Press.

Hoegg, J., & Alba, J. W. (2007). Taste Perception: More than Meets the Tongue. *Journal of Consumer Research*, **33**(4), 490-498.

Johnson, J. L., Dzendolet, E., Clydesdale, F. M. (1983). Psychophysical relationships between perceived sweetness and redness in strawberry-flavored beverages. *Journal of food protection*, **46**, 21-25.

Jousmäki, V., & Hari, R. (1998). Parchment-skin illusion: sound-biased touch. *Current biology*, **8**, R190.

Kanaya, S., Kariya, K., & Fujisaki, W. (2016). Cross-modal correspondence among vision, audition, and touch in natural objects: An investigation of the perceptual properties of wood. *Perception*, **45**, 1099-1114.

Koizumi, N., Tanaka, H., Uema, Y., & Inami, M. (2013). Chewing JOCKEY: Designing user interface to augment food texture with sound AR system. *Transactions of the Virtual Reality Society of Japan*, **18**, 141-150.

小松英彦編 (2016). 質感の科学——知覚・認知メカニズムと分析・表現の技術 朝倉書店

Maga, J. A. (1974). Influence of color on taste thresholds. *Chemical senses and flavor*, **1**, 115-119.

Masuda, M., & Okajima, K. (2011). Effects of mastication sound in food texture perception and pleasantness. *IEICE Technical Report*, **111**, 57-62.

Morrot, G., Brochet, F., & Dubourdieu, D. (2001). The color of odors. *Brain and Language*, **79**, 309-320. doi:10.1006/brln.2001.2493

鳴海拓志・谷川智洋・梶波　崇・廣瀬通孝 (2010). メタクッキー：感覚間相互作用を用いた味覚ディスプレイの検討 日本バーチャルリアリティ学会論文誌, **15**(4), 579-588.

Pangborn, R. M. (1960). Influence of color on the discrimination of sweetness. *American journal of psychology*, **73**, 229-238.

Pangborn, R. M., & Hansen, B. (1963). The influence of color on discrimination of sweetness and sourness in pear-nectar. *American journal of psychology*, **76**, 315-317.

Parr, W. V., White, K. G., & Heatherbell, D. (2003). The nose knows: Influence of colour on perception of wine aroma. *Journal of wine research*, **14**, 79-101.

Piqueras-Fiszman, B., Alcaide, J., Roura, E., & Spence, C. (2012). Is it the plate or is it the food? Assessing the influence of the color (black or white) and shape of the plate on the perception of the food placed on it. *Food Quality and Preference*, **24**, 205-208.

Sakai, N. (2011). Tasting with Eyes. i-Perception 2011 2:8, 945-945.

Sakai, N. (2020). Top-down processing in food perception: Beyond the multisensory processing. *Acoustical Science and Technology*, 41(1), 182-188.

Senna, I., Maravita, A., Bolognini, N., & Parise, C. V. (2014). The Marble-Hand Illusion. PLoS One, 9 (3).

Spence, C., Velasco, C., & Knoeferle, K. (2014). A large sample study on the influence of the multisensory environment on the wine drinking experience. *Flavour*, **3**, 8.

Ujiie, Y., Yamashita, W., Fujisaki, W., Kanazawa, S., & Yamaguchi, M. K. (2018). Crossmodal association of auditory and visual material properties in infants. *Scientific Reports*, **8**, 9301. DOI: 10.1038/s41598-018-27153-2

Van Doorn, G.H., Wuillemin, D., & Spence, C. (2014). Does the colour of the mug influence the taste of the coffee?. *Flavour*, **3**, 10. https://doi.org/10.1186/2044-7248-3-10

Velasco, C., Jones, R., King, S., & Spence, C. (2013). The sound of temperature: What information do pouring sounds convey concerning the temperature of a beverage. *Journal of Sensory Studies*, **28**(5), 335-345.

Wada, Y., Tsuzuki, D., Kobayashi, N., Hayakawa, F., & Kohyama, K. (2007). Visual illusion in mass estimation of cut food. *Appetite*, **49**(1), 183-190.

Zampini, M., Guest, S., & Spence, C. (2003). The Role of Auditory Cues in Modulating the Perception of Electric Toothbrushes. *Journal of Dental Research*, **82**, 929-932. /doi.org/10.1177/15440591030 8201116

Zampini, M., Sanabria, D., Phillips, N. & Spence, C. (2007). The multisensory perception of flavor: Assessing the influence of color cues on flavor discrimination responses. *Food Quality and Preference*, **18**(7), 975-984.

Zampini, M., & Spence, C. (2004). The Role of Auditory Cues in Modulating the Perceived Crispness and Staleness of Potato Chips. *Journal of Sensory Studies*, **19**, 347-363.

第5章

安藤彰男 (2014). 音場再現　コロナ社

Anzai, A., Ohzawa, I., & Freeman, R. D. (2001). Joint-encoding of motion and depth by visual cortical neurons: Neural basis of the Pulfrich Effect. *Nature Neuroscience*, **4**, 513-518.

Blauert, J. (1997). *Spatial Hearing: Psychophysics of Human Sound Localization*. The MIT Press

Bodden, M. (1993). Modeling human sound source localization and cocktail-party-effect. *Acta Acoustica*, **1**(1) 43-55.

Burt, P., & Julesz, B. (1980). Disparity gradient limit for binocular fusion. *Science*, **208**(4444), 615-617.

Changizi M. (2009). *The Vision Revolution: How the Latest Research Overturns Everything We Thought We Knew About Human Vision*. BenBella Books. (チャンギージー (2020). ヒトの目, 驚異の進化　視覚革命が文明を生んだ, 早川書房)

Colburn H. S. (1996). Computational Models of Binaural Processing. In: H.L. Hawkins, T.A. McMullen, A. N. Popper, & R.R. Fay (eds.), *Auditory Computation*. pp. 332-400.

Culling, J. F., & Colburn, H. S. (2000). Binaural sluggishness in the perception of tone sequences and speech in noise. *Journal of the Acoustical Society of America*, **107**, 517-527.

Forte, J., Peirce, J. W., & Lennie, P. (2002). Binocular integration of partially occluded surfaces. *Vision Research*, **42**(10), 1225-1235.

古川茂人 (2021). 聴覚　コロナ社

藤田一郎 (2007). 「見る」とはどういうことか　脳と心の関係をさぐる　化学同人

伏木亨 (2008). 味覚と嗜好のサイエンス　丸善出版

Gardner, M. B., & Gardner, R. O. S. (1973). Problem of localization in the median plane : effect of pinnae cavity occlusion. *Journal of the Acoustical Society of America*, **53**, 400-408.

Grove, P. M., Ono, H., & Kaneko, H. (2003). T junctions and perceived slant of partially occluded surfaces. *Perception*, **32**, 1451-1464.

Howard, I. P., Rogers, B. J. (1995). *Binocular Vision And Stereopsis*. Oxford University Press.

Hall, L., Johansson, P., Tärning, B., Sikström, S., & Deutgen, T. (2010). Magic at the marketplace : Choice blindness for the taste of jam and the smell of tea. *Cognition*, **117**(1), 54-61.

Howard, I., & Rogers, B. (2002). *Seeing in Depth*. vol.2. I Porteous.

飯田一博・森本政之 (2010). 空間音響学　コロナ社

Ikeda, M., & Nakashima, Y. (1980). Wavelength difference limit for binocular color fusion. *Vision Research*, **20**(8), 693-697.

Ikeda, M., & Sagawa, K. (1979). Binocular color fusion. *Journal of the Optical Society of America*, **69**(2), 316-320.

Jeffress, L. A. (1943). A place theory of sound localization. *Journal of Comparative and Physiological Psychology*, **41**(1), 35-39.

Jones, D. G., & Malik, J. (1992). Computational framework for determining stereo correspondence from a set of linear spatial filters. *Image and Vision Computing*, **10**, 699-708.

Julesz, B. (1960). Binocular Depth Perception of Computer- Generated Patterns. *Bell System Technical Journal*, 1125-1162.

Kubovy, M., Cutting, J. E., & McGuire, R. M. (1974). Hearing with the third ear : dichotic perception of a melody without monaural familiarity cues. *Science*, **186**(4160), 272-274. doi : 10.1126/science.186.4160.272.

Levelt, W. J. (1965). Binocular brightness averaging and contour information. *British Journal of Psychology*, **56**, 1-13.

Marr, D. (1982). *Vision: A Computational investigation into the human representation and processing of visual information*. New York : W. H. Freman and Company.

Marr, D., & Poggio, T. (1976). Cooperative computation of stereo disparity. *Science*, **194**, 283-287.

Marr, D., & Poggio, T. (1979). A computational theory of human stereo vision. *Proceedings of the Royal Society of London B*, **204**, 301-328.

Michel, C., Velasco, C., Gatti, E., & Spence, C. (2014). A taste of Kandinsky : assessing the influence of the artistic visual presentation of food on the dining experience. *Flavour*, **3**, 7.

Redies, C., & Spillmann, L. (1981). The neon color effect in the Ehrenstein illusion. *Perception*, **10**, 667-681.

Scharf, B., & Fishken, D. (1970). Binaural summation of loudness : Reconsidered. *Journal of Experimental Psychology*, **86**(3), 374-379.

塩入諭 (2007). 視覚 II　視覚系の中期・高次機能　朝倉書店

Schor, C. M. & Tyler, C. W. (1981). Spatio-temporal properties of Panum's fusional area. *Vision*

Research, **21**(5), 683-692.

Schoenfeld, M. A., Neuer, G., Teinpelmann, C., Schüssler, K., Noesselt, T., Hopf, J-M., & Heinze, H-J. (2004). Functional magnetic resonance tomography correlates of taste perception in the human primary taste cortex. *Neuroscience,* **127**, 347-353.

Shackleton, T. M., Meddis, R., & Hewitt, M. J. (1994). The Role of Binaural and Fundamental Frequency Difference cues in the Identification of Concurrently Presented Vowels. *Quarterly Journal of Experimental Psychology Section A,* **47**(3), 545-563.

Show, W. (1953). Basic principles of stereophonic sound. *Journal of SMPTE,* **61**, 567-589.

スペンス，C. (2018).「おいしさ」の錯覚 最新科学でわかった，美味の真実 KADOKAWA.

Treisman, A. M., & Gelade, G. (1980). A feature-integration theory of attention. *Cognitive Psychology,* **12**(1), 97-136.

Tyler, C. W. (1991). Cyclopean vision. In D. Regan, (ed.), *Binocular Vision.* pp. 38-74. CRC Press.

Wightnman, F. L., & Kistler, D. J. (1992). The dominant role of low-frequency interaural time difference in sound localization. *Journal of the Acoustical Society of America,* **91**, 1648-1661.

山本隆（2017）．楽しく学べる味覚生理学──味覚と食行動のサイエンス 建帛社

横澤一彦（2010）．視覚科学 勁草書房

Zampini, M., & Spence, C. (2004). The Role of Auditory Cues in Modulating the Perceived Crispness and Staleness of Potato Chips. *Journal of Sensory Studies,* **19**, 347-363.

索　引

執筆者紹介

横澤一彦（よこさわ かずひこ）第5章，シリーズ監修
東京工業大学大学院総合理工学研究科修了。工学博士（東京工業大学）。ATR 視聴覚機構研究所主任研究員，東京大学生産技術研究所客員助教授，南カリフォルニア大学客員研究員，NTT 基礎研究所主幹研究員，カリフォルニア大学バークレイ校客員研究員，東京大学大学院人文社会系研究科教授などを経て，現在は筑波学院大学教授，東京大学名誉教授。著書に『視覚科学』（2010，勁草書房）。

藤崎和香（ふじさきわか）第1章，第4章
お茶の水女子大学大学院人間文化研究科人間発達科学専攻博士後期課程修了。博士（学術）。NTT コミュニケーション科学基礎研究所リサーチアソシエイト，ワシントン大学客員研究員，国立研究開発法人産業技術総合研究所主任研究員などを経て，現在は日本女子大学人間社会学部心理学科教授。著書に『質感の科学』（分担執筆，2016，朝倉書店）。

金谷翔子（かなやしょうこ）第2-3章
東京大学大学院人文社会系研究科博士課程修了。博士（心理学）。産業技術総合研究所特別研究員，日本学術振興会特別研究員 PD（京都大学）大阪大学大学院生命機能研究科特任研究員，日本学術振興会特別研究員 RPD（大阪大学）などを歴任。

シリーズ統合的認知4
感覚融合認知　多感覚統合による理解

2023年8月20日　第1版第1刷発行

著者	横澤一彦（よこさわかずひこ）
	藤崎和香（ふじさきわか）
	金谷翔子（かなやしょうこ）
発行者	井村寿人

発行所　株式会社　勁草書房（けいそう）

112-0005 東京都文京区水道2-1-1　振替　00150-2-175253
（編集）電話 03-3815-5277／FAX 03-3814-6968
（営業）電話 03-3814-6861／FAX 03-3814-6854
本文組版 プログレス・平文社・松岳社

ISBN978-4-326-25111-7　　Printed in Japan

シリーズ統合的認知

監修　横澤一彦

　五感と呼ばれる知覚情報処理過程によって，われわれは周囲環境もしくは外的世界についての豊富で詳細な特徴情報を得ることができる。このような，独立した各感覚器官による特徴抽出を踏まえて，様々な特徴や感覚を結び付ける過程がわれわれの行動にとって最も重要である。しかし，認知過程を解明するうえで，旧来の脳科学や神経生理学で取組まれている要素還元的な脳機能の理解には限界があり，認知心理学的もしくは認知科学的なアプローチによって，人間の行動を統合的に理解することが必要である。本シリーズでは6つの研究テーマを対象に，それぞれの分野の最先端で活躍する研究者たちが執筆している。各分野に興味を持つ認知心理学や認知科学専攻の大学院生や研究者のための必携の手引書として利用されることを願っている。

―――――――――――――――――――――――――――― 勁草書房

＊表示価格は 2023 年 8 月現在。消費税（10%）を含みます。